D1868397

STRICKEN

Marie Richter

STRICKEN

ENGLISCH VERLAG

INHALT

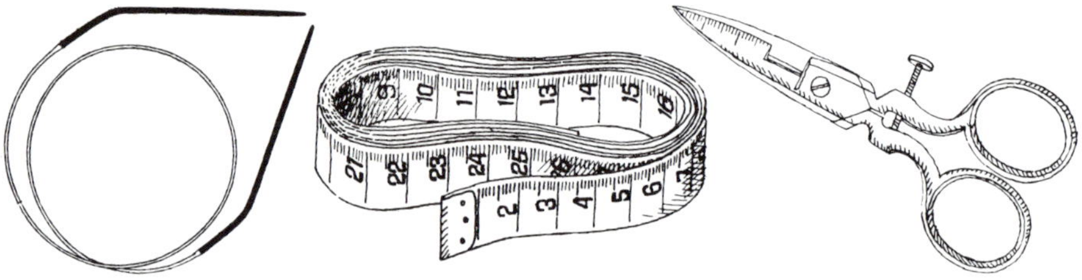

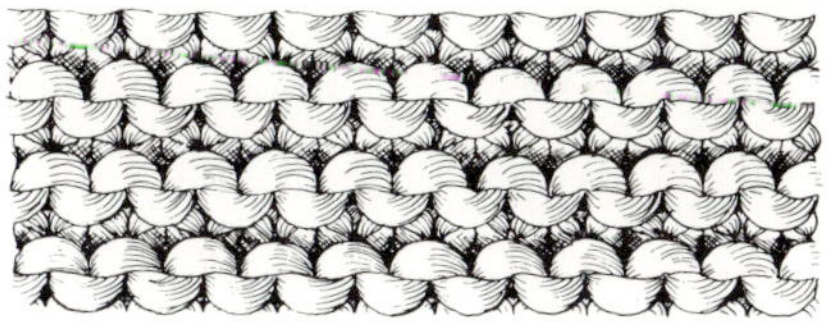

Vorwort

Selbstgestrickte und -gehäkelte Modelle sind nicht nur preiswert und praktisch. Sie bieten Handarbeitsfreunden auch die Möglichkeit, ihre individuellen Vorstellungen von Mode, Eleganz und Sportlichkeit auf ganz persönliche Weise in die Wirklichkeit umzusetzen. Oder aber liebe Freunde, Bekannte oder Verwandte mit einem originellen Geschenk zu überraschen. Dabei ist es völlig unerheblich, ob es sich bei dem guten Stück um eine einfache Babymütze, eine kuschelige Kinderjacke, einen warmen Skipullover für Ihn, ein adrettes Twinset für Sie oder gar um eine Behaglichkeit verbreitende Couchdecke handelt – Hauptsache, es ist wohlgelungen und gefällt. Das Buch stellt moderne und klassische, elegante und sportliche Strick- und Häkelmodelle für Damen, Herren und Kinder

jeder Altersstufe und für jede Jahreszeit vor: Luftige Pullis und dicke, warme Pullover; flotte Pullunder und Westen zum Kombinieren mit den verschiedensten Kleidungsstükken; leichte und wohlig warme Jakken; modische und praktische Accessoirs. Außerdem finden Sie interessante Vorschläge, wie Sie Ihr Zuhause noch behaglicher gestalten können. Jedes Modell wird mit einer farbigen Abbildung vorgestellt und mit einer übersichtlichen Anleitung, teilweise auch für mehrere Größen, von der Maschenprobe bis zur Fertigstellung genau beschrieben.

Die »Kleine Materialkunde« stellt in alphabetischer Reihenfolge die vielen auf dem Markt befindlichen Natur- und Chemiefasern und Mischgarne vor und informiert über ihre Herkunft, Eigenschaften, Verwendungsmöglichkeiten und Pflege. Außerdem enthält das Kapitel Wissenswertes rund um die Strick- und Häkelgarne. Die »kleine Werkzeugkunde« stellt alles vor, was man an praktischem und hilfreichem Zubehör zum Stricken und Häkeln braucht.

Im Kapitel »Vom Wollknäuel zum fertigen Modell« haben wir altbewährte Weisheiten und einige Tricks und Kniffe »auf einen Blick« für Sie zusammengestellt – kurz alles, was Sie beachten müssen, damit Ihre Handarbeit gelingt und Sie viel und lange Freude daran haben können.

Lassen Sie sich also von den vorgestellten Modellen verführen, unter denen Anfänger ebenso ihr Lieblingsstück finden können wie Fortgeschrittene und Könner. Und schmökern Sie im Informationsteil, in dem Sie sicher einige für Sie interessante Neuigkeiten erfahren werden.

Weißer Damenpullover mit Pailletten

Ein »Glanzlicht« nicht nur für festliche Stunden ist dieser adrette weiße Pullover, für den edle Materialien effektvoll kombiniert wurden. Die Paillettenborte sieht nicht nur nach etwas »Besonderem« aus, sondern ersetzt, da sie genau zum Modell paßt, die Halskette. Vorteilhaft dabei ist, daß sie festgenäht wurde und deshalb auf dem schönen Stück nicht »scheuern« kann.

Größe: 38/40
Oberweite des Modells: 104 cm
Gesamtlänge: 62 cm

Material: Esslinger Wolle **»barca«** 400 g weiß (Fb. 01), **»angora princess«** 80 g weiß (Fb. 01) u. **»saphir«** 40 g weiß (Fb. 01) u. 20 g grau (Fb. 18). Je 1 Paar Schnellstricknadeln 3, 3,5 u. 4 mm u. 1 Wollhäkelnadel 3,5 mm. Ca. 1,60 m Paillettenborte.

Bündchenmuster: 1. R (Rückr): 2 M re, 2 M li im Wechsel, **2. R (Hinr):** 2 M li*, 1 M auf 1 Hilfsnadel vor die Arbeit legen, folgende M re str., die M der Hilfsnadel re str., 2 M li*, von *–* wdh. **3. R:** M str., wie sie erscheinen, **2. u. 3. R fortl. wdh.**

Glatt rechts: Hinr re, Rückr li str.

Häkelnoppe: Aus 1 Einstichstelle mit jeweils 1 U. 4 × Schlingen holen, dann alle Schlingen zus. abmaschen, mit 1 Lftm fest zus.ziehen u. abmaschen (mit dem Endfaden wird die Noppe am Strickteil befestigt).

Maschenprobe genau einhalten! (falls nötig, Nadeln wechseln)

Glatt rechts: (barca einfädig bzw. angora princess doppelt): 19 M/24 R = 10 cm

Glatt rechts: (saphir): 30 M/36 R = 10 cm

Arbeitsgang: s. Schnitt. Für die **Ärmel** mit Nadel 4 mm je 80 M in »angora princess« mit doppeltem Faden anschl. u. in glatt rechts 12 cm in »angora« u. 19 cm in »barca« str., in der letzten R vert. 34 M abn., dann in »angora« einfädig m. Nadel 3 mm noch 4 cm im Bündchenmuster str., M im M-rhythmus abk.

Fertigstellung: Schulternähte ca. 8 cm u. die Seitennähte schließen, Ärmelnähte ca. 12 cm schließen (Bündchen + 8 cm glatt rechts), Naht = obere Ärmelmitte. In die übrige Naht den Einsatz aus »saphir« einsetzen u. entlang der Einsatznaht mit doppeltem Faden in grau 1 R. Krebsmaschen häkeln. Ärmel einsetzen, dabei den Einsatz auf ca. 18 cm einkrausen. Die Armausschnittkanten in »angora« zweifädig mit Krebsmaschen behäkeln. Die Paillettenborte beginnend an der rechten Ärmeleinsatzspitze über die rechte Schulter, in das Vorderteil, über die linke Schulter bis zur linken Einsatzspitze legen, *s. Abb.*, und annähen. In »angora princess« einfädig m. Nadel 4 mm 10 M anschl. u. ca. 60 cm glatt rechts str., M abk. Den Streifen nach Abb. beginnend an der rechten Schulter, entlang der Paillettenborte bis zur linken Schulter legen u. annähen. Jeweils an Anfang u. Ende der Paillettenborte u. des gestrickten Streifens 1 Häkelnoppe in »angora« arb.

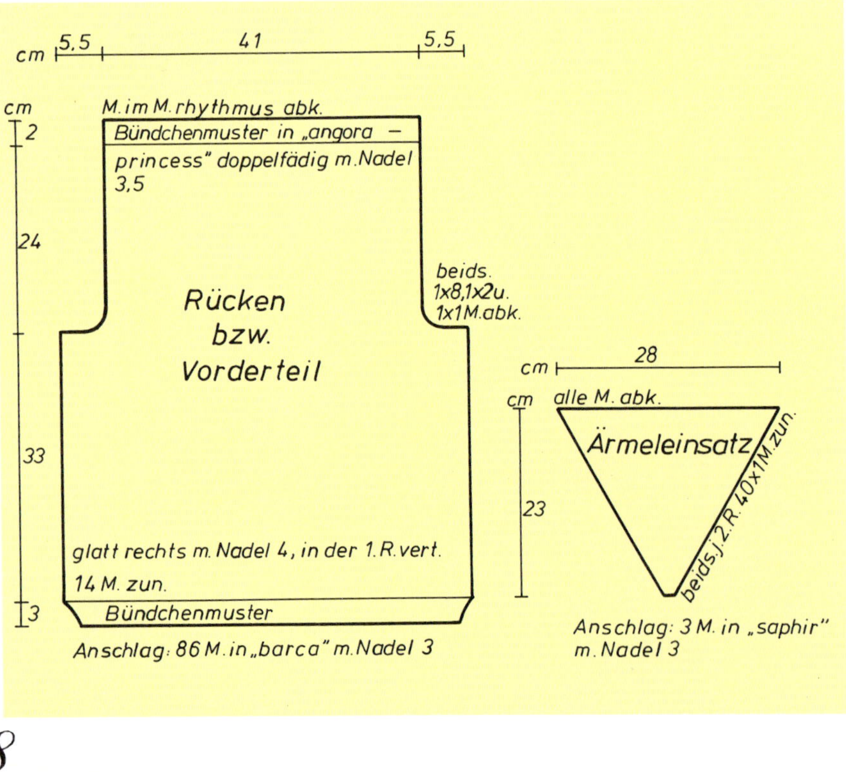

Damenpullover mit zweifarbigen Zöpfen

Für all jene Strickfreundinnen, die gerne mit Farben arbeiten, aber nicht unbedingt große Flächenmuster lieben, ist dieser aparte zweifarbige Pullover gedacht.

Größe: 38/40

Material: Woll-Service **»Grandioso«,** 300 g blau, Farbe 38 und 200 g pink, Farbe 37. Stricknadeln Nr. 4½ und 6, Rundnadel Nr. 4½.

Muster: glatt rechts (HinR re – RückR li), glatt links (HinR li – RückR re).

Zopf: 1.–4.R: 6 M glatt re in Pink, 6 M glatt re in Blau; **5. R:** 6 M auf einer Hilfsnadel hinter die Arbeit legen, 6 M re in Blau stricken, dann die M der Hilfsnadel re in Pink abstricken; **6. R:** die M stricken, wie sie erscheinen; **7.–14. R:** 6 M glatt re in Blau, 6 M glatt re in Pink; **15. R:** 6 M auf einer Hilfsnadel hinter die Arbeit legen, 6 M re in Pink stricken, dann die M der Hilfsnadel re in Blau abstricken; **16. R:** die M stricken, wie sie erscheinen; **17.–20. R:** wie die 1.–4. R; **1.–20. R fortlaufend wiederholen.**

Maschenprobe: 14 M in der Breite und 17 Reihen in der Höhe ergeben 10 cm im Quadrat.

Rückenteil: In Grandioso biau 70 M mit Nadel Nr. 4½ anschlagen und 9 cm 2 M re – 2 M li im Wechsel stricken, dabei in der letzten RückR verteilt 10 M zunehmen. Mit Nadel Nr. 6 weiterarbeiten, dabei die M wie folgt einteilen: RandM, 7 M glatt re in Blau, 2 M glatt li in Pink, 12 M Zopf, 2 M glatt li in Pink, 32 M glatt re in Pink, 2 M glatt li in Pink, 12 M Zopf, 2 M glatt li in Pink, 7 M glatt re in Blau, RandM. 28 cm hochstricken, dabei beidseitig gleichmäßig verteilt 5 × 1 M zunehmen. Die nächsten 28 cm gerade hochstricken, dann für den rückwärtigen Halsausschnitt die mittleren 20 M und beidseitig noch in jeder 2. Reihe 2 × 3 M abketten. In 67 cm Gesamthöhe die restlichen M auf einmal abketten.

Vorderteil: Bis 59 cm Gesamthöhe wie das Rückenteil stricken, dann für den Halsausschnitt die mittleren 12 M und beidseitig noch in jeder 2. Reihe 1 × 3 M, 2 × 2 M und 3 × 1 M abketten. In Rückenteilhöhe die restlichen M auf einmal abketten.

Ärmel: In Grandioso Blau 34 M mit Nadeln Nr. 4½ anschlagen und 6 cm 2 M re – 2 M li im Wechsel stricken, dabei in der letzten RückR verteilt 6 M zunehmen. Mit Nadel Nr. 6 weiterarbeiten: 37 cm glatt re stricken, dabei beidseitig gleichmäßig verteilt 23 × 1 M zunehmen. In 43 cm Gesamthöhe alle M auf einmal abketten.

Ausarbeitung: Die Teile auf den Schnitt spannen, mit feuchten Tüchern bedecken und gut trocknen lassen. Den Pulli zusammennähen. In Grandioso blau für den Rollkragen mit der Rundnadel die M auffassen und 18 cm 2 M re – 2 M li im Wechsel anstricken. Die M gleichmäßig abketten.

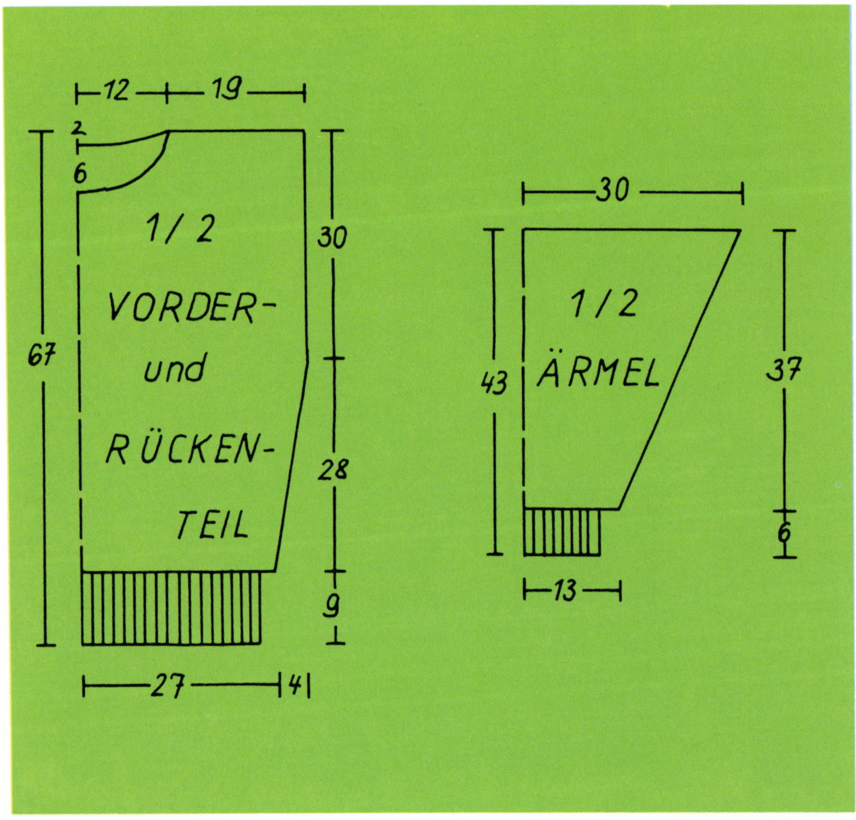

Gelber Damenpullover mit Diagonalstreifen

Ein aparter Pullover für all diejenigen, die gerne mit der Mode gehen und lieber mit Farben spielen als Muster stricken.

Größe: 38/40

Material: Woll-Service »**Pullitino**« 600 g gelb, Farbe 21, Qualität »**Riva**« je 50 g rot, Farbe 10 und orange, Farbe 7. Stricknadeln Nr. 4½ und 6, Rundnadel Nr. 4½.
Grundmuster: glatt re (HinR re – RückR li), nach dem Zählmuster stricken.
Maschenprobe: 13 M in der Breite und 24 Reihen in der Höhe ergeben 10 cm im Quadrat.
Rückenteil: In Pullitino 60 M mit Nadel Nr. 4½ anschlagen und 9 cm 2 M re – 2 M li im Wechsel stricken, dabei in der letzten RückR verteilt 14 M zunehmen. Mit Nadel Nr. 6 im Grundmuster lt. Zählmuster weiterarbeiten: 53 cm gerade hochstricken, dann für den rückwärtigen Halsausschnitt die mittleren 22 M und beidseitig noch in jeder 2. Reihe 1 × 3 M und 1 × 2 M abketten. In 65 cm Gesamthöhe die restlichen M auf einmal abketten.
Vorderteil: Bis 55 cm Gesamthöhe gegengleich dem Rückenteil stricken, dann für den Halsausschnitt die mittleren 16 M und beidseitig noch in jeder 2. Reihe 2 × 2 M und 4 × 1 M abketten. In Rückenteilhöhe die restlichen M auf einmal abketten.
Ärmel: In Pullitino 28 M mit Nadel Nr. 4½ anschlagen und 6 cm 2 M re – 2 M li im Wechsel stricken, dabei in der letzten RückR verteilt 12 M zunehmen. Mit Nadel Nr. 6 im Grundmuster 35 cm hochstricken, dabei beidseitig gleichmäßig verteilt 18 × 1 M zunehmen. In 41 cm Gesamthöhe alle M auf einmal abketten.
Ausarbeitung: Die Teile auf den Schnitt spannen, mit feuchten Tüchern bedecken und gut trocknen lassen. Den Pulli zusammennähen. Für den Kragen in Pullitino mit der Rundnadel die M auffassen und 3 cm 2 M re – 2 M li im Wechsel anstricken. Die M gleichmäßig abketten.

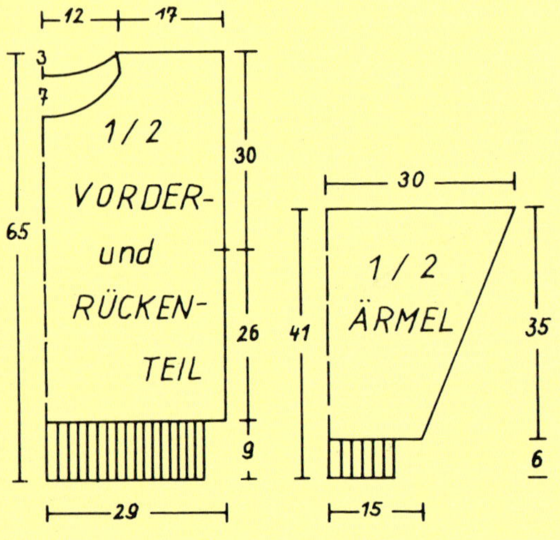

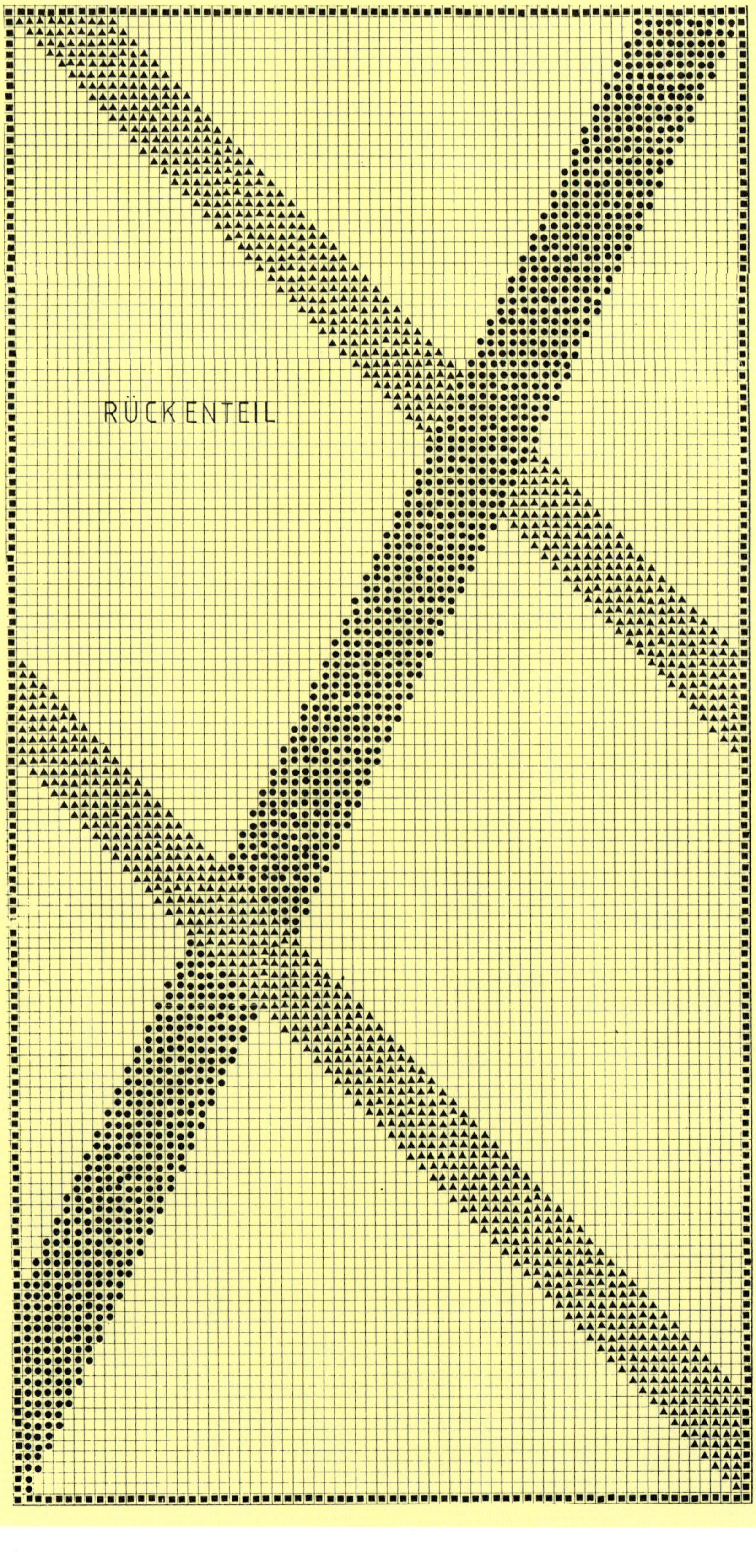

□ = in Pullitino
▲ = in Riva orange
● = in Riva rot

Damenpullover mit Strukturmuster

Übung und natürlich auch Geduld muß haben, wer diesen bezaubernden Pullover nacharbeiten will, für den verschiedene plastische Muster effektvoll kombiniert wurden. Aber die Mühe lohnt sich, denn das bequem und glatt geschnittene Ergebnis läßt, allein, mit einem Halstuch oder -schal oder über einer Bluse getragen, seine »Schöpferin« bei vielen Gelegenheiten einfach »bestrickend« aussehen.

Größe: 38/40
Oberweite des Modells: 108 cm
Gesamtlänge: 53 cm

Material: Esslinger Wolle **»geisha«** 550 g gelb (Fb. 27) oder **»chanson«** oder Schoeller Wolle **»cosa«**, 1 Paar Schnellstricknadeln 3,5 mm, 1 Rundstricknadel 3 mm, 60 cm lang. 1 Wollhäkelnadel 3,5 mm.
Die Qualität »geisha« wird doppelfädig verstrickt!
Glatt rechts: Hinr re, Rückr li str.
Glatt links: Hinr li, Rückr re str.
Überzogene Maschen: 1. R: Rdm.,* 2 M re, 1 U., 2 M re, den U. über die 2 letzten re M ziehen*, von * – * fortl. wdh. **2. R:** li M **3. R:** Rdm., * 1 U., 2 M re, den U. über die 2 letzten re M ziehen, 2 M re *, von * – * fortl. wdh. **4. R:** li M **1. – 4. R fortl. wdh.**
Dornröschenmuster: 1. R: li M **2. R:** Rdm., * 5 M li zus.str., aus der folgenden M 5 M herausstr. (1 M re, 1 M li, 1 M re, 1 M li, 1 M re) *, von * – * fortl. wdh., Rdm. **3. R:** li M **4. R:** Rdm., aus der folgenden M 5 M herausstr. (1 M re, 1 M li, 1 M re, 1 M li, 1 M re), 5 M li zus.str. *, von * – * fortl. wdh., Rdm. **1. – 4. R fortl. wdh.**
Zopfmuster I (über 8 M): 1. – 6. R: glatt rechts **7. R:** 2 M auf eine Hilfsnadel *hinter* die Arbeit legen, 2 M re, die M. der Hilfsnadel re str., folgende 2 M auf 1 Hilfsnadel *vor* die Arbeit legen, 2 M re, die M der Hilfsnadel re str. **8. – 12. R:** glatt rechts **1. – 12. R fortl. wdh.**
Zopfmuster II (über 10 M): 1. – 8. R: glatt rechts **9. R:** 5 M. auf 1 Hilfsnadel *vor* die Arbeit legen, folgende 5 M re str., dann die M der Hilfsnadel re str. **10. – 12. R:** glatt rechts **1. – 12. R fortl. wdh.**
Lochmuster: 1. R: 2 M re, * 1 U., 2 M re zus.str. *, von * – * fortl. wdh. **2. R:** li M **1. – 2. R fortl. wdh.**
Maschenprobe genau einhalten (falls nötig, Nadeln wechseln)
Überzogene Maschen in »geisha«: 19 M/ 26. R = 10 cm.
Arbeitsgang: Es werden 2 gleiche Teile (bis auf die unterschiedlichen Halsausschnitte) gestrickt! (Der Pulli kann auch über die Schultern hinweg in *einem Stück* gearbeitet werden!) Mit Nadel 3 mm 106 M anschl. u. 10 cm in 2 M re, 2 M li str. Weiter nach Zählmuster arb., dabei in der 1. R vert. 18 M zun. (= 124 M).
Fertigstellung: Schulter- u. obere Ärmelnähte schließen. Für die Ärmelbündchen jeweils 46 M m. Nadel 3 mm aus den Ärmelkanten herausstr. u. 7 cm in 2 M re, 2 M li str., M im M-rhythmus abk. Seiten- und Ärmelnähte schließen. Die Halsausschnittkante mit je 1 Rd. feste M u. 1 Rd. Krebsmaschen umhäkeln.

1 = überzogene M.
2 = glatt links
3 = Zopfmuster I
4 = Dornröschenmuster
5 = Zopfmuster II
6 = Lochmuster

Es sind Hin- u. Rückr. gezeichnet

Zählmuster Rücken bzw. Vorderteil

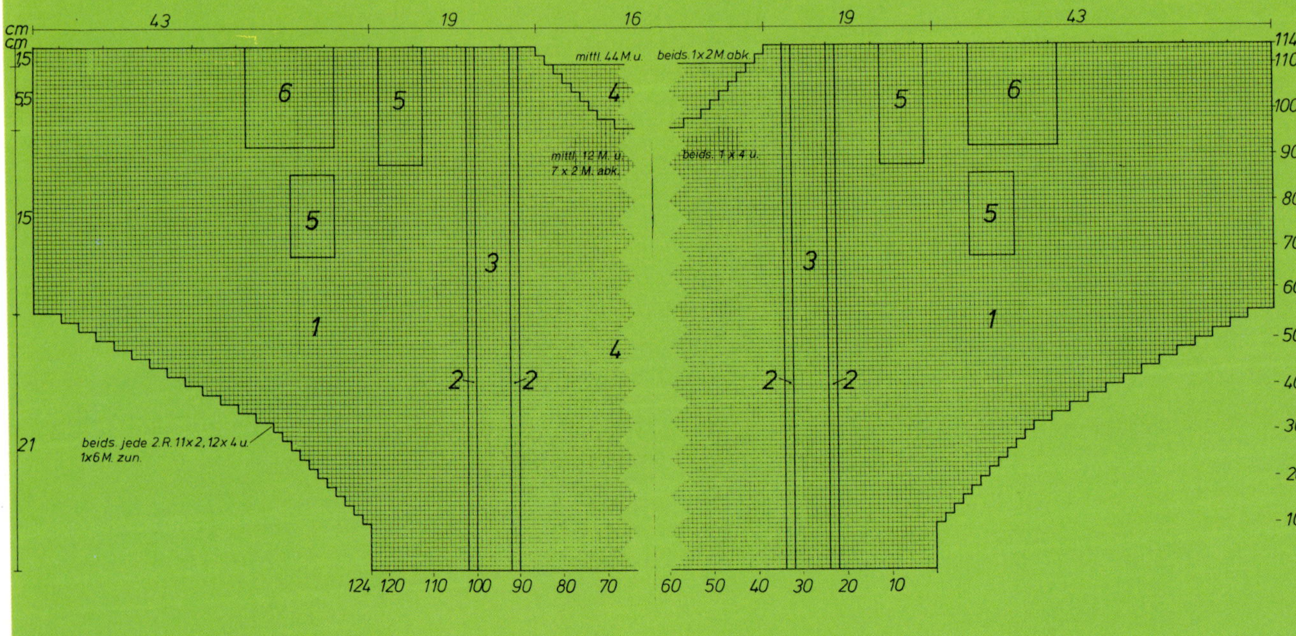

Damenpullover mit plastischen Streifen und Rauten

Dieser aparte Pulli, dessen Längsstreifen durch abgehobene Maschen entstehen, ist nicht nur eine ideale Ergänzung für den Kleiderschrank besonders modebewußter Strickfreundinnen. Mit entsprechendem Zubehör kann er auch »klassisch« getragen werden.

Größe: 38/40

Material: Woll-Service, Qualität **»Express«,** 750 g grün (Fb. 65), Stricknadeln Nr. 3½ und 4½

Grundmuster I: 1. R (HinR): 3 M li * 1 M re, 3 M li, ab * wiederholen, 2. R: 3 M re * 1 M abheben, 3 M re, ab * wiederholen, 1.–2. R: fortlaufend wiederholen

Grundmuster II: siehe Schemazeichnung 14 M breit

Maschenprobe: 19 M in der Breite und 25 Reihen in der Höhe ergeben 10 cm im Quadrat

Rückenteil: 100 M mit Nadel Nr. 3½ anschlagen und 11 cm 2 M re – 2 M li im Wechsel stricken, dabei in der letzten RückR verteilt 20 M zunehmen. Mit Nadel Nr. 4½ weiterarbeiten, dabei die M wie folgt einteilen: RandM, 19 M Grundmuster I, 14 M Grundmuster II, 19 M Grundmuster I, RandM 29 cm gerade hochstricken, dann für die Armausschnitte beidseitig 1 × 10 M abketten. Noch 27 cm gerade hochstricken, dann 3 cm über die ganze Breite 2 M re – 2 M li im Wechsel stricken. In 70 cm Gesamthöhe alle M auf einmal abketten.

Vorderteil: wie das Rückenteil stricken

Ärmel: 38 M mit Nadel Nr. 3½ anschlagen und 7 cm 2 M re – 2 M li im Wechsel stricken, dabei in der letzten RückR verteilt 16 M zunehmen. Mit Nadel Nr. 4½ weiterarbeiten, dabei die M wie folgt einteilen: RandM, 19 M Grundmuster I, 14 M Grundmuster II, 19 M Grundmuster I, RandM. 40 cm hochstricken, dabei beidseitig gleichmäßig verteilt 26 × 1 M zunehmen. *(Achtung! alle zugenommenen M werden im Grundmuster I gestrickt).* Die nächsten 5 cm gerade hochstricken, dann beidseitig in jeder 2. Reihe 7 × 5 M abketten. In 53 cm Gesamthöhe die restlichen M auf einmal abketten.

Ausarbeitung: Die Teile auf den Schnitt spannen, mit feuchten Tüchern bedecken und gut trocknen lassen. Den Pulli zusammennähen.

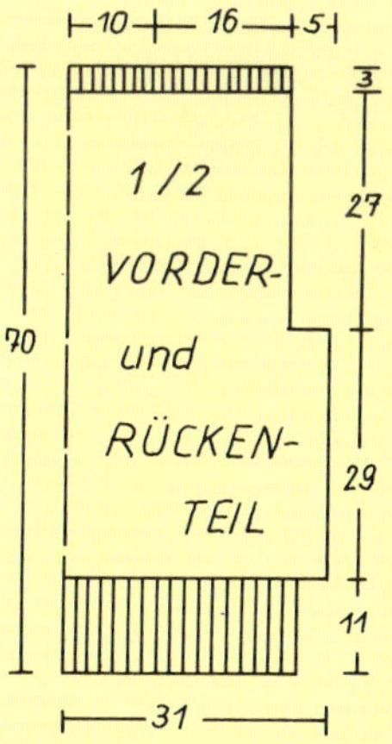

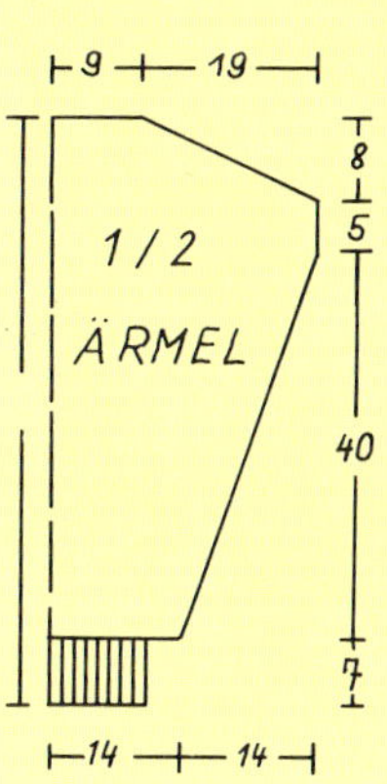

| = re M

– = li M

⟋ = 1 M auf einer Hilfsnadel **vor** die Arbeit legen, 1 re M li abstr, M der Hilfsnadel re abstr

⟍ = 1 re M auf einer Hilfsnadel **hinter** die Arbeit legen, 1 M re, M der Hilfsnadel li abstr

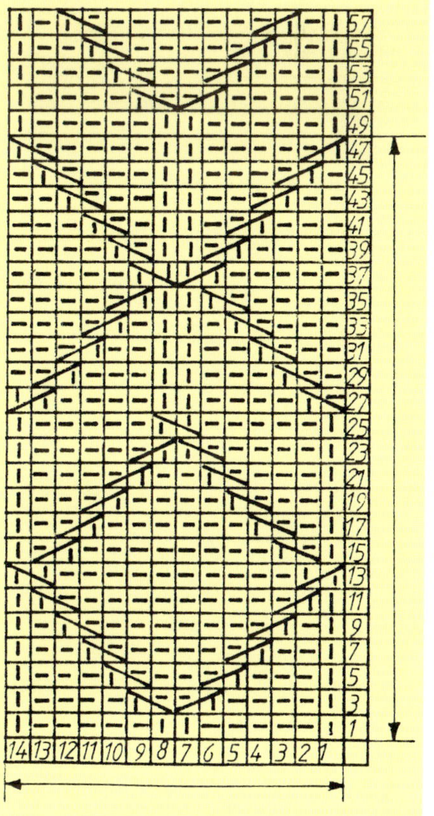

Damenpullover mit Angorazöpfen

Die Kombination zweier verschiedener Materialien, nämlich eines Effektgarns und eines flauschigen »Schmusegarns« machen diesen Pullover zu einem sehr attraktiven Kleidungsstück besonders für die Übergangszeit, das einfach zu schade ist, um unter einem Mantel oder einer Jacke versteckt zu werden. Der glatte, einfache Schnitt schmeichelt auch etwas üppigeren Körperproportionen.

Größe: 38/40 (42)
Oberweite des Modells: 100 (106) cm
Gesamtlänge: 62 cm

Die Angaben für *Größe 42* stehen *in der Klammer,* steht nur 1 Zahl, gilt diese für alle Größen.
Material: Esslinger Wolle **»angora princess«** 120 g melone (Fb. 31) und Schoeller Wolle **»chicco«** 550 (600) g hummer (Fb. 08). Je 1 Paar Schnellstricknadeln 3 u. 3,5 mm, 1 Rundstricknadel 3,5 mm, 80 cm lang und 1 Wollhäkelnadel 3,5 mm.
Glatt links: Hinr li, Rückr re str.
Glatt rechts: Hinr re, Rückr li str.
Rippen: Hin- und Rückr re str., **1 Rippe = 2 R**
Zopf: 1. R: 8 M re, 1 M li, 8 M re, **2.–8. R:** M str., wie sie erscheinen, **9. R:** 8 M nach links verkreuzen = 4 M auf 1 Hilfsnadel *vor* die Arbeit legen, folgende 4 M re str., die M der Hilfsnadel re str., 1 M li, 8 M nach rechts verkreuzen = 4 M auf 1 Hilfsnadel *hinter* die Arbeit legen, folgende 4 M re str., die M der Hilfsnadel re str.
Mustereinteilung – Mittelteil: in »chicco« 24 M glatt links, in »angora princess« 8 M Zopf nach links verkreuzt, 1 M li und 8 M Zopf nach rechts verkreuzt, in »chicco« 5 M glatt links, in »angora princess« 8 M Zopf nach links verkreuzt, 1 M li u. 8 M Zopf nach rechts verkreuzt u. in »chicco« 24 M glatt links. Beim Einstricken mit mehreren Knäueln arb., dabei beim Wechseln der Qualitäten die Fäden verkreuzen, damit keine Löcher entstehen.
Maschenprobe genau einhalten! (falls nötig, Nadeln wechseln)
Glatt links (in chicco): 22 M/31 R = 10 cm
Arbeitsgang = Mittelteil: s. Schnitt. Nach Fertigstellung des Mittelteils aus den seitl. Kanten in »chicco« je 273 M mit Nadel 3,5 mm aufn. und 2 Rippen str., dann die M wie folgt einteilen: In »chicco« 92 M glatt rechts, 3 M glatt links, 8 M Zopf nach rechts verkreuzt, 3 M glatt links, in »angora princess« 8 M Zopf nach rechts verkreuzt, in »chicco« 3 M glatt links, 8 M Zopf nach rechts verkreuzt, 3 M glatt links, in »angora princess« 8 M Zopf nach rechts verkreuzt, 1 M glatt li (= Mittelmasche) und 8 M Zopf nach links verkreuzt, in »chicco« 3 M glatt links, 8 M Zopf nach links verkreuzt, 3 M glatt links, in »angora princess« 8 M Zopf nach links verkreuzt, in »chicco« 3 M glatt links, 8 M Zopf nach links verkreuzt, 3 M glatt links u. 92 M glatt rechts. Nach 7 (10) cm beids. je 43 M abk., dann in jeder 2. R 2 × 3, 3 × 2 und 18 × 1 M und in jeder 4. R 15 × 1 M abk. = 97 M (Maße s. Schnitt). Nun mit Nadel 3 mm für das Bündchen noch 6 cm in 1 M re, 1 M li in »chicco« str. dabei in der 1. R fortl. 2 M zus.str. = 49 M, M im M-rhythmus abk.
Fertigstellung: Aus den unteren Kanten von Rücken und Vorderteil je 85 (91) M in »chicco« mit Nadel 3 mm aufn. und in 1 M re, 1 M li 8 cm str. M im M-rhythmus abk. Seiten- und Ärmelnähte schließen. Den Halsausschnitt in »chicco« mit 1 Rd. * 1 f. M, 1 Lftm. *, von * – * wdh. und 1 Rd. Krebsmaschen behäkeln.

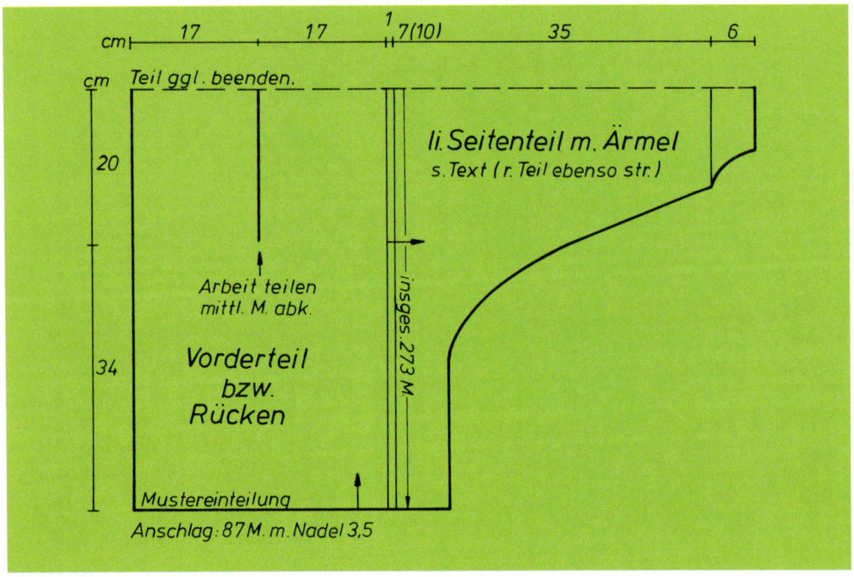

Damenpullover mit Lochmuster und Zöpfen

Der reizvolle Pullover mit dem einfachen Zopfmuster, das durch ein ebenfalls problemlos nachzuarbeitendes Lochmuster aufgelockert wird, ist ein hübsches Stück für viele Gelegenheiten und kann auch von Anfängern mit etwas Geduld nachgearbeitet werden.

Größe: 38/40

Material: Woll-Service, Qualität **»Grandioso«,** 450 gr. rosa Farbe 34, Stricknadeln Nr. 5 und 7
Grundmuster: s. Schemazeichnung
Zopf: 4 M breit, **1. – 4. R:** 4 M glatt re (HinR re – RückR li), **5. R:** 2 M auf einer Hilfsnadel hinter die Arbeit legen, 2 M re stricken, die M der Hilfsnadel re abstrikken, **6. R:** alle M li stricken, **3. – 6. R: fortlaufend wiederholen**
Maschenprobe: 12 M in der Breite und 16 Reihen in der Höhe ergeben 10 cm im Quadrat
Rückenteil: 62 M mit Nadel Nr. 5 anschlagen und 10 cm 2 M re – 2 M li im Wechsel stricken, dabei in der letzten RückR verteilt 9 M zunehmen. Mit Nadel Nr. 7 weiterarbeiten, dabei die M wie folgt einteilen: Rand M, 21 M Grundmuster, 4 M Zopf, 21 M Grundmuster, 4 M Zopf, 21 M Grundmuster, Rand M 58 cm gerade hochstricken (= 88 Reihen), dann noch 3 cm über die ganze Breite re kraus stricken (HinR re – RückR re). In 70 cm Gesamthöhe alle M auf einmal abketten.
Vorderteil: wie das Rückenteil stricken
Ärmel: 28 M mit Nadel Nr. 5 anschlagen und 7 cm 2 M re – 2 M li im Wechsel stricken, dabei in der letzten RückR verteilt 23 M zunehmen. Mit Nadel Nr. 7 weiterarbeiten, dabei die M wie folgt einteilen: RandM, 10 M Grundmuster (1. – 10. M der Schemazeichnung), 4 M Zopf, 21 M Grundmuster, 4 M Zopf, 10 M Grundmuster (12. – 21. M der Schemazeichnung), Rand M 30 cm (= 44 R) hochstricken, dabei beidseitig gleichmäßig verteilt 11 mal 1 M zunehmen, noch 2 cm re kraus stricken (HinR re – RückR re). In 39 cm Gesamthöhe alle M auf einmal abketten.
Ausarbeitung: Teile auf den Schnitt spannen, mit feuchten Tüchern bedecken und gut trocknen lassen. Den Pulli zusammennähen.

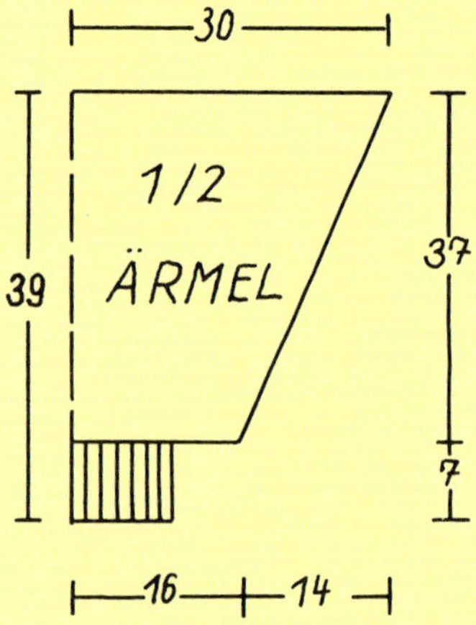

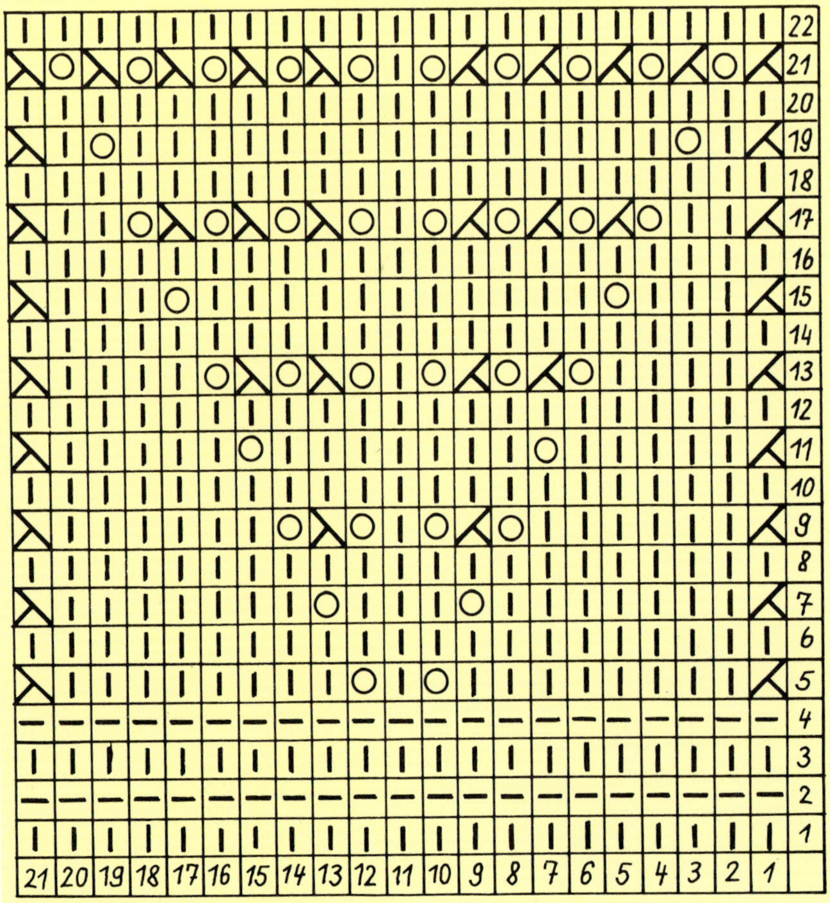

| = 1 M re (HinR re – RückR li)
– = 1 M li (HinR li – RückR re)
O = 1 Umschlag
⋌ = 2 M re zusammenstricken
⋋ = 1 Überzug (1 M abheben, 1 M re strikken, die abgehobenen M überziehen)

Dreifarbiger Damenpullover

Ein apartes Kleidungsstück für Frauen, die Mut zur Farbe haben und sich so ganz im Trend der neuen Saison kleiden möchten.

Größe: 38/40

Material: Woll-Service, Qualität **»Grandioso«,** 200 g grün (Fb. 33), 200 g blau (Fb. 38) und 50 g weiß (Fb. 31), Stricknadeln Nr. 4 u. 6, Rundnadel Nr. 4
Grundmuster: glatt re (HinR re – RückR li), nach dem Zählmuster stricken
Maschenprobe: 12 M in der Breite und 18 R in der Höhe ergeben 10 cm im Quadrat.

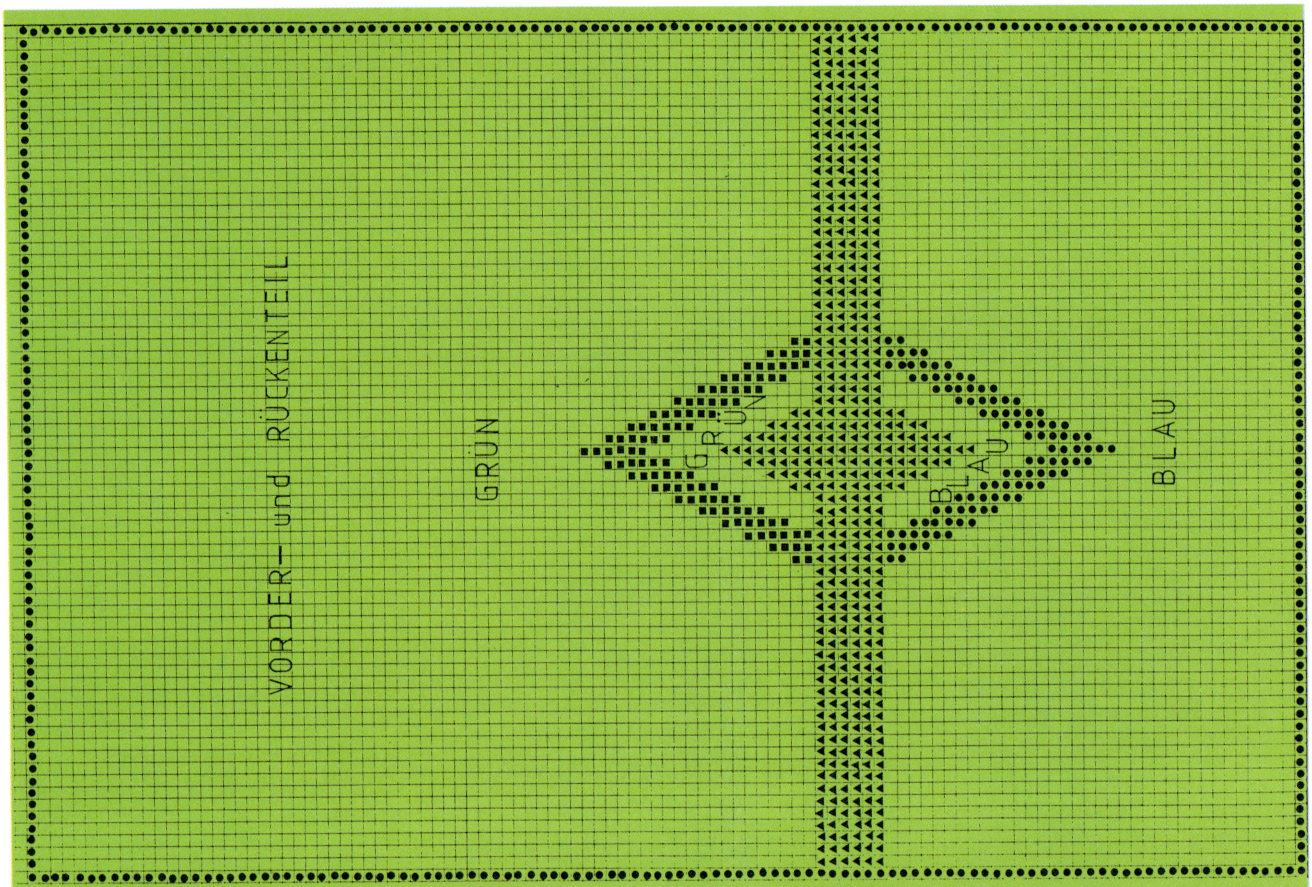

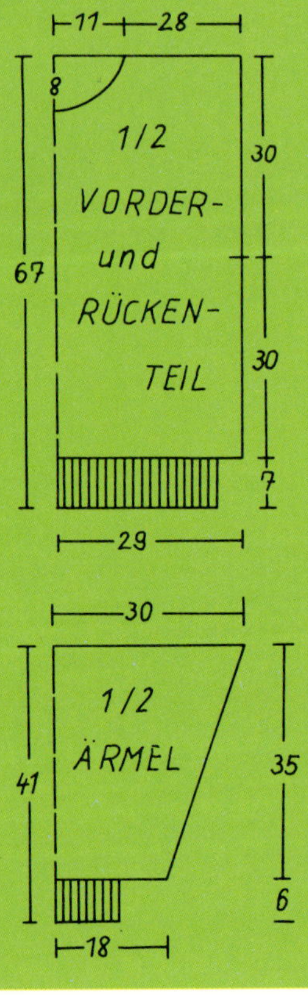

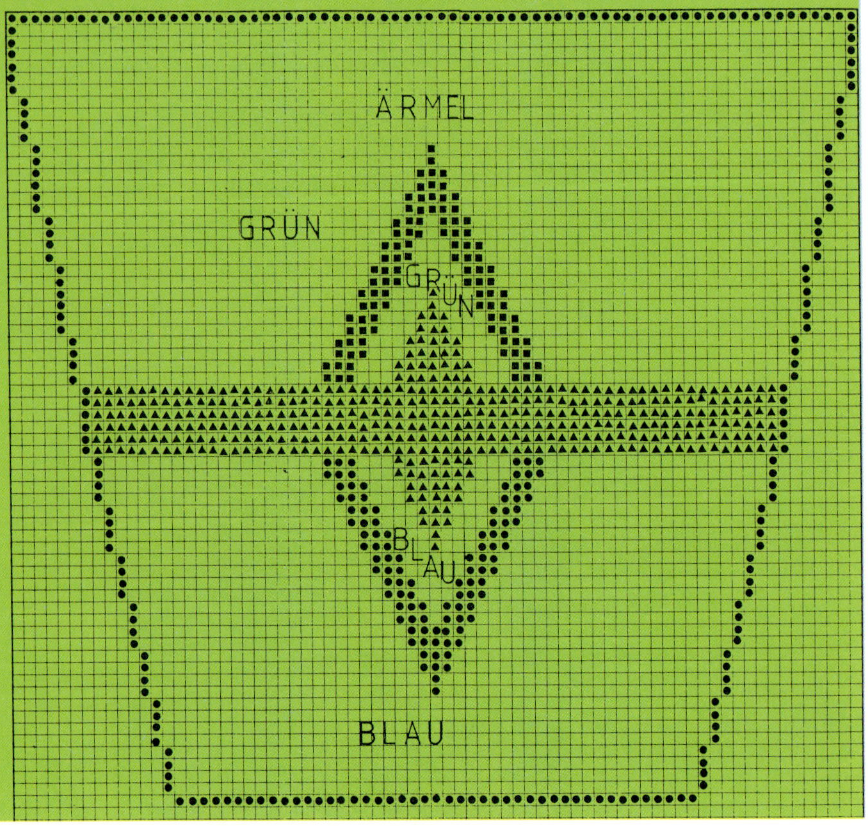

Rückenteil: In Grandioso blau 60 M mit Nadel Nr. 4 anschlagen und 7 cm 1 M re – 1 M li im Wechsel stricken, dabei in der letzten RückR verteilt 11 M zunehmen. Mit Nadel Nr. 6 im Grundmuster lt. Zählmuster weiterarbeiten. In 67 cm Gesamthöhe alle M auf einmal abketten.
Vorderteil: Bis 59 cm Gesamthöhe wie das Rückenteil stricken, dann für den Halsausschnitt die mittleren 9 M u. beidseitig noch in jeder 2. R 1 × 3 M und 5 × 1 M abketten. In Rückenteilhöhe die restlichen M auf einmal abketten.
Ärmel: In »Grandioso« blau 30 M mit Nadel Nr. 4 anschlagen u. 6 cm 1 M re – 1 M li im Wechsel stricken, dabei in der letzten RückR verteilt 15 M zunehmen. Mit Nadeln Nr. 6 im Grundmuster lt. Zählmuster weiterstricken. In 41 cm Gesamthöhe alle M auf einmal abketten.
Ausarbeitung: Die Teile auf den Schnitt spannen, mit feuchten Tüchern bedecken u. gut trocknen lassen. Den Pulli zusammennähen. Für die Halsausschnittblende in Grandioso grün mit der Rundnadel die M auffassen und 3 cm 1 M re – 1 M li im Wechsel anstricken. Die M gleichmäßig abketten.

Damenpullover mit Netzmuster

Dieser aparte, von der Farbe her äußerst vielseitig kombinierbare Pullover paßt sowohl zu Hosen als auch zum Rock. Apart wirkt außerdem die Knopfleiste.

Größe: 38/40

Material: Woll-Service **»Express«,** 850 g natur, Farbe 62. Stricknadeln Nr. 4 und 5, Rundnadel Nr. 4, 5 Knöpfe.

Grundmuster: Netzmuster. **1. R:** alle M re stricken; **2. R:** alle M re stricken; **3. R:** RandM, * 1 M re, 1 DoppelM (= 1 M re, dabei 1 Reihe tiefer einstechen), ab * wiederholen, RandM; **4. R:** RandM, * mit der re Nadel den Faden, der vor der DoppelM liegt, auffassen und mit der M re zusammenstricken, 1 M re, ab * wiederholen, RandM; **5. R:** RandM * 1 DoppelM, 1 M re, ab * wiederholen, RandM; **6. R:** RandM * 1 M re, mit der re Nadel den Faden, der vor der DoppelM liegt, auffassen und mit der M re zusammenstricken, ab * wiederholen, RandM; **3.–6. Reihe – fortlaufend wiederholen.**

Maschenprobe: 16 M in der Breite und 36 Reihen in der Höhe ergeben 10 cm im Quadrat.

Rückenteil: 78 M mit Nadel Nr. 4 anschlagen und 15 cm 2 M re – 2 M li im Wechsel stricken, dabei in der letzten RückR verteilt 12 M zunehmen. Mit Nadel Nr. 5 im Grundmuster 54 cm gerade hochstricken, dann für den rückwärtigen Halsausschnitt die mittleren 20 M und beidseitig noch in jeder 2. Reihe 1 × 2 M und 2 × 1 M abketten. In 71 cm Gesamthöhe die restlichen M auf einmal abketten.

Vorderteil: Bis 29 cm Gesamthöhe wie das Rückenteil stricken, dann die mittleren 6 M abketten und beide Seiten getrennt und gegengleich beenden: 32 cm gerade hochstricken, dann für die Ausschnittsrundung in jeder 2. Reihe 1 × 5 M, 1 × 2 M und 4 × 1 M abketten. In Rückenteilhöhe die restlichen M auf einmal abketten.

Ärmel: 34 M mit Nadel Nr. 4 anschlagen und 14 cm 2 M re – 2 M li im Wechsel stricken, dabei in der letzten RückR verteilt 12 M zunehmen. Mit Nadel Nr. 5 im Grundmuster 29 cm hochstricken, dabei beidseitig gleichmäßig verteilt 25 × 1 M zunehmen. In 43 cm Gesamthöhe alle M auf einmal abketten.

Ausarbeitung: Die Teile auf den Schnitt spannen, mit feuchten Tüchern bedecken und gut trocknen lassen. Den Pulli zusammennähen. Für den Kragen mit der Rundnadel die M auffassen und 5 cm 2 M re – 2 M li im Wechsel anstricken. Die M gleichmäßig abketten. Für die Blenden mit der Rundnadel jeweils die M auffassen und 5 cm 2 M re – 2 M li im Wechsel anstricken, dabei in der re Blende in 2,5 cm Höhe 5 Knopflöcher einstricken (dafür jeweils 2 M abketten und die fehlenden M sofort wieder neu anschlagen). Die M gleichmäßig abketten.
Die Knöpfe annähen.

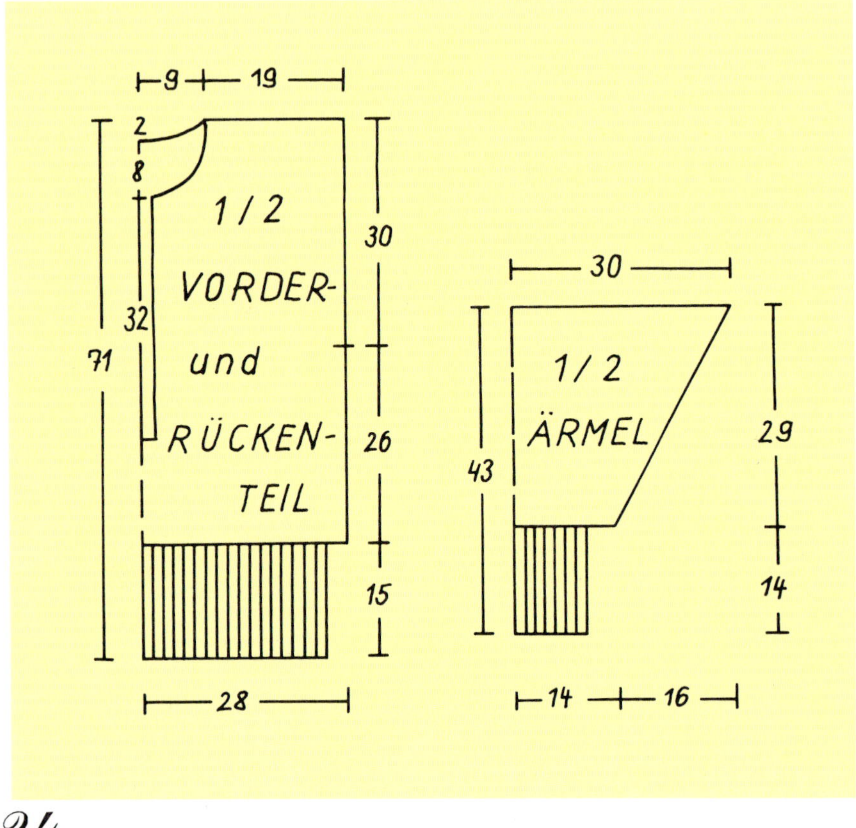

Blau-grüner Damenpullover

Aktuell von der Farbkombination und vom Schnitt her ist dieser aparte Pullover. Der zweifarbige Seitenzopf ist auch etwas für Nicht-Profis, die bereits Erfahrung mit Zöpfen und mehreren Farben haben.

Größe: 38/40

Material: Woll-Service »**Grandioso**«, 200 g blaue, Farbe 38 und 250 g grün, Farbe 33, Stricknadeln Nr. 5 und 7, Rundnadel Nr. 5.
Grundmuster: glatt re (HinR re – RückR li).
Zopf: 16 M breit
1.–8. R: 2 M glatt li (grün, HinR li – RückR re), 6 M glatt re (blau), 6 M glatt re (grün), 2 M glatt li (blau); **9. R:** 2 M li (grün), 6 M (blau) auf einer Hilfsnadel hinter die Arbeit legen, 6 M re stricken (grün), die M der Hilfsnadel re abstricken (blau), 2 M li (blau); **10. R:** die M stricken wie sie erscheinen; **11.–22. R:** 2 M glatt li (grün), 6 M glatt re (grün), 6 M glatt re (blau), 2 M glatt li (blau); **23. R:** 2 M li (grün), 6 M (grün) auf einer Hilfsnadel hinter die Arbeit legen, 6 M re stricken (blau), die M der Hilfsnadel re abstricken (grün), 2 M li (blau); **24. R:** die M stricken wie sie erscheinen; **25.–28. R:** wie die 1.–8. Reihe; **1.–28 R: fortlaufend wiederholen.**
Maschenprobe: 13 M in der Breite und 17 Reihen in der Höhe ergeben 10 cm im Quadrat.
Rückenteil: In Grandioso blau 70 M mit Nadel Nr. 5 anschlagen und 17 cm 2 M re – 2 M li im Wechsel stricken, dabei in der letzten RückR verteilt 9 M zunehmen. Mit Nadel Nr. 7 weiterarbeiten, dabei die M wie folgt einteilen: RandM, 50 M Grundmuster in Grün, 16 M Zopf, 11 M Grundmuster in Blau, RandM. 52 cm gerade hochstricken, dann für den rückwärtigen Halsausschnitt die mittleren 19 M und beidseitig noch in jeder 2. Reihe 1 × 3 M und 1 × 2 M abketten. In 71 cm Gesamthöhe die restlichen M auf einmal abketten.
Vorderteil: Mit 61 cm Gesamthöhe gegengleich dem Rückenteil stricken, dann für den Halsausschnitt die mittleren 11 M und beidseitig noch in jeder 2. Reihe 2 × 3 M, 1 × 2 M und 1 × 1 M abketten. In Rückenteilhöhe die restlichen M auf einmal abketten.
Linker Ärmel: In Grandioso blau 30 M mit Nadel Nr. 5 anschlagen und 7 cm 2 M re – 2 M li im Wechsel stricken, dabei in der letzten RückR verteilt 10 M zunehmen. Mit Nadel Nr. 7 im Grundmuster 36 cm hochstricken, dabei beidseitig gleichmäßig verteilt 18 × 1 M zunehmen. In 43 cm Gesamthöhe alle M auf einmal abketten.
Rechter Ärmel: wie den linken Ärmel stricken jedoch in Grün
Ausarbeitung: Teile auf den Schnitt spannen, mit feuchten Tüchern bedecken und gut trocknen lassen. Den Pulli zusammennähen. Für den Kragen in Grün mit der Rundnadel die M auffassen und 3 cm 2 M re – 2 M li im Wechsel anstricken. Die M gleichmäßig abketten.

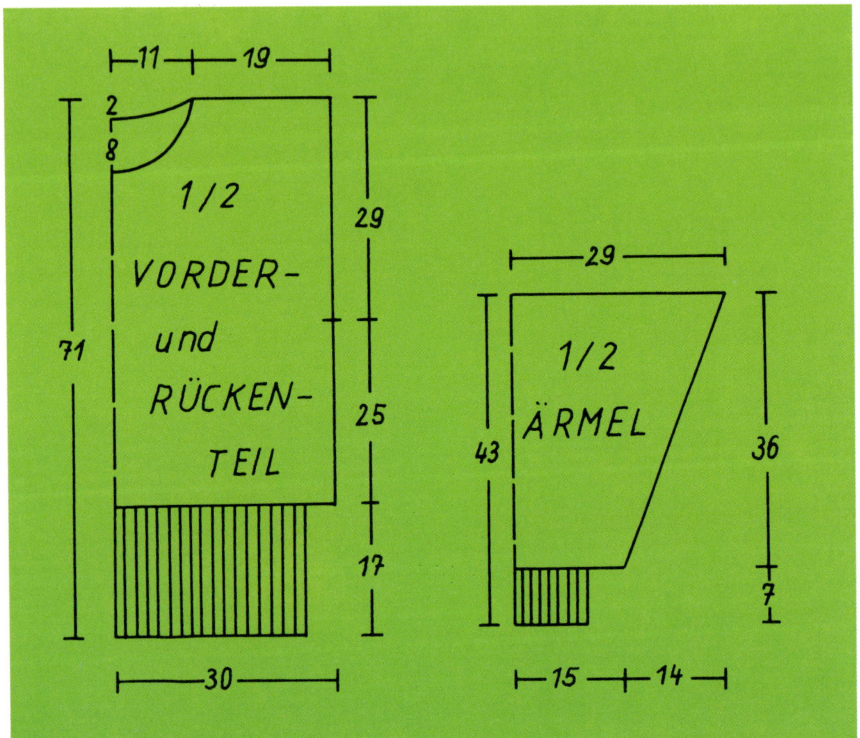

Damenpullover im Materialmix

Die Kombination edler Garne aus verschiedenen Materialien in aktuellen Farben macht diesen Pullover mit dem schlichten elegant wirkenden Zopfmuster zu einem chicen, vielseitig verwendbaren Kleidungsstück: Es ist zu vielen Gelegenheiten an kühlen Frühjahrs-, Sommer- oder Herbsttagen ebenso am Platz wie im Winter und kann »solo« oder über einer Bluse oder einem dünnen Rollkragenpullover getragen werden.

Größe: 38/40

Material: Woll-Service **»Sorrent«** 200 g hellgelb Fb. 24, 200 g dunkelgelb Fb. 1; **»Duya«** 200 g honig Fb. 23; **»Angora«** je 100 g hellgelb Fb. 311, dunkelgelb Fb. 339; **»Va bene«** 50 g ocker Fb. 62; **»Riva«** 50 g gelb Fb. 4; Stricknadeln Nr. 3 ½ und 6.
Grundmuster: Zopf 22 M breit, **1. – 10. R:** 5 M li, 12 M glatt re, 5 M li. **11. R:** 5 M li, 6 M auf eine Hilfsnadel hinter die Arbeit legen, 6 M re str., dann die M der Hilfsnadel re str., 5 M li. **12. R:** M str. wie sie erscheinen. **13. – 28. R:** 5 M li, 12 M glatt re, 5 M li. **11. – 28. R fortlaufend wdh.**
Maschenprobe: 20 M in der Breite und 22 R in der Höhe ergeben 10 cm im Quadrat.
Rückenteil: 78 M mit Nadeln Nr. 3 ½ in Va bene anschlagen u. 8 cm 2 M re – 2 M li im Wechsel str., dabei in der letzten RückR verteilt 34 M zunehmen. Mit Nadeln Nr. 6 im Grundmuster weiterarbeiten, dabei die M wie folgt aufteilen: RandM, 22 M Sorrent hellgelb (dabei den Faden doppelt verstricken), 22 M Angora dunkelgelb (Faden doppelt nehmen), 22 M Duya, 22 M Angora hellgelb (Faden doppelt nehmen), 22 M Sorrent dunkelgelb (Faden doppelt nehmen), RandM 50 cm gerade hochstr., dann über die ganze Breite in Riva 2 cm 2 M re – 2 M li im Wechsel str. In 60 cm Gesamthöhe alle M auf einmal abketten.
Vorderteil: gegengleich dem Rückenteil arbeiten.
Rechter Ärmel: 34 M mit Nadeln Nr. 3 ½ in Va bene anschlagen u. 7 cm 2 M re – 2 M li im Wechsel str., dabei in der letzten RückR verteilt 34 M zunehmen. Mit Nadeln Nr. 6 im Grundmuster weiterstr., dabei die M wie folgt aufteilen: RandM, 22 M Angora hellgelb (Faden doppelt nehmen), 22 M Duya, 22 M Sorrent dunkelgelb (Faden doppelt nehmen), RandM 35 cm hochstr., dabei beidseitig gleichmäßig verteilt 12 × 1 M zunehmen. In 42 cm Gesamthöhe alle M auf einmal abketten.
Linker Ärmel: Wie den rechten Ärmel str., die Qualitäten aber wie folgt aufteilen: RandM, 22 M Sorrent hellgelb (Faden doppelt nehmen), 22 M Duya, 22 M Angora dunkelgelb (Faden doppelt nehmen), RandM.
Ausarbeitung: die Teile auf den Schnitt spannen, mit feuchten Tüchern bedecken u. gut trocknen lassen. Pulli zusammennähen.

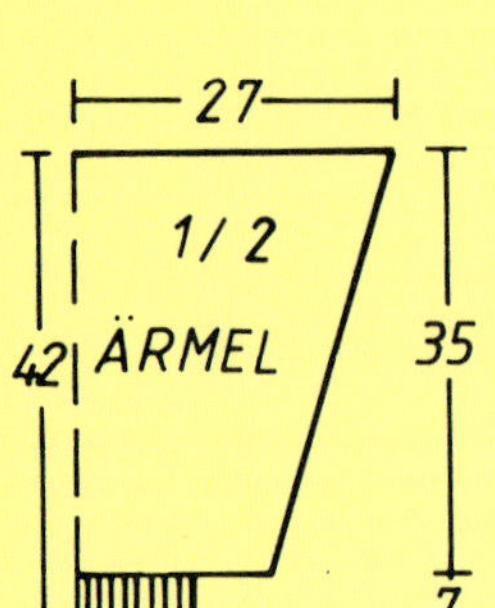

KLEINE MATERIALKUNDE

Der Freude über ein gelungenes Strick- oder Häkelmodell, egal welcher Art und gleichgültig welchen Schwierigkeitsgrades, geht erst einmal die Qual der Wahl des richtigen Materials, sprich der geeigneten Wolle oder des passenden Garnes voraus. Und das ist manchmal gar nicht so einfach. Denn die Wollhersteller lassen sich, um den Wünschen und Ansprüchen der stetig wachsenden Gemeinde von Handarbeitsfreunden und dem ständig wechselnden Diktat der Modemacher gerecht zu werden, ständig neue Veredelungs- und Verarbeitungsarten für Naturfasern und immer neue Varianten von Mischgarnen und Kunstfasern einfallen. Sie alle liegen dann in den Regalen der Händler, vor denen so mancher Kunde oft ob der großen Auswahl etwas ratlos steht.
Deshalb haben wir auf den folgenden Seiten die wichtigsten Woll- und Garnarten, Mischgarne und Kunstfasern zusammengestellt und informieren über ihre Herkunft, ihre spezifischen Eigenschaften und ihre Verwendungsmöglichkeiten. Außerdem finden sich Informationen über Verarbeitungs-, Veredelungs- und Herstellungsmethoden – kurz alles, was mit Strick- und Häkelgarnen zu tun hat und für Handarbeitsfreunde von Interesse ist.

A

Acetat Pflegeleichte und sehr anschmiegsame Chemiefaser, die sich durch seidigen Schimmer auszeichnet und meist versponnen mit Natur- oder anderen Chemiefasern angeboten wird. In der Regel Handwäsche mit Spezialwaschmittel.

Acryle Pflegeleichte, strapazierfähige und warme Chemiefasern (z. B. Dralon, Courtelle, Orlon).

Alcantarabändchen Bändchengarn aus Kunstleder, das die gleichen Eigenschaften besitzt wie das beliebte, für Konfektion verarbeitete Material, also gewaschen werden kann. Eignet sich zur Alleinverarbeitung (lockere Gestrikke), besser aber zum Materialmix mit anderen Garnen, wofür auch der ziemlich stolze Preis spricht.

Alpaka Von den südamerikanischen Lamas stammende, seidig glänzende, leicht gekräuselte Tierfaser. Das edle Material eignet sich für weiche, leichte, warme Wollkleidung. Nur lauwarme Handwäsche mit Spezialwaschmittel.

Angora Das feine, flauschige Haar des Angorakaninchens ist sehr empfindlich und zählt zu den teuersten Tierfasern. Besonders geeignet für feine Handarbeiten und Rheumawäsche. Rein oder vermischt meist mit einer Kunstfaser erhältlich. Von Nachteil ist, daß es stark fuselt. Pflege nur mit Spezialwaschmittel durch lauwarme Handwäsche, da es sehr leicht filzt und dann kratzt.

Aufbürsten Mittels einer Spezialbürste kann die rechte Seite von Flauschgarnen (meist Mohair oder Mohairmischgarne) so aufgerauht werden, daß eine »zottelige« Fläche entsteht. Sieht vor allem bei glatt gestrickten Modellen apart aus, aber auch wenn diese Flauschgarne mit glatten Garnen kombiniert wurden und das fertige Stück »Zottelstreifen« aufweist.

B

Babywolle Meist locker doppelt gedrehtes Garn in zarten Pastelltönen, das man für Babykleidung, aber auch zu Wäsche oder Bettjäckchen verarbeiten kann. Erhältlich als reine Naturfaser, als Chemiefaser oder aber als Mischgarn.

Am empfehlenswertesten ist die letzte Variante, da sie hautfreundlicher als die Chemiefaser und meist strapazierfähiger als die Naturfaser ist. Für die Pflege die jeweilige Banderolenaufschrift beachten.

Bändchengarn Speziell hergestelltes Garn, das aussieht wie ein dünnes Stoffband und in verschiedenen Formen, Stärken und Zusammensetzungen seinen Siegeszug während der letzten paar Jahre angetreten hat. Eignet sich immer besser zum Stricken als zum Häkeln, und zwar meist mit ziemlich dicken Nadeln. Harte, glatte Bändchen (meist aus Baumwolle oder Wolle, allein oder kombiniert mit anderen Materialien) eignen sich besonders gut für Zopf- und Patentmuster. Bändchen sind auch für Materialmix verwendbar. Wegen der geringen Lauflänge (in der Regel unter 100 m) ist der Materialverbrauch relativ hoch, vor allem auch, da Bändchen sich nicht für lockere, luftige Muster eignen. Etwas heikel in der Verarbeitung sind B. aus Viskose und anderen Kunstfasern und »Baumwollfetzenbändchen«, die schräg geschnitten wurden: Sie splitten und fransen leicht und sollten nie aufgetrennt werden. Für die Pflege die auf die jeweiligen Zusammensetzungen abgestimmten Banderolenanweisungen beachten.

Baumwolle Man gewinnt die Naturfaser, die sich durch sehr gute Verarbeitungs- und Trageeigenschaften auszeichnet, aus den weißen bis gelblichen Samenhaaren des Baumwollstrauches, der im Süden der USA, in Ägypten, Indien, China, Brasilien, Mexiko und den warmen Gebieten der UdSSR wächst. Im Rohzustand gibt es Qualitätsunterschiede in Farbe und Feinheit der Fasern. Feine und langfaserige Qualitäten kommen aus Ägypten und den USA, aus Indien stammen gröbere Fasern. B. ist besonders hautfreundlich, saugfähig (sie nimmt bis zu 10 Prozent Wasser auf), luftdurchlässig, antistatisch und strapazierfähig. In Weiß und Gelblich (»Naturfarbe«) kann man sie kochen, da sie nicht abfärbt. Die leuchtende Klarheit der Farben von Baumwollprodukten rührt von ihrer vorzüglichen Eignung zum indanthren Färben. Ein weiteres Veredelungsverfahren ist das → Mercerisieren. B. eignet sich, allein oder gemischt mit anderen Natur- oder Chemiefasern hervorragend für gestrickte und gehäkelte Baumwollbekleidung und wird in vielen Variationen angeboten. Bündchen mit mindestens zwei Nadelstärken dünner stricken oder mit Gummifäden stützen, da B. nicht elastisch ist. Für die Pflege ist die Banderolenauf-

schrift zu beachten, die auf Zusammensetzung und Verarbeitung des jeweiligen Garns abgestimmt ist.

Beilaufgarn Dünnes, fest gedrehtes Garn (Natur- oder Chemiefaser, Mischgarn), das vor allem zur Verstärkung von Spitzen und Fersen für Strümpfe zusammen mit dem Arbeitsfaden verstrickt wird. Besonders beliebt sind heute die glänzenden, meist auf chemischem Weg hergestellten, sehr feinen, meist auf Spulen erhältlichen Effektgarne, die gestrickten und auch gehäkelten Kleidungsstücken eine besonders aparte Note verleihen.

Bluten Jede Wolle und jedes Garn neigen dazu, bei der ersten Wäsche überflüssige Farbe abzugeben. Das hat nichts mit Qualität zu tun.

Bouclé → Schlingengarn

C

Cablee (Cablé)-Zwirnung Zwei oder mehrere Spinnfäden eines Garns werden miteinander verzwirnt, bevor man mehrere von ihnen zum endgültigen Faden zusammendreht. Das Garn wird so robuster, da die einzelnen Wollhaare fester aneinander gebunden werden. Eignet sich hervorragend zum Stricken und Häkeln und ergibt eine besonders klare Musterstruktur.

Cashmere → Kaschmir

Chemiefasern Auf chemischem Weg durch verschiedene Verfahren hergestellte Fasern, deren Grundstoffe Zellulose, Kohle, Erdöl, Rhizinusöl u. a. bilden. Ihr wohl größter Vorteil ist die Pflegeleichtigkeit und die Tatsache, daß sie, bis auf einige Ausnahmen, auch waschmaschinenfest sind. Ein Nachteil ist, daß sie luftundurchlässig und kaum saugfähig sind, was zu Hautreizungen und Allergien führen kann. Kombiniert mit Naturfasern ergeben sie aber nicht nur interessante Effekte, sondern verleihen den empfindlichen unter ihnen (z. B. Alpaka, Angora, Mohair) größere Strapazierfähigkeit. Hierher gehören: Acryl, Polyamid, Polyester, Reyon.
Für die richtige Pflege die jeweilige Banderolenaufschrift beachten.

Chenille Garn mit plüschartiger Oberfläche, das sich aus mehreren Fadensystemen zusammensetzt und auf speziellen Maschinen versponnen wird. Kann beim Verarbeiten und später beim Tragen fuseln und eignet sich in der Regel für voluminöse Kleidungsstücke. Für die Pflege (meist lauwarme Handwäsche mit Spezialwaschmitteln) unbedingt die auf die Zusammensetzung abgestimmte Banderolenanweisung beachten. Nicht auftrennen, da nach der »Fuselei« kaum ein brauchbarer Faden bleibt.

Cheviot Glänzende, kaum gekrauste, lange Naturfaser, die von den Schafen gleichen Namens stammt.

Crossbred Ziemlich robuste Naturfaser von Schafen, die von einer Kreuzung von Merino- und Leicesterschafen abstammen.

D/E

Dochtgarn Locker, d. h. mit wenigen Drehungen versponnenes Garn aus groben Fasern. Eignet sich für voluminöse und warme Stricksachen. Für die Pflege auf die Zusammensetzung abgestimmte Banderolenanweisungen beachten.

Effektgarne Bei der Herstellung werden ein- oder mehrfarbige »Effekte« wie Noppen oder Flammen eingesponnen. Eignen sich, da sie meist unregelmäßig strukturiert sind, besser zum Stricken, als zum Häkeln und lassen sich oft auch nur schwer auftrennen. Für die Pflege die auf die Zusammensetzung abgestimmte Banderolenanweisung beachten.

F

Fasern Feine, lange Gebilde, die zu Garnen versponnen werden. Nach ihrer Herkunft unterscheidet man Natur- (gewonnen von Tieren und Pflanzen) und Chemiefasern.

Flauschgarn Öfter gedrehtes Garn mit flauschiger, d. h. durch nicht angepreßte Härchen aufgerauhter Oberfläche. Als Natur- (z. B. Mohair) oder Chemiefaser, aber auch als Mischgarn erhältlich. Muß in jedem Fall vorsichtig durch lauwarme Handwäsche mit Spezialwaschmittel gepflegt werden und ist, wenn überhaupt, nur sehr schwer wieder aufzutrennen, da die kleinen Härchen sich gerne »verhaken«. Eignet sich besser zum Stricken als zum Häkeln. Manche F. können auch aufgebürstet werden, was die Arbeit dann schön »zottelig« aussehen läßt.

Fottéegarne Garne, die durch eingearbeitete Noppen oder Schlingen verarbeitet aussehen, wie Frottéestoff. Eignen sich besser zum Stricken und sehen am besten glatt rechts oder links, kraus oder mit dicken Noppen aus. Effekte erzielt man am besten durch verschiedene Farben oder durch die Kombination mit anderen, glatten Garnen. Schwierigkeiten bereitet das Auftrennen. Für die Pflege auf die Zusammensetzung abgestimmte Banderolenaufschrift beachten, in der Regel aber stets Handwäsche, vor allem, weil die Arbeit weich und somit »verziehbar« ist.

G

Garne Zu Fäden versponnene textile Materialien.

Gasieren Veredelungsverfahren für Baumwolle. Durch ein »Bad« in Natronlauge werden die überflüssigen, abstehenden Härchen des Garns entfernt, damit es schön glatt wird.

Glanzgarn (Glitzergarn) Bezeichnung für glänzende Garne (meist Chemiefasern) oder Mischgarne, die mit Glanzgarnen versponnen werden. Erstere werden meist für Abendgarderobe verarbeitet oder aber für spezielle Effekte ein- oder mitgearbeitet, letztere ergeben interessante Effekte.

Häkelgarne Grundsätzlich gilt: Je dünner und glatter, d. h. je fester gedreht das Garn, desto schöner das Musterbild. Am besten eignen sich also dünne Baumwollgarne oder festgedrehte Wolle (Cablee) oder ähnlich strukturierte Misch- oder Chemiegarne. Kaum geeignet sind Flausch- oder Noppengarne.

Handstrickgarn Garn, das nur mit der Hand verstrickt werden kann. Grundsätzlich eignet sich dafür eigentlich jedes Garn.

Heftgarn Lose gedrehtes, leicht durchzureißendes Garn, das nur zum Heften, d. h. probeweise Zusammennähen von Stoffteilen und Strick- oder Häkelarbeiten verwendbar ist.

Homespun Heimgesponnen. Verfahren, bei dem ein Garn wie auf einer alten Spindel, d. h. unregelmäßig versponnen wird. Dabei entstehen Noppen, Knoten und Verdickungen oder dünne Stellen am laufenden Faden, die aus derartigen Garnen gefertigten Stücken eine aparte rauhe und unregelmäßige Oberflächenstruktur verleihen.

Idanthren Farbstoffe für licht-, wasch- und wetterfeste Einfärbung von Garnen und Stoffen.

Islandwolle Dicke, meist naturweiße grobe Wolle, die man für warme, rustikale und auch ziemlich feste und voluminöse Stricksachen verarbeitet.

Jährlingswolle Noch ungleichmäßige, zarte Wolle einjähriger Schafe.

Jaspé Aus verschiedenfarbigen Fäden (meist zwei) gesponnnenes meliertes Garn, das in verschiedenen Qualitäten, Zusammensetzungen und Stärken erhältlich ist. Deshalb für die Pflege die Banderolenaufschrift beachten.

Kamelhaar Wertvolle, anschmiegsame, seidig schimmernde Tierfaser, die es in vielen, von hell- bis dunkelbraun reichenden Farbnuancen gibt. Sie wird gewonnen aus den Halshaaren der nordafrikanischen Dromedare und der ostasiatischen Kamele und eignet sich für leichte, warme Wollkleidung, aber nur zum Stricken. Filzt leicht und ist deshalb nur durch lauwarme Handwäsche mit Spezialwaschmitteln zu pflegen. Gilt auch für Mischgarne mit Kamelhaar.

Kaschmir (Cashmere) Angenehme, wohlig warme Tierfaser, die von Hand aus dem dichten Unterhaar der Kaschmirziege gelesen wird. Deshalb zählt sie auch zu den edelsten, kostbarsten und leider auch teuersten Tierfasern und eignet sich besonders für leichte, warme, locker gestrickte Kleidung. Pflege nur durch lauwarme Handwäsche mit Spezialwaschmitteln, da sie äußerst empfindlich ist.

Kid-Mohair Qualitätsvolle, weiche, leider aber nicht billige Tierfaser von den jungen Angora- oder Mohairziegen (Kid = Kind). Eignet sich besonders für flauschige, warme, leichte Wollkleidung. Im Gegensatz zum »normalen« Mohair kratzt sie so gut wie nie, haart aber genauso stark und wird von manchen Menschen nicht vertragen, obwohl besser als Mohair. Pflege nur durch lauwarme Handwäsche mit Spezialwaschmitteln, da sie leicht filzt und dann häßlich aussieht und doch kratzt. Ein wenig robuster in Verbindung mit anderen Garnen.

Krimmerwolle An das zarte, stark gelockte Fell junger Lämmer von der Krim erinnerndes Flauschgarn mit dicken, nicht aufgeschnittenen Kräuselschlingen. Nur zum Stricken geeignet und nach Banderolenaufschrift zu pflegen.

Kunstseide → Acetat

Lammwolle (Lambswool) Wolle eines zum ersten Mal geschorenen Schafes. Sie ist sehr fein, zart und warm, aber auch etwas heikel in der Verarbeitung und Pflege: Nicht zu fest verstricken, aber auch nicht zu locker, da sie sonst entweder zum Brett wird oder beutelt. Nur handwarm mit Spezialwaschmittel vorsichtig waschen: Auf »Kälte- oder Wärmeschocks« reagiert sie mit Filzen und Eingehen. Und noch etwas: Empfindliche Menschen kratzt sie möglicherweise, billige Qualitäten kratzen in der Regel stets und taugen sehr wenig.

Landwolle Robuste, mehrfach gedrehte Wolle in Natur- oder traditionellen Strumpf- und Trachtenfarben. Nur zum Stricken für rustikale, strapazierfähige und robuste Kleidung geeignet.

Lederbändchen Bändchengarn aus Leder, das dessen Eigenschaften besitzt und sich leider auch an dessen Preis orientiert. Für ganz locker gestrickte oder gehäkelte Westchen, besser aber für »Effekttupfer« in Jacken und Westen geeignet, da es sehr teuer ist und nicht gewaschen werden kann.

Leinen Aus Flachs gewonnene, sehr hautfreundliche Naturfaser, die sich durch hervorragende Trage- und Verarbeitungseigenschaften auszeichnet und besonders für sommerliche, kühle Strick- und Häkelsachen eignet. Pur oder vermischt mit einem anderen oder mehreren anderen Garnen erhältlich. Pflege in der Regel durch (lau)warme Handwäsche mit Spezialwaschmittel oder aber nach Banderolenaufschrift.

Makobaumwolle Baumwolle aus Ägypten, die sich durch besondere Feinheit und aparten Glanz auszeichnet.

Mélange Französisch »mischen«. Garn, das aus verschiedenfarbigen, vor dem Verspinnen gemischten Fasern besteht.

Mercerisieren Nach dem britischen Chemiker J. Mercer (1791–1866) benanntes Verfahren zur Veredelung von Baumwolle. Das straff gespannte Garn erhält durch Imprägnierung mit Natronlauge einen anhaltend seidigen Glanz, nimmt beim Einfärben die Farbe noch besser an und wird noch robuster.

Merinowolle Feine und empfindliche Tierfaser vom in Australien und Südafrika heimischen Merinoschaf. Sie wird zu feinem Kammgarn versponnen und eignet sich für edle, warme Wollkleidung. Nur stricken und durch Handwäsche mit Spezialwaschmittel pflegen, da sie sonst leicht filzt.

Metallgarne (Lurex) In der Regel robuste, reißfeste Chemiefasern, die sich durch metallischen Glanz auszeichnen. Können allein, besser aber mit anderen Garnen zusammen verstrickt und verhäkelt werden. Aber Vorsicht: Auf der Haut kratzen und reiben sie und können sogar zu Ausschlag führen. Pflege durch Spezialwaschmittel und lauwarme Handwäsche, damit der Glanz erhalten bleibt. Dieser kann mit zunehmendem Alter des Kleidungsstückes allerdings matter werden.

Modal Kaum schrumpfende, gut verträgliche, flauschige zellulosische Faser, die durch Handwäsche und mit Spezialwaschmittel sehr sorgsam gepflegt werden muß.

Mohair Kostbare, seidig glänzende, schwach gekräuselte Tierfaser von der Angora- oder Mohairziege. Läßt sich ausgezeichnet einfärben und eignet sich für warme, weiche, flauschige und voluminöse Strickkleidung, kaum aber zum Häkeln. Läßt sich kaum oder nur sehr schwer auftrennen. Pflege nur in lauwarmer Handwäsche mit Spezialwaschmittel, da sie leicht filzt und dann kratzt. Hautempfindliche Menschen sollten allerdings damit vorsichtig sein. Haart sowohl bei der Verarbeitung als auch beim Tragen. Robuster in Verbindung mit Chemiefasern.

Mouliné-Garne Garne, bei denen zwei oder mehrere verschiedenfarbige Fäden verzwirnt werden.

N

Naturfasern Fasern aus natürlichen Grundstoffen, die entweder von Pflanzen oder von Tieren kommen.

Nomotta-Wolle Qualitätsbezeichnung einer mottensicher ausgerüsteten Wolle.

Noppengarn Garn, in das während des Zwirnens kleine, oft in der Farbe variierende Kügelchen (Noppen) eingearbeitet werden. Sieht sehr apart aus. Eignet sich wegen der rauhen Oberfläche in der Regel nur zum Stricken und macht Schwierigkeiten beim Auftrennen, da die Noppen beim Ablaufen »hängenbleiben«.

O

Ombré-Garne
Schatteneffektgarne mit stufenlos eingefärbten Übergängen von Hell nach Dunkel und umgekehrt innerhalb eines Fadens. Oder aber verschiedene Schattierungen einer Farbe an einem Faden. Gibt es in verschiedenen Zusammensetzungen, Qualitäten und Stärken. Deshalb für die Pflege Banderolenaufschrift beachten.

P

Papierbändchen Sehr dickes, weiches Bändchengarn aus reiner Kunstfaser, das mit sehr dicken Nadeln am besten verstrickt wird, sich aber wegen seiner Weichheit auch zum groben Häkeln eignet. Der Clou: Man kann das fertige Stück selbst mit Textilfarben kunstvoll bemalen.

Pelzwolle Flauschgarne, die auf einer Seite (in der Regel der rechten Musterseite) aufgebürstet werden können.

Perlgarn Fest gedrehtes Strick- oder Häkelgarn mit perlartiger Fadenstruktur. Gibt es in verschiedenen Zusammensetzungen und Stärken. Eignet sich am besten für glatte Muster.

Pflanzenfasern Fasern aus pflanzlichen Grundstoffen. Hierher gehören z. B. Baumwolle, Hanf, Jute, Leinen, Kokos, Ramie, Sisal.

Pflegeleicht Ein Garn, das leicht und problemlos zu waschen ist und gut trocknet, ist mit diesem Prädikat versehen. Es bedeutet allerdings nicht, daß man das Garn ohne weiteres in die Maschine geben kann oder aber mit normalem Waschmittel behandeln soll. Immer die Banderolenaufschrift beachten.

Polyamide Robuste und pflegeleichte Chemiefasern wie z. B. Antron, Nylon und Perlon. Auch hier gilt: Spezialwaschmittel verwenden und nicht ohne vorherige genaue Information in die Waschmaschine stecken. Auch hautempfindliche Leute sollten vorsichtig sein, da die Fasern nicht luftdurchlässig und kaum saugfähig sind. Werden allein angeboten oder aber in Verbindung mit Natur-, Pflanzen-, öfter aber Tierfasern, die sie dann etwas robuster machen.

Polyesterfasern Pflegeleichte und robuste Chemiefasern wie Diolen, Trevira und das sich vor allem durch Formbeständigkeit auszeichnende Vestan. Allein sind sie wiederum luftundurchlässig und kaum saugfähig, kombiniert mit Naturfasern machen sie vor allem die edlen und heiklen unter ihnen etwas robuster. Für die Pflege Banderolenaufschrift beachten.

R

Ramie Reißfeste, robuste und sehr hautfreundliche Pflanzenfaser aus Chinabast, den die Rinde eines in Ost- und Südostasien heimischen Nesselgewächses liefert. Wird meist mit Wolle oder anderen Natur- oder auch Chemiefasern verarbeitet und eignet sich für strapazierfähige, nicht zu warme Kleidung. Für die Pflege die auf die Zusammensetzung abgestimmte Banderolenaufschrift beachten.

Reißwolle Für sie werden im Reißwolf bereits einmal versponnene Garne, Altkleider, Fabrikreste, ja sogar Pelze zerrissen und anschließend neu versponnen. Ist von sehr unterschiedlicher Qualität und wird eigentlich meist zu Mischgarnen verarbeitet, die einen Anteil an Wolle enthalten.

Reyon Strapazierfähige, seidig schimmernde Chemiefaser. Wird meist mit Naturfasern zu Garn versponnen, das dann nicht nur interessant aussehen kann, sondern entsprechend robuster und auch pflegeleichter ist. Für die Pfle-

ge selbst die auf die jeweilige Zusammensetzung abgestimmte Banderolenaufschrift beachten.

Rheumawolle Feine, leichte Naturwolle, die oft noch durch die Beimischung von Angora veredelt wird. Findet vorwiegend Verwendung für anschmiegsame, wohlig warme und sehr leichte Gesundheitswäsche wie Unterhemden, Knie- und Armwärmer, Überziehschlüpfer oder sogar auch Bettjäckchen und warme Babykleidung. Pflege in der Regel durch lauwarme Handwäsche mit Spezialwaschmittel.

Rohwolle Frisch geschorene, noch ungereinigte Schafwolle.

S

Sanforieren Spezielle Behandlung für Baumwolle oder Baumwollmischgarne, die verhindert, daß die fertigen Handarbeiten später beim Waschen einlaufen.

Schafwolle (Naturschafwolle) Lokker gedrehte reine Schurwolle, die sich nur zum Stricken (besonders schön Zopf- und Trachtenmuster) eignet und vorwiegend für rustikale warme Sachen und Trachtenmode verarbeitet wird. Sie ist sehr warm und läuft nicht weit. Deshalb wird durch hohen Materialverbrauch das Endprodukt ziemlich schwer. Auch die beste und teuerste Qualität neigt zum Kratzen.

Schlingengarn (Bouclé) Garne, um deren Grund- und Standfaden eine oder mehrere Schlingen verschiedener Größe in verschieden großen Abständen gezwirnt sind. Synthetische S. zeichnen sich meist durch seidigen Glanz, stärker wollhaltige durch das Volumen der gearbeiteten Modelle aus, da bei ihnen die Schlingen besonders dicht beisammenliegen. S. eignen sich eigentlich nur für glatte Gestricke und machen Schwierigkeiten beim Auftrennen. In der Regel auch für Bündchen ungeeignet. Für die Pflege die auf die jeweilige Zusammensetzung abgestimmte Banderolenaufschrift beachten, meist aber lauwarme Handwäsche mit Spezialwaschmittel.

Schnellstrickwolle Dickes, glattes, fest gedrehtes Handstrickgarn. Die Arbeit wächst rasch, die Muster erscheinen schön plastisch. Das fertige Stück wird aber in der Regel ziemlich schwer, da Schnellstrickwolle eine geringe Lauflänge hat.

Schulmädchengarn Markenbezeichnung für mittelstarkes Baumwollgarn, das sich leicht verarbeiten läßt, nicht glänzt und in der Schule für die ersten Häkelversuche verwendet wird.

Schurwolle Die gängigste Art der Wollgewinnung ist die Schur von eigens für diesen Zweck gehaltenen Schafen. Dabei sind bereits die Qualitätsunterschiede der Wolle festgelegt, die später dann neben der Verarbeitungsart auch den Preis bestimmen. Sie sind bedingt durch die Schafrasse, ihren Lebensraum, ihr Futter und den Körperteil, von dem die Wolle stammt: Die besten Wollarten kommen von den Schulterblättern und den oberen Seiten, die schlechtesten von den Füßen und aus der Schwanzgegend. Die Unterschiede liegen dabei in Länge, Kräuselung und Feinheit der Haare. Erfahrene Scherer achten peinlich genau darauf, daß entsprechende Teile des → Vlieses zusammenbleiben. Nach dem Scheren wird dann die → Schweißwolle nochmals nach Qualität sortiert, maschinell aufgelockert, schonend gereinigt und zum Schutz vor zu starker Entfettung mit ölhaltigen Mitteln behandelt. Anschließend geht es in die Spinnerei, wo durch verschiedene Verfahren das Garn versponnen wird, und dann in die Färberei.

Schweißwolle Ungereinigte, frisch geschorene Schafwolle. Auch Bezeichnung für durch spezielle Verfahren filzfrei gemachte Wolle.

Seide Die kostbare, reißfeste, hautfreundliche und apart glänzende Naturfaser gewinnt man aus den Proteine enthaltenden Gespinsten verschiedener Tiere, von denen die Seidenraupe das bekannteste ist. S. eignet sich sowohl zum Stricken, als auch zum Häkeln und wird pur oder vermischt mit anderen Kunst- oder Naturfasern angeboten. Will man reines Seidengarn oder eines mit hohem Seidenanteil verarbeiten, muß man nicht nur tief in die Tasche greifen, sondern auch etwas von der Sache verstehen. Es muß immer eine Maschenprobe im gewünschten Muster angefertigt werden. Diese muß vor dem Auszählen gewaschen werden, da Seide stark beutelt. Für die Arbeit gilt: Gleichmäßig und keinesfalls zu locker, notfalls also mit relativ dünnen Nadeln das Modell nach den Zahlen der gewaschenen Maschenprobe, oder aber fast etwas zu eng arbeiten. Vor dem ersten Tragen unbedingt lauwarm mit der Hand mit einem Spezialwaschmittel waschen und liegend trocknen, damit die Form sich nicht verzieht. Beim Stricken bzw. Häkeln »laufen« Maschen dieses Materials nicht immer problemlos.

Shetland-Wolle Warme, von den Schafen auf den Shetland-Inseln stammende Naturfaser für kuschelig warme Strickkleidung. Pflege mit Spezialwaschmittel durch lauwarme Handwäsche. Vorsicht beim Kauf: Nur sehr gute Qualität nehmen, da billige S. kratzt – durch Blusen, Hemden und sonstiges hindurch. Für Hautempfindliche ist S. aber auch in bester (und teuerster) Qualität ein Problem.

Spitzengarn Dünnes, fest gedrehtes Spezialgarn aus Baumwolle, Kunstfaser oder einer Mischung von beiden. Wird für feine Häkelarbeiten wie Deckchen, Vorhänge oder Krägen usw. verwendet und mit oft nähnadeldünnen Nadeln verarbeitet.

Sportwolle Robuste, meist auch pflegeleichte Natur- oder Mischgarne, die meist für strapazierfähige Kleidung verstrickt, kaum aber verhäkelt werden. Für die Pflege Banderolenaufschrift beachten.

Sterblingswolle Wolle, die von bereits toten Tieren geschoren wird. Da sie auch schon »tot« ist, ist sie auch von schlechter Qualität.

Stopfwolle Dünne, mehrfach gedrehte, mit Nylon oder Perlon verstärkte Wolle, die zum Verstopfen schadhafter Stellen an Strumpf- und Sockenspitzen und -fersen verwendet wird.

Strumpfwolle Meist durch die Beimischung von Kunstfasern robuster und strapazierfähiger gemachte sehr feine Wolle von großer Elastizität und weiter Lauflänge. Wird für Strümpfe, Socken und auch Hüttenschuhe verarbeitet.

Superwash Verfahren, das Wolle waschmaschinenfest macht. D. h., sie kann mit Spezialwaschmitteln im Schongang bzw. im Wollwaschgang der Maschine gewaschen werden. In jedem Fall Banderolenaufschrift beachten: Hier ist in der Regel unter den Pflegesymbolen eine Waschmaschine abgebildet und nicht durchgestrichen.

T

Tierfasern Von Tieren gewonnene Fasern wie z. B. Schafwolle, Angora, Mohair, Kamelhaar, Kaschmir, Vikunja, Lambswool oder Seide.

Topflappengarn Nicht zu dünnes, strapazierfähiges, leicht zu verarbeitendes, meist glanzloses Baumwollgarn.

Tweedgarn Mit Noppen und Schlingen versponnenes Effektgarn (Natur- oder Chemiefaser, Mischgarn), das sich vorwiegend zum Stricken eignet und ein tweedähnliches Maschenbild ergibt.

Twist Mehrfädiges, lose gedrehtes Baumwollgarn, das sich leicht teilen läßt und zum Sticken oder Stopfen, aber auch zum Zusammennähen von Strick- oder Häkelarbeiten verwendet wird.

V

Vikunjawolle Heute sehr seltene und deshalb auch entsprechend teuere leichte, feine und sehr empfindliche Tierfaser von der in Südamerika heimischen kleinsten Kamelart. Eignet sich für sehr leichte, warme und entsprechend kostbare Wollkleidung. Pflege nur mit Spezialwaschmitteln durch lauwarme Handwäsche.

Viskose Durch das relativ komplizierte Viskoseverfahren aus regenerierter Zellulose hergestellte, seidig glänzende, hautfreundliche Faser. Wird zum Stricken und Häkeln allein oder kombiniert mit Natur- und/oder Chemiefasern angeboten. Für die Verarbeitung von reinen Viskosegarnen oder Garnen mit hohem Viskoseanteil gelten die gleichen Regeln wie für Seide. Außerdem spaltet sich der Faden sehr leicht. Deshalb die Enden von zu vernähenden Anfangs- und Endfäden mit einem Knoten »fixieren«. Auch auftrennen sollte man besser nicht – nicht nur wegen des »Spalttrends« ist der Faden nämlich nachher kaum mehr »erste Wahl«. Bündchen mit mindestens zwei Nadelstärken kleiner arbeiten oder aber mit einem Gummifaden stützen, da Viskose nicht elastisch ist. Und schließlich beim Tragen Vorsicht: Viskosegarn neigt stark zu unschönen Ziehfädchen und -fäden. Pflege selbstverständlich nur sehr behutsam, in lauwarmer Handwäsche und mit Spezialwaschmittel.

Vlies Haare des Wollschafes und anderer Säugetiere.

W

Wolle Bezeichnung für die aus dem → Vlies von Schafen und anderen Säugetieren gewonnenen Tierfasern. Sie wird meist nach dem Tier benannt, von dem sie stammt (z. B. Schaf-, Merinowolle, Kamelhaar). Nach der Art der Gewinnung unterscheidet man Gerber-, Jährlings-, Reiß-, Schlacht-, Schur-, Sterblingswolle.
Das Innere eines Wollhaares besteht aus zahllosen elastischen Spindeln, die von einer Schicht dachziegelartig angeordneter Schuppen und einem feinen Häutchen umgeben werden, die Wasser und Schmutz abhalten. So erklären sich auch die Vorzüge reiner Wolle. Sie ist leicht und luftdurchlässig und wirkt temperaturregulierend (vor allem wärmend). Sie ist wasserabweisend, kann jedoch bis zu 30 Prozent ihres Gewichts an Feuchtigkeit aufnehmen ohne klamm zu werden, und diese auch wieder abgeben. Sie brennt nicht, sondern glimmt und kohlt nur. Sie ist farbbeständig, da das Haar aufgrund seiner Struktur Farbstoffe gut aufnimmt. Es ist allerdings durchaus möglich, daß Wolle beim ersten Waschen »blutet«, d. h. überschüssige Farbe abgibt. Wollsachen sind formbeständig, können jedoch unter Einwirkung von heißem Wasser bis zu 30 Prozent schrumpfen. Die Einwirkung von Wasserdampf bewirkt dagegen Strukturverbesserungen und erleichtert formgerechtes Dehnen vor allem von Gestrikken. Die schuppige Oberflächenstruktur bedingt auch das Filzvermögen von Wolle, was die Herstellung von Filz und Tuch ermöglicht. Bei unsachgemäßer Behandlung von Wollsachen hat es jedoch häßliche Folgen (Aufrauhen der Oberfläche, Verschwimmen des Maschenbildes, Verhärtung und Kratzen beim Tragen).
Die guten Eigenschaften von Wolle werden durch verschiedene technische Verfahren noch verbessert (z. B. Landwolle, Nomotta). Außerdem werden beständig neue Verarbeitungstechniken

entwickelt, die es der Käuferin ermöglichen, die »richtige Wolle für jede Gelegenheit« zu erwerben, z. B. Baby-, Flausch-, Island-, Kelim-, Pelz-, Rheuma-, Schnellstrick-, Sport-, Stopf-, Strumpf-, Teppich- oder Thermowolle. Auch die Pflege (in der Regel lauwarme Handwäsche mit Spezialwaschmittel) wird erleichtert (z. B. Superwash). Anleitungen sind aus der Banderolenaufschrift zu ersehen.
Empfindliche Wollarten werden durch die Verarbeitung mit Kunstfasern etwas robuster und durch die ständig wachsenden Kombinationsmöglichkeiten von Wolle mit anderen Garnen gibt es immer neue und interessante Strick- und Häkelmaterialien.

Wollsiegel Vom internationalen Wollsekretariat verliehenes Gütesiegel für reine Schurwolle. Mit dem Siegel gekennzeichnete Artikel (Wolle, Stoffe, Kleidung, Decken, Teppiche usw.) erfüllen die dafür erforderlichen Reinheitsnormen. Und nur für sie wurde reine Schurwolle verwendet – steht nur »Wolle« darauf, so kann z. B. auch Reißwolle anteilig vorhanden sein.

Wollwaschgang Besonders schonendes, wasserreiches Waschprogramm in modernen Waschmaschinen, das sich für die Reinigung waschmaschinenfester (Banderolenaufschrift beachten!) Wollarten, entsprechend gekennzeichnete Chemiefasern und natürlich auch Stoffkleidung eignet.

Z

Zellulosische Fasern Aus Zellulose, einem pflanzlichen Zellstoff, gewinnt man Zellwolle oder Kunstseide. Hierher gehören: Acetat, Triacetat, Reyon, Viskose.

Zwirnen Zusammendrehen eines Garnes. Je stärker die Zwirnung, desto widerstandsfähiger und robuster das Garn, je schwächer, d. h. lockerer die Zwirnung, desto empfindlicher ist es.

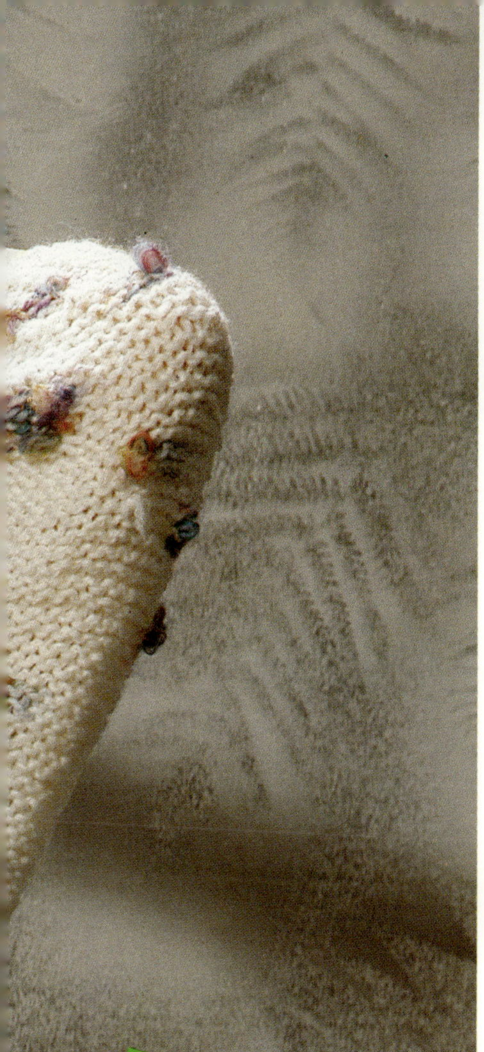

Pullover aus Effektgarn

Dieser aparte, bequem geschnittene Pullover ist sicher ein »Leckerbissen« für diejenigen, die auf elegante und dezente Weise mit der Mode gehen wollen. Die bunten, in das Garn eingearbeiteten Noppen geben den in einem zarten Lochmuster gearbeiteten Pullover den gewissen »Pfiff«.

Größe: 38/40

Material: Woll-Service, Qualität **»Ciuffo«,** 450 g weiß (Fb. 150), Stricknadeln Nr. 4 u. 6, Rundnadel Nr. 4, 3 Knöpfe
Grundmuster I: glatt li (HinR li – RückR re)
Grundmuster II: siehe Schemazeichnung
Rückenteil u. li Ärmel: Grundmuster I
Vorderteil u. re Ärmel: Grundmuster II
Bündchenmuster: 1 M re verschränkt u. 1 M li im Wechsel stricken
Kragen: 8 Reihen kraus re (HinR re – RückR re)
Ausarbeitung: siehe Schnitt

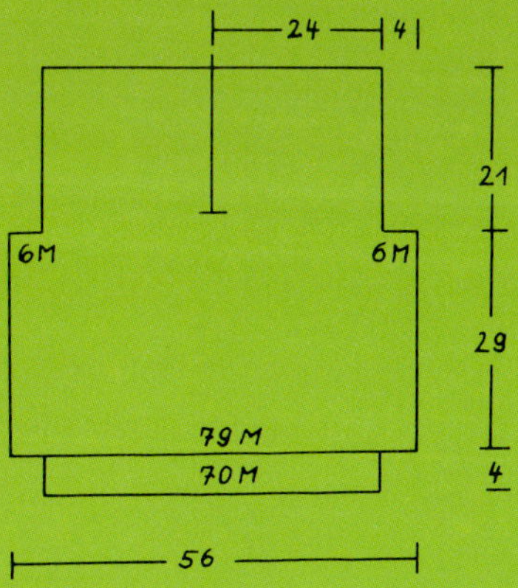

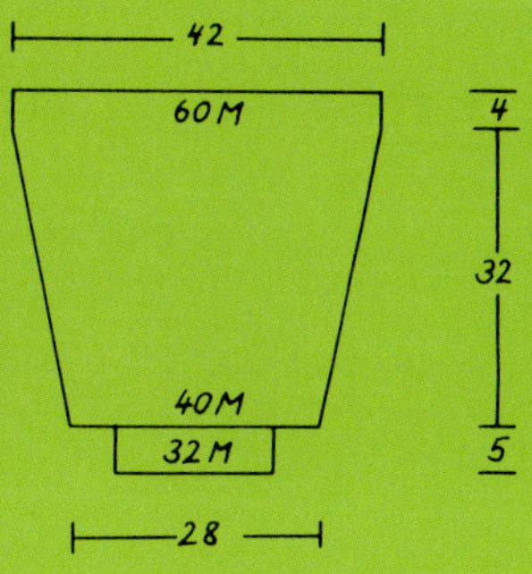

[I] = 1 M re
[–] = 1 M li
[O] = 1 Umschlag
[⧅] = 1 Überzug (1 M abheben, 1 M rechts stricken, die abgehobene M überziehen)
[⧄] = 2 M re zusammenstricken
[⩚] = 3 M re zusammenstricken (2 M wie zum re stricken abheben, 1 M re stricken, die abgehobenen M überziehen)

Alle RückR – die M stricken wie sie erscheinen

Blauer Damenpullover mit versetzten Blockstreifen

Auch Anfängerinnen können sich getrost an dieses flotte Modell mit dem einfach nachzuarbeitenden, aber optisch äußerst wirkungsvollen Muster wagen.

Größe: 38 (40–42–44)
Oberweite: 87 (90–93–96) cm

Material: 3 Pagen Qualität **»Shebaya«**, blau 15 (16–16–17) Knäuel.
Je 2 Strickndl. Nr. 2,5 u. 3,5 – 2 teilbare Reißverschlüsse, 1 Hndl. Nr. 3,5.
Strickart – Leistenmuster 1/1: 1 M re, 1 M li usw.
Trikotmuster rechts: Vorderseite der Arb. re str., Rückseite der Arb. li str.
Trikotmuster links: Vorderseite der Arb. li str., Rückseite der Arb. re str.
Fantasiestreifen: 15 M im Leistenmuster 1/1, 15 M im Trikotmuster links.
Maschenprobe: 25 M u. 28 R mit Ndl. Nr. 3,5 in Fantasiestreifen = 10×10 cm.
Ausführung – Rückenteil: Mit Ndl. Nr. 2,5 145 (149–155–159) M aufschl. u. 4 cm im Leistenm. str. Mit Ndl. Nr. 3,5 in Fantasiestreifen weiterarb., dabei 15 M im Leistenm. in der Mitte der Arb. str. Gerade arb. Bei 45 cm Gesamth. die Muster versetzen (d. h. über die M im Trikotm. li im Leistenm. u. über die M im Leistenm. li str.), dies für den Rest der Arb.
Schultern u. Halsausschnitt: Bei 70 (70–71–71) cm Gesamth. alle M auf einmal locker abk.
Vorderteil: Bis 63 (63–64–64) cm Gesamth. dem Rückenteil gleicharb.
Halsausschnitt: In dieser Höhe die mittl. 17 M abk. u. jede Seite getrennt beenden, dabei am mittl. Rand in jeder 2. R.: 1×3, 6×2 u. 2×1 M abk.
Schulter: Bei 70 (70–71–71) cm Gesamth. die restl. 47 (49–52–54) M auf einmal abk. Die andere Seite gegengl. arb.
Ärmel: Mit Ndl. Nr. 2,5 50 (50–54–54) M aufschl. u. 5 cm im Leistenm. str. Mit Ndl Nr. 3,5 in Fantasiestreifen weiterarb., dabei 15 M im Leistenm. in der Mitte der Arb. str., **gleichzeitig** in der 1. R auf der Vorders. der Arb. 35 M gleichm. verteilt zun. Man hat 85 (85–89–89) M Dann beids. in jeder 4. R 10× u. in jeder 6. R 10×1 M zun. Man bekommt 125 (125–129–129) M. Bei 43 cm Gesamth. alle M auf einmal locker abk.
Taschen: Mit Ndl. Nr. 3,5 49 M aufschl. u. im Trikotm. re gerade str. Bei 14 cm Höhe 2 cm im Leistenm. str., dann alle M gerippt locker abk.
Fertigstellung: Teile unter einem feuchten Tuch sehr leicht in Form legen und trocknen lassen, dabei das Leistenm. berücksichtigen u. die Fantasiestreifen nicht zerdrücken. Die Seitennähte auf einer Höhe von 45 cm schließen. Die Schulter- u. Ärmelnähte schließen. Die Ärmel einsetzen. Die Taschen auf der Vorderseite wie auf dem Foto annähen. Mit Ndl. Nr. 2,5 55 M am rückw. Halsausschn. auff. u. 24 cm im Leistenm. 1/1 str., dann diese M gerippt locker abk. Den Kragen nach innen umschl. u. ansäumen. Mit Ndl. Nr. 2,5 89 M am vord. Halsausschnitt auff. u. 24 cm im Leistenm. 1/1 str. Den Kragen auf halber Höhe nach innen umschl. u. ansäumen. Mit Hndl. Nr. 3,5 1 R Kettm. am Rand jeder Kragenseite häkeln, dann gleichfalls beids. 1 Reißverschluß mit unsichtbaren Stichen befestigen.

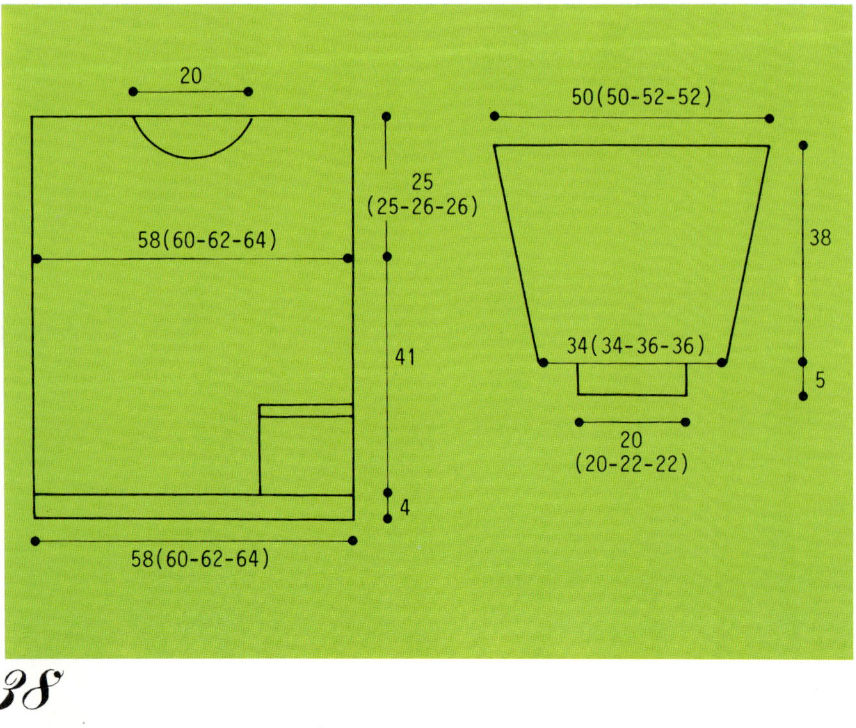

Kuscheljacke

Auch für Anfänger, die schon gelernt haben Zöpfe zu stricken, ist diese glatt geschnittene, sportliche und warme Jacke eine »kuschelige« Angelegenheit und gut geeignet.

Größe: 38/40

Material: Woll-Service **»La Libella«** 1300 g (Fb. 4); Stricknadeln Nr. 6, 7, 8; 9 Knöpfe
Grundmuster I: glatt re (HinR re – RückR li)
Grundmuster II: 1.–2. R: RandM, 2 M li, * 4 M re, 2 M li, ab * wdh., RandM **3. R:** RandM, 2 M li, *2 M auf einer Hilfsnadel hinter die Arbeit legen, 2 M re, die M der Hilfsnadel re abstr., 2 M li, ab * wdh., RandM **4. R:** M str. wie sie erscheinen **1.–4. R fortlaufend wdh.**
Grundmuster III: 1.–4. R: RandM, 1 M li, 6 M glatt re, 1 M li, RandM. **5. R:** RandM, 1 M li, 3 M auf einer Hilfsnadel hinter die Arbeit legen, 3 M re str., die M der Hilfsnadel re abstr., 1 M li, RandM. **6. R:** M str. wie sie erscheinen. **1.–6. R fortlaufend wdh.**
Bündchenmuster: 1. R (RückR): RandM, 2 M re, * 2 M li, 2 M re, ab * wdh., RandM. **2. R:** RandM, 2 M li, * 1 M auf einer Hilfsnadel hinter die Arbeit legen, 1 M re, die M der Hilfsnadel re abstr., 2 M li, ab * wdh., RandM, **1.–2. R fortlaufend wdh.**
Maschenprobe: (in glatt re). 10 M in der Breite und 12 R in der Höhe ergeben 10 cm im Quadrat.
Rückenteil: 64 M mit Nadeln Nr. 6 anschlagen und 18 cm im Grundmuster II str., dann mit Nadeln Nr. 8 im Grundmuster I weiterarbeiten: 25 cm gerade hochstr., für die Armausschnitte beidseitig 1 × 7 M abketten. Bis 72 cm Gesamthöhe weiterstr. und alle M auf einmal abketten.
Linkes Vorderteil: 32 M mit Nadeln Nr. 6 anschlagen und 18 cm im Grundmuster II gerade hochstr. Mit Nadeln Nr. 8 im Grundmuster I weiterstr. In 43 cm Gesamthöhe an der linken Kante für den Armausschnitt 1 × 7 M abketten. 20 cm gerade hochstr., dann für den Halsausschnitt an der rechten Kante in jeder 2. R 1 × 5 M, 1 × 3 M und 2 × 1 M abketten. In Rückenteilhöhe restl. M auf einmal abketten.
Rechtes Vorderteil: gegengleich dem linken Vorderteil stricken.
Ärmel: 24 M mit Nadeln Nr. 6 anschlagen und 8 cm im Bündchenmuster str., dabei in der letzten RückR verteilt 10 M zunehmen. Mit Nadeln Nr. 8 im Grundmuster II 35 cm hochstr., dabei beidseitig gleichmäßig verteilt 14 × 1 M zunehmen. 7 cm gerade hochstr., dann beidseitig in jeder 2. R 7 × 3 M abketten. In 61 cm Gesamthöhe die restl. M auf einmal abketten.
Ausarbeitung: Teile auf den Schnitt spannen, mit feuchten Tüchern bedecken und gut trocknen lassen. Die Jacke zusammennähen, dabei auf beiden Seiten ab 18 cm Gesamthöhe für die Taschen je 15 cm offen lassen. Dann für die Taschenrückwände mit Nadeln Nr. 6 je 16 M aus Rückenteilkante auffassen und 15 cm glatt re str., Taschen von innen unsichtbar annähen.
Für die Blende mit Nadeln Nr. 7 je 10 M anschlagen u. 63 cm (leicht gedehnt gemessen) im Grundmuster III gerade hochstr., M abketten. Die Blenden annähen. Für den Kragen mit Nadeln Nr. 7 18 M anschlagen und im Grundmuster III 65 cm gerade hochstr., M lose abketten. Den Kragen entlang der Ausschnittkante annähen. Die Knöpfe annähen, die Knöpfe können ohne extra Löcher im Zopfmuster der Blenden geknöpft werden.

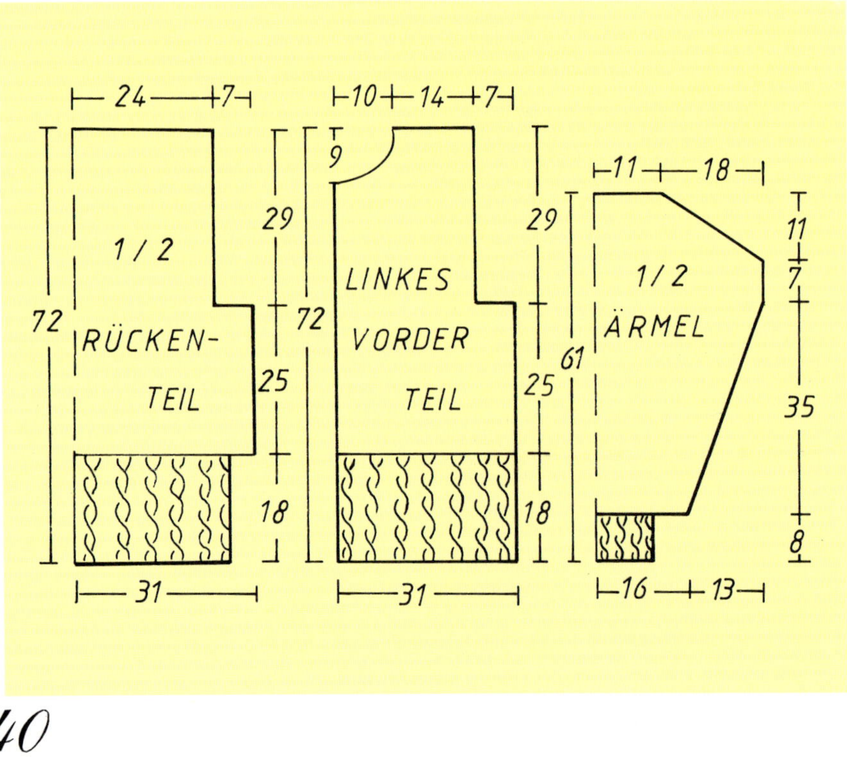

Damenjacke mit Jacquardmuster

Diese eigenwillige Jacke aus robustem Effektgarn und zartem Mohair paßt zwar nicht zum Dirndl, dafür aber zu Loden, robuster Trachtenkleidung, einem beschwingten Folklorerock und, natürlich, zu Jeans. An das einfache Zählmuster gewöhnt man sich schnell. Aufpassen muß man allerdings, daß die Fäden auf der Rückseite schön locker mitlaufen.

Einheitsgröße

Material: 6 Knäuel **»Floria«** von Tiber Farbe 1105, 2 Knäuel **»Doux Mohair«** von Tiber Farbe 163 tintenblau, 1 Knäuel **»Doux Mohair«** von Tiber Farbe 98 violett, 1 Knäuel **»Doux Mohair«** von Tiber Farbe 59 fuchsie, 1 Knäuel **»Doux Mohair«** von Tiber Farbe 23 grün, 1 Knäuel **»Doux Mohair«** von Tiber Farbe 42 orange, Nadeln Nr. 4 – 4 ½ und 5. 5 Knöpfe.
Muster: Perlmuster: 1. R: * 1 M re, 1 M li *. 2. R: die M versetzen, * 1 M li auf der re M und 1 M re auf der li M, der vorherigen R str. **Glatt re:** 1 R re, 1 R li **Jacquardmuster:** s. Schema.

Maschenprobe: Mit Nadeln Nr. 5 »Floria« und »Doux Mohair« im Jacquardmuster gestr. ergeben ein Quadrat von 10 × 10 cm = 18 M/17 R
Ausführung: Während der gesamten Strickarbeit werden »Floria« einfach u. »Doux Mohair« doppelt gestr. Das Schema von re nach li lesen.
Rückenteil: Mit 1 Nadel 4 ½ u. »Floria« 76 M anschl. Mit Nadeln Nr. 4, 2 cm im Perlmuster str. Nadeln Nr. 5 nehmen u. im Jacquardm. weiterstr. Auf die 1. R (re Seite der Arbeit) 10 Zunahmen verteilen, um auf 86 M zu kommen u. re wie folgt str.: 4 M in »Floria«, * 3 M in »Doux Mohair« tintenblau, 3 M in »Floria« *, dieses 6 mal, 6 M in »Doux Mohair« tintenblau, 3 M in »Floria«, 3 M in »Doux Mohair« tintenblau, * 6 mal und 4 M in »Floria«. Geradeaus weiterstr., indem das Motiv = 30 R der re Hälfte des Schemas wiederholt wird, die mittlere Raute einarbeiten, u. das Motiv = 30 R der li Hälfte wiederholen. Die Materialien jede R um 1 M in die Richtung versetzen, die auf jeder Hälfte der Arbeit angegeben ist u. so die mittlere Raute bilden. Alle 5 R die Farbe in »Doux Mohair« wechseln u. zwar einmal am Anfang der li R u. einmal am Anfang der re R Nach 80 R im Jacquardm., d. h. bei 49 cm Gesamthöhe alle M locker abketten.
Re Vorderteil: Mit 1 Nadel Nr. 4 ½ u. »Floria« 38 M anschl. Mit Nadeln Nr. 4, 2 cm im Perlmuster str. Nadeln Nr. 5 nehmen u. im Jacquardmuster weiterstr. Auf die 1. R 6 Zunahmen verteilen, um auf 44 M zu kommen u. dabei wie folgt str.: 1 M in »Floria« (= 1 Randm.), * 3 M in »Doux Mohair« tintenblau, 3 M in »Floria«, * 6 mal, 3 M in »Doux Mohair« tintenblau u. 4 M in »Floria«. Geradeaus weiterstr. u. immer das Motiv (= 30 R) der li. Schemahälfte wiederholen. Nach 65 M im Jacquardmuster, bei 40 cm Gesamthöhe an der re Seite alle 2 R wie folgt abn.: 1 mal 4 M, 2 mal 3 M, 2 mal 2 M, 1 mal 1 M geradeaus weitermachen. Nach 80 R im Jacquardmuster die restl. 29 M für die Schulter abk.
Li. Vorderteil: Genau seitenentgegengesetzt str. Das Motiv = 30 R der re Schemahälfte immer wiederholen.
Ärmel: Mit 1 Nadel Nr. 4 ½ u. »Floria« 50 M. anschl. Mit Nadeln Nr. 4 2 cm im Perlmuster str. Nadeln Nr. 5 nehmen u. im Jacquardmuster weiterstr. Auf die 1. R 8 Zunahmen verteilen, um auf 58 M zu kommen u. wie folgt str.: 2 M in »Floria«, * 3 M in »Doux Mohair« tintenblau, 3 M in »Floria« *, 4 mal, 6 M in »Doux Mohair« tintenblau, * 3 M in »Floria«, 3 M in »Doux Mohair« tintenblau *, 4 mal u. 2 M in »Floria«. Dem Jacquardschema wie für Rückenteil folgen und an jeder Seite alle 5 R, d. h. bei jedem Farbwechsel in »Doux Mohair« 11 mal 1 M zunehmen, um auf 80 M zu kommen. Bei 40 cm Gesamthöhe, nach 65 R im Jacquardmuster, alle M locker abketten. Einen zweiten Ärmel ebenso str.
Ausarbeitung: Rücken- u. Vorderteil durch Schließen der Schulternähte zus.-fügen.
Kragen: Mit Nadeln Nr. 4 u. »Floria« 50 M anschl., d. h. 15 M auf dem re Vorderteil, 20 M auf dem Rückenteil und 15 M auf dem li Vorderteil. 2 cm im Perlmuster str. u. locker abketten.
Versäuberungsstreifen: Entlang der li Seite mit Nadeln Nr. 4 u. »Floria« 62 M anschl., 2 cm im Perlmuster str. u. abketten. Entlang der re. Seite genauso vorgehen u. 5 Knopflöcher über 1 M gehend einarbeiten. 1 R im Perlmuster str., in der 2. R 1 M 3 cm vom unteren Rand entfernt, dann bei 12,5, bei 22, 31,5 und 41 cm abketten. In der 3. R 1 M auf der abgenommenen M wieder aufnehmen. Bei 2 cm Gesamthöhe alle M locker abketten. Die Ärmel einnähen, wobei die Mitte der Raute mit der Schulternaht übereinstimmen muß. Ärmel- und Seitennähte schließen u. aufpassen, daß die Streifen immer gut übereinstimmen. Alle Fäden einnähen. Knöpfe annähen.

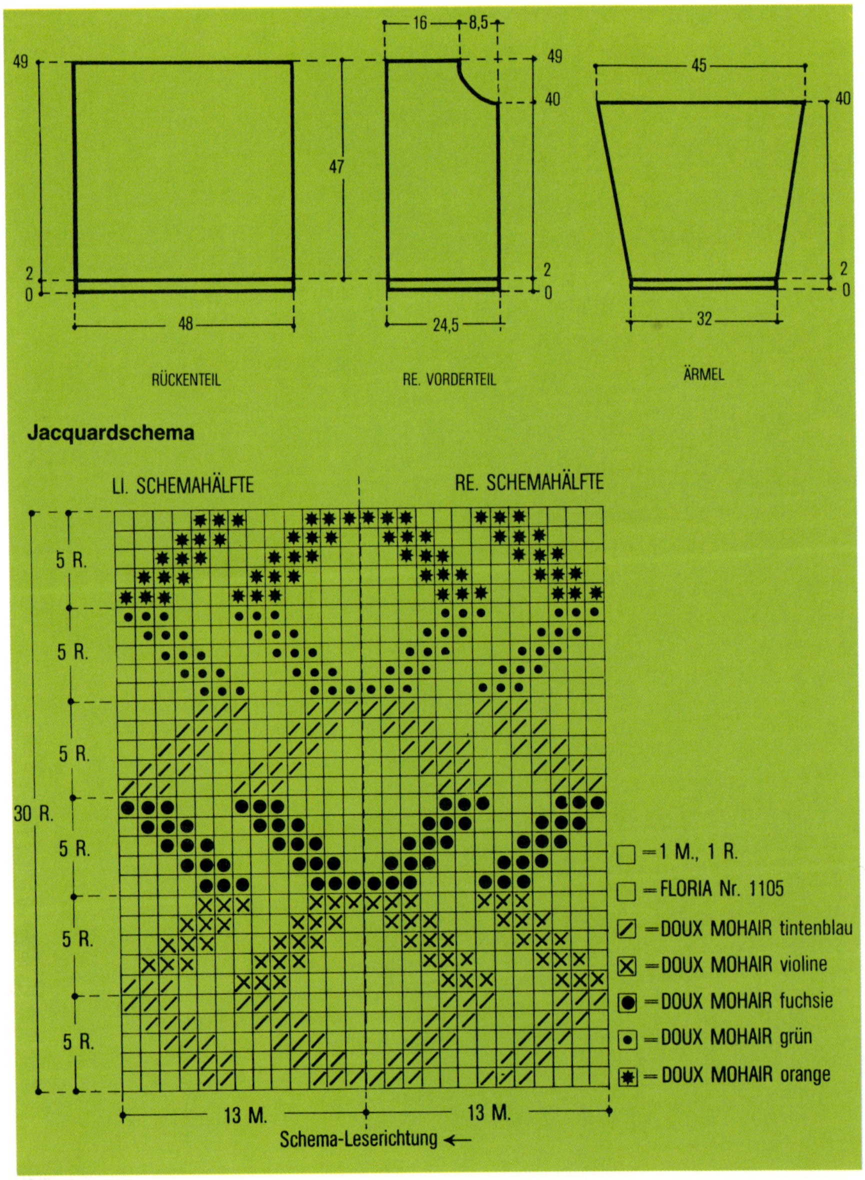

Grüne Trachtenjacke

Es müssen ja nicht immer Zöpfe sein. Auch für Anfänger geeignet ist diese bezaubernde Jacke mit den hübschen Phantasieblumen und dem Fächermuster, für das man nicht einmal eine Hilfsnadel braucht. Und keine Bange, wenn die Blümchen nicht »bildgerecht« gelingen: Das Foto versteht sich hauptsächlich als Anregung und Sie dürfen ruhig selber variieren.

Größe: 38/40

Material: Esslinger Wolle **»trockenwolle 64«** 500 g oliv (Fb. 86) u. 100 g d'oliv (Fb. 62). Zum Besticken Reste in gelb u. natur. 1 Paar Schnellstricknadeln Nr. 4 u. 1 Wollhäkelnadel Nr. 4.
Bundmuster mit N. Nr. 4: siehe Strickschrift I.
Grundmuster mit N. Nr. 4: siehe Strickschrift II.
Passenmuster: siehe Strickschrift III.
Maschenprobe genau einhalten! (falls nötig, Nadeln wechseln): 24 M u. 36 R = 10 × 10 cm
Arbeitsgang: *Vorderteile u. Rücken werden zunächst an einem Stück gearb.* Gesamtanschlag 192 M in Fb. 86 lt. Strickschrift I die 1.–24. R, dann weiter nach Strickschrift II im Grundmuster arb. Nach 29 cm die M wie folgt einteilen: 45 M für das r. Vorderteil, 6 M abketten, 90 M für den Rücken, 6 M abketten, 45 M für das li. Vorderteil.
Rücken, dafür beids. für den Armausschnitt noch 2 × 2 M in jeder 2. R abketten. *Achtung: Die R beginnen und enden mit li M. Über den Mustersätzen wird lt. Strickschrift II weitergearbeitet.* Nach 3 cm ab Armausschnittbeginn das Passenmuster nach Strickschrift III in d'oliv arb. Nach ca. 9 cm (= 30 R der Strickschrift) im Grundmuster weiterarb. In 50 cm Gesamthöhe für den Halsausschnitt die mittleren 20 M abketten und jede Seite getrennt beenden, dabei am Halsrand in jeder 2. R noch 3 × 2 M abketten, gleichzeitig für die Schulterschräge 1 × 9 und 2 × 8 M abketten. Nach 51 cm ist das Teil beendet. Die 2. Seite gegengl. str.
R. Vorderteil: Mustereinteilung wie beim Rücken. Für den Armausschnitt an der Innenkante noch 2 × 2 M abketten, gerade hoch weiterarb. In 45 cm Gesamthöhe an der Außenkante für den Halsausschnitt wie folgt abnehmen: 1 × 8, 1 × 3, 2 × 2 und 1 × 1 M abketten. Die Schulterschräge in gleicher Höhe wie beim Rücken ausführen. **Das li. Vorderteil** gegengl. str.
Ärmel: Anschlag 58 M in Fb. 86 und im Bundmuster arb. Weiter im Grundmuster bis zum Armkugelbeginn. Beids. für die Ärmelschräge 19 × 1 M in jeder 6 R zunehmen, die Zunahmen ins Muster einfügen. In 37 cm Gesamthöhe beids. für die Armkugel wie folgt abnehmen: 1 × 3, 2 × 2, 18 × 1 und 9 × 2 M abketten. Gleichzeitig beginnt der Streifen in d'oliv (siehe Strickschrift III). Die restlichen 10 M in 56 cm Gesamtlänge abketten. Einen zweiten Ärmel ebenso str.
Fertigstellung: Die Nähte schließen und die Ärmel einsetzen. Alle Kanten mit 2 Rd. f. M in Oliv umhäkeln, dabei beim r. Vorderteil in der 1. Rd. 6 Knopflöcher im Abstand von ca. 7 cm einarbeiten (1 f. M der Vorr. mit 2 Lftm. übergehen). Noch 1 Rd f. M mit d'oliv häkeln. Die Blumen lt. Foto aufsticken.

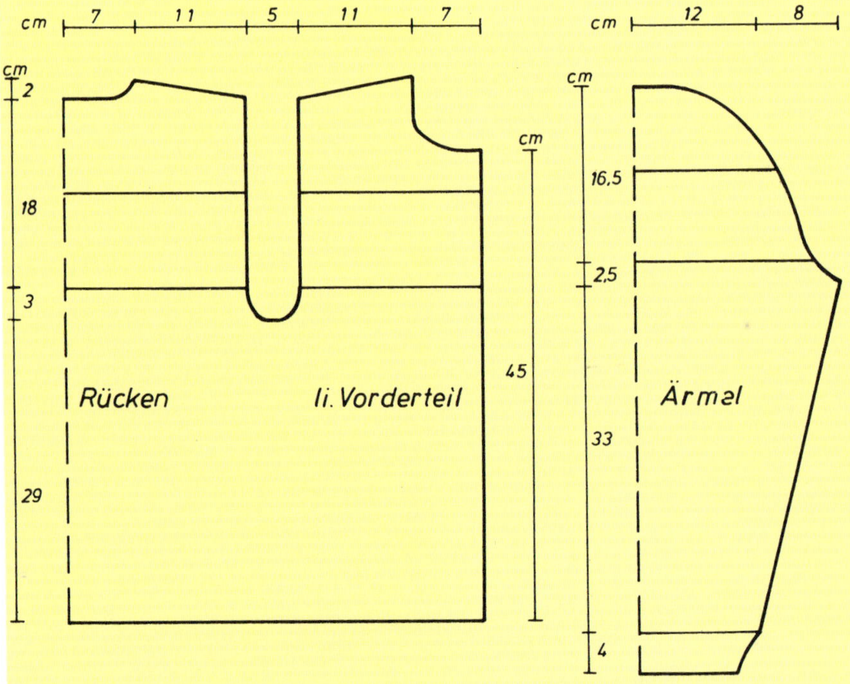

□ = 1 M. rechts
⊟ = 1 M. links
Ⓤ = 1 Umschl.
⊻ = 1 einfacher Überzug (= 1 M. abh., 1 M. str. abgeh. M. über die gestrickte M. ziehen.)
② = 2 M. rechts zus. str.

Strickschrift I

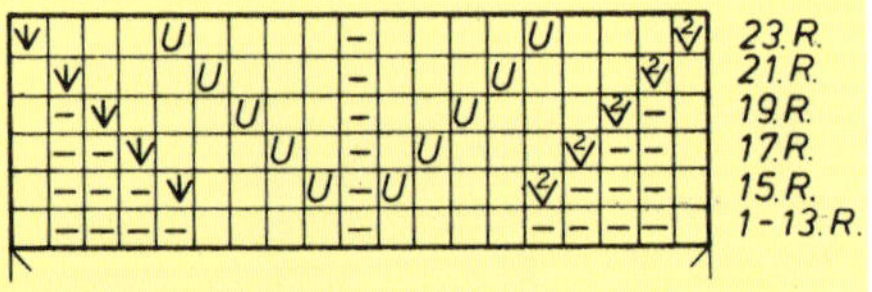

Es sind nur Hinr. gezeichnet! In den Rückr. alle M. str., wie sie erscheinen

Strickschrift II

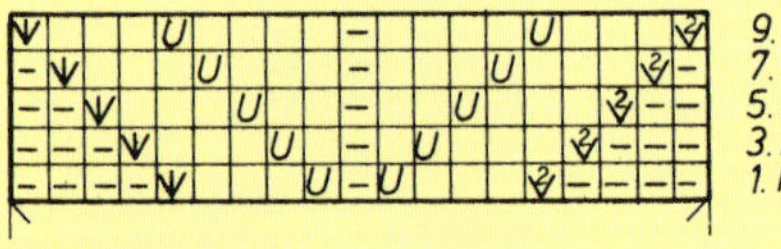

Es sind nur Hinr. gezeichnet! In den Rückr. alle M. str., wie sie erscheinen
1.–10. R. fortl. str.

Strickschrift III

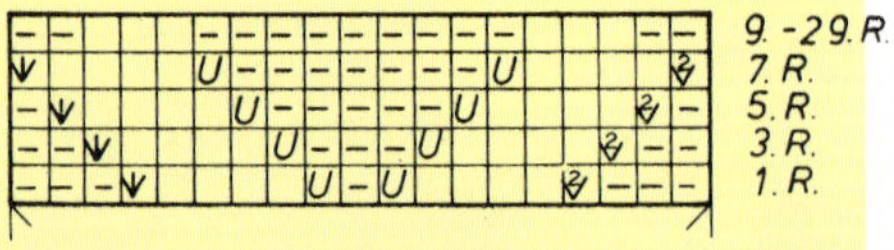

Es sind nur Hinr. gezeichnet! In den Rückr. alle M. str., wie sie erscheinen

Luftiger Damenpulli

Man nehme ein edles, hautsympathisches Material und verarbeite es mit Zöpfen und Lochmusterstreifen zu einem legeren, flotten Pulli. Dann können einem auch die heißesten Sommertage nichts mehr anhaben, da man sich stets angenehm »cool« fühlt.

Größe: 38/40

Material: Woll-Service, Qualität **»Lucciola«,** 550 g pink Farbe 11, Stricknadeln Nr. 4 und 5, Häkelnadel Nr. 4.
Grundmuster: s. Schemazeichnung
Maschenprobe: 20 M in der Breite und 24 R in der Höhe ergeben 10 cm im Quadrat.

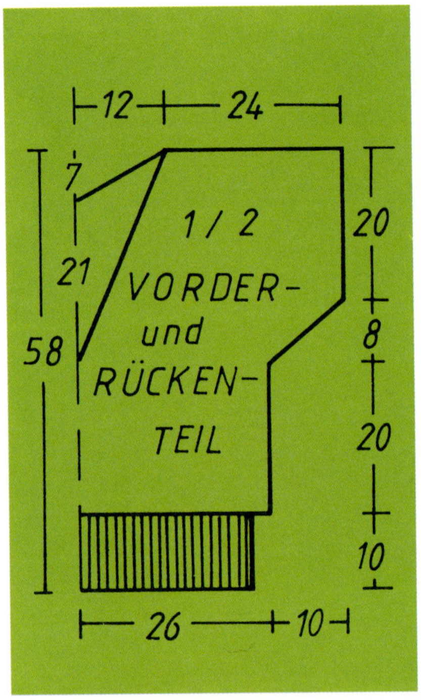

Rückenteil: 75 M mit Nadeln Nr. 4 anschlagen und 10 cm 2 M re – 2 M li im Wechsel str., dabei in der letzten RückR verteilt 30 M zunehmen. Mit Nadeln Nr. 5 im Grundmuster 20 cm gerade hochstr., dann für die Ärmel beidseitig in jeder R 20 × 1 M zunehmen. 13 cm gerade hochstr., dann für den rückwärtigen Halsausschnitt die Arbeit in der Mitte teilen (die mittlere M abketten) und beide Seiten getrennt und gegengleich beenden. Dabei für die Ausschnittschrägung in jeder 2. R 8 × 3 M abketten. In 58 cm Gesamthöhe die restlichen M auf einmal abketten.
Vorderteil: Bis 30 cm Gesamthöhe wie das Rückenteil stricken, dann für den V-Ausschnitt die Arbeit in der Mitte teilen (die mittlere M abketten) und beide Seiten getrennt und gegengleich beenden. Dabei für die Ausschnittschrägung 14 mal in jeder 2. R und 10 × in jeder 4. R je 1 M abketten. In Rückenteilhöhe die restlichen M auf einmal abketten.
Ausarbeitung: Teile auf den Schnitt spannen, mit feuchten Tüchern bedecken und gut trocknen lassen. Den Pulli zusammennähen. Die V-Ausschnitt- und Ärmelkanten mit 1 Rd. fester M und 1 Rd. Krebsstich (= feste M von links nach rechts gehäkelt) umhäkeln.

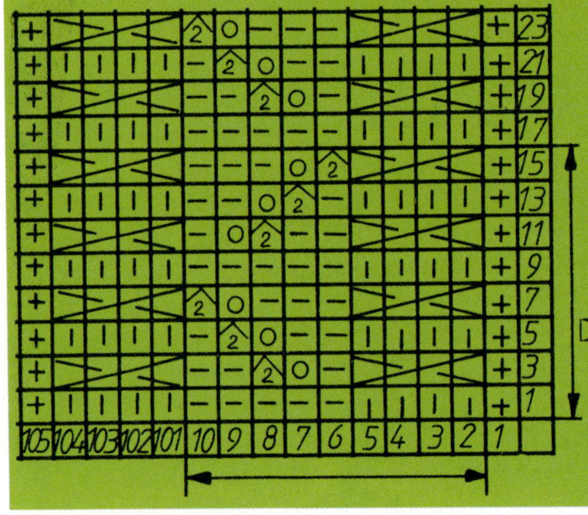

⊞ = Randmasche
⊟ = 1 M rechts
⊟ = 1 M links
⊡ = 1 Umschlag
= 2 M li zusammenstricken
= 2 M auf einer Hilfsnadel hinter die Arbeit legen, 2 M re stricken, die M der Hilfsnadel re abstricken.

Alle RückR: die M stricken wie sie erscheinen.

Badeanzug

In diesem chicen »Etwas« sind Sie, liebe Handarbeitsfreundin, nicht nur ein »Sommerhit«. Mit einer kurzen oder langen Hose oder einem luftigen Flatterrock können sie sich im Nu und ohne Probleme feinmachen für einen Strandspaziergang und einen Besuch im Café oder Restaurant.

Größe: 36

Material: Esslinger Wolle **»carina«** 200 g schwarz (Fb. 02) u. je 50 g rot (Fb. 03) u. grün (Fb. 05). 1 Paar Schnellstricknadeln 3 mm; 1 Wollhäkelnadel 3 mm.
Technik I: Glatt rechts = Hinr re, Rückr li str.
Technik II: Rippen = Hinr u. Rückr re str.
Maschenprobe in Technik I: 22 M/28 R = 10 cm
Arbeitsgang: s. Schnitt
Fertigstellung: Schrittnaht u. Seitennähte schließen. Die Beinausschnitte jeweils mit 1 Rd. feste M umhäkeln. Für die Träger ein 80 cm langes Band str.; 170 M in schwarz anschl. u. 4 R in Technik I arbeiten; M abk. Den Träger genau in der Mitte auf die vordere Mitte der oberen Kante von innen annähen.

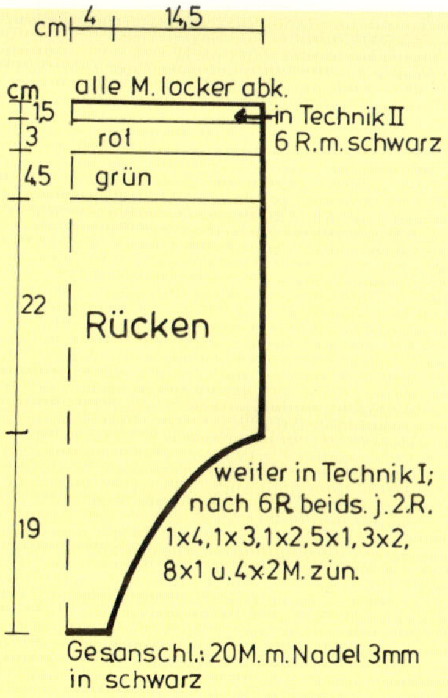

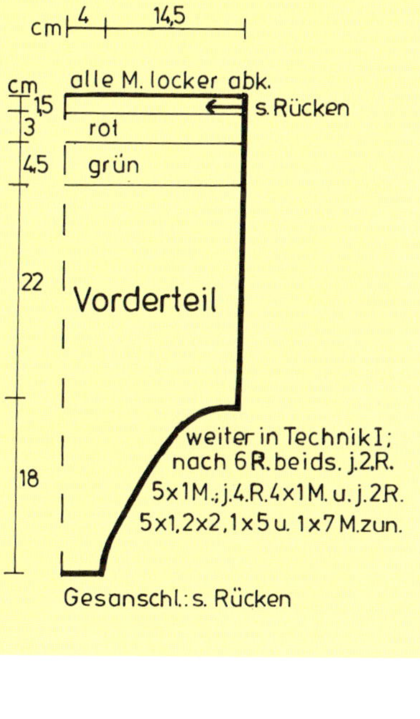

Vierfarbiger Damenpullover

Ein hochaktueller, chicer »Leckerbissen« für alle modebewußten Nadelfreundinnen, die keine Angst vor Farben haben, ist dieser attraktive, angenehm zu tragende Pullover.

Größe: 38/40

Material: Woll-Service **»Grandioso«,** 250 g grau, Farbe 52, 100 g grün, Farbe 33, 100 g blau Farbe 38 und 100 g violett, Farbe 54. Stricknadeln Nr. 5 und 6, Rundnadel Nr. 5.
Grundmuster: glatt re (HinR re – RückR li), nach dem Zählmuster stricken.
Maschenprobe: 12 M in der Breite und 18 Reihen in der Höhe ergeben 10 cm im Quadrat.
Rückenteil: In Grandioso violett 62 M mit Nadel Nr. 5 anschlagen und 11 cm 2 M re – 2 M li im Wechsel stricken, dabei in der letzten RückR verteilt 12 M zunehmen. Mit Nadel Nr. 6 im Grundmuster lt. Zählmuster weiterarbeiten. 56 cm gerade hochstricken, dann für den rückwärtigen Halsausschnitt die mittleren 18 M und beidseitig noch in jeder 2. Reihe 1 × 3 M und 1 × 2 M abketten. In 69 cm Gesamthöhe die restlichen M auf einmal abketten.
Vorderteil: Bis 57 cm Gesamthöhe gegengleich dem Rückenteil stricken, dann für den Halsausschnitt die mittleren 10 M und beidseitig noch in jeder 2. Reihe 1 × 3 M, 2 × 2 M und 2 × 1 M abketten. In Rückenteilhöhe die restlichen M auf einmal abketten.
Linker Ärmel: In Grandioso grün 28 M mit Nadel Nr. 5 anschlagen und 7 cm 2 M re – 2 M li im Wechsel anstricken, dabei in der letzten RückR verteilt 12 M zunehmen. Mit Nadel Nr. 6 im Grundmuster lt. Zählmuster den Ärmel fertigstellen.
Rechter Ärmel: Wie den linken Ärmel stricken, aber in uni Grau stricken.
Ausarbeitung: Die Teile auf den Schnitt spannen, mit feuchten Tüchern bedecken und gut trocknen lassen. Den Pulli zusammennähen. Für die Halsausschnittblende mit der Rundnadel die M auffassen und 4 cm 2 M re – 2 M li im Wechsel anstricken. Die M gleichmäßig abketten.

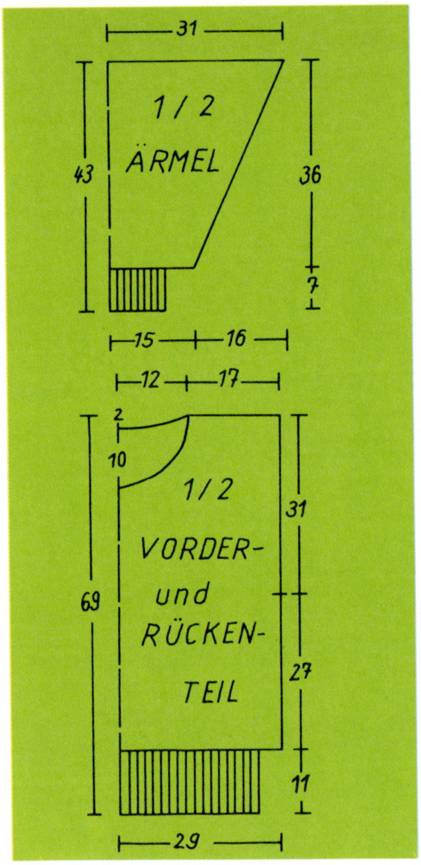

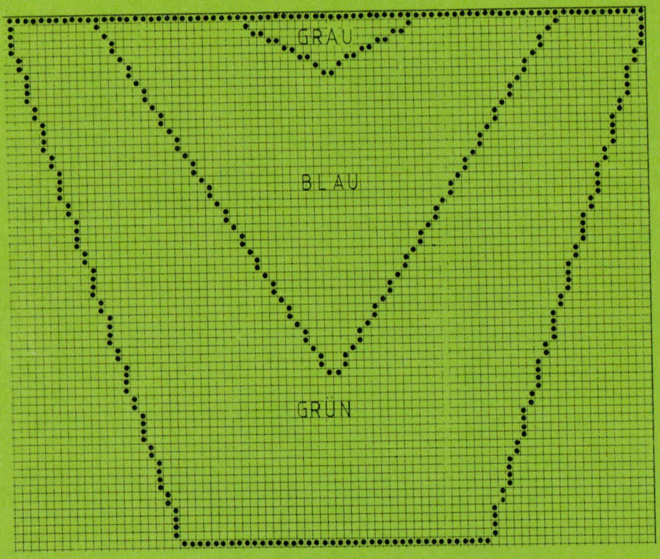

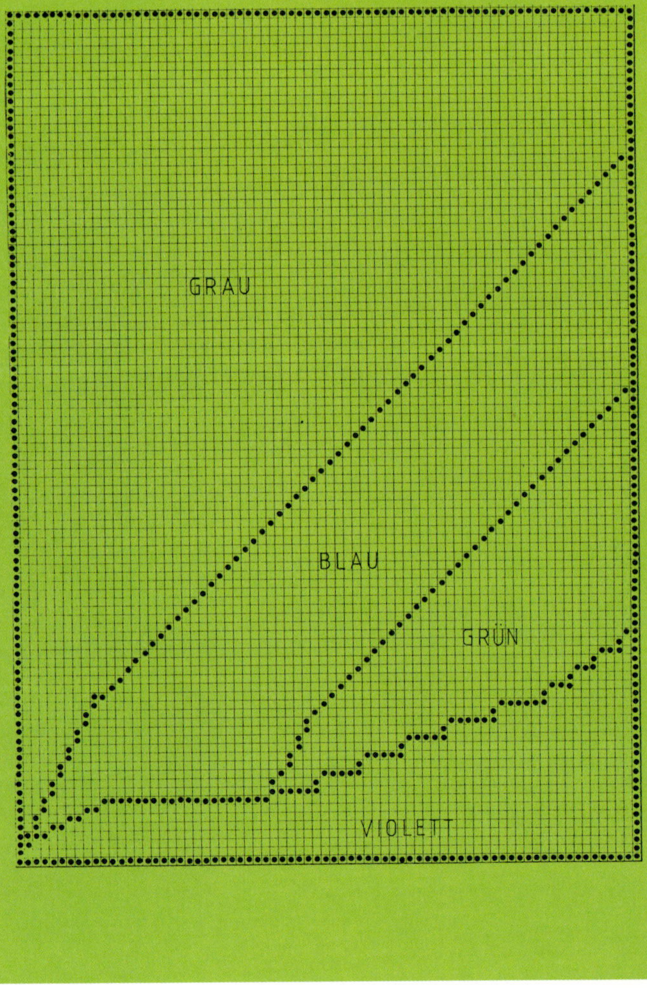

Blauer Herrenpullover

Ein von der Farbe und auch vom doch recht einfach nachzuarbeitenden Muster her interessanter, bequem geschnittener Pullover für den modebewußten Herrn.

Größe: 48/50

Material: Woll-Service **»Torino«,** 700 g blau, Farbe 999, Stricknadeln Nr. 3 und 4, Rundnadel Nr. 3.
Grundmuster: 1., 3., 5. u. 7. R: RandM, 2 M re * 2 M re, 2 M li, 1 M abheben, dabei den Faden hinter die Arbeit legen, 2 M li, 1 M re, ab * wiederholen, 3 M re, RandM; **2. u. 6. R:** RandM, 3 M li * 1 M li, 2 M re, 1 M abheben, dabei den Faden vor die Arbeit legen, 2 M re, 2 M li, ab * wiederholen, 2 M li, RandM; **4. u. 8. R:** RandM, 3 M li * 1 M li, 2 M re, 1 M li, 2 M re, 2 M li, ab * wiederholen, 2 M li, RandM; **9., 11., 13. u. 15. R:** RandM, 2 M li * 1 M abheben, dabei den Faden hinter die Arbeit legen, 2 M li, 3 M re, 2 M li, ab * wiederholen, 1 M abheben, dabei den Faden hinter die Arbeit legen, 2 M li, RandM; **10. u. 14. R:** RandM, 2 M re, 1 M abheben, dabei den Faden vor die Arbeit legen, * 2 M re, 3 M li, 2 M re, 1 M abheben, dabei den Faden vor die Arbeit legen, ab * wiederholen, 2 M re, RandM; **12. u. 16. R:** RandM, 2 M re, 1 M li, * 2 M re, 3 M li, 2 M re, 1 M li, ab * wiederholen, 2 M re, RandM; **1.–16. R: fortlaufend wiederholen.**
Maschenprobe: 25 M in der Breite und 25 R in der Höhe ergeben 10 cm im Quadrat.
Rückenteil: 102 M mit Nadeln Nr. 3 anschlagen und 10 cm 2 M re – 2 M li im Wechsel stricken, dabei in der letzten RückR verteilt 49 M zunehmen. Mit Nadeln Nr. 4 im Grundmuster 58 cm gerade hochstricken, dann für den rückwärtigen Halsausschnitt die mittleren 31 M und beidseitig noch in jeder 2. Reihe 2 × 5 M abketten. In 70 cm Gesamthöhe die restlichen M auf einmal abketten.
Vorderteil: Bis 60 cm Gesamthöhe wie das Rückenteil stricken, dann für den Halsausschnitt die mittleren 21 M und beidseitig noch in jeder 2. Reihe 1 × 3 M, 2 × 2 M und 8 × 1 M abketten. In Rückenteilhöhe die restlichen M auf einmal abketten.
Ärmel: 46 M mit Nadeln Nr. 3 anschlagen und 6 cm 2 M re – 2 M li im Wechsel stricken, dabei in der letzten RückR verteilt 25 M zunehmen. Mit Nadeln Nr. 4 im Grundmuster 43 cm hochstricken, dabei beidseitig gleichmäßig verteilt 40 × 1 M zunehmen. In 49 cm Gesamthöhe alle M auf einmal abketten.
Ausarbeitung: Die Teile auf den Schnitt spannen, mit feuchten Tüchern bedecken und gut trocknen lassen. Den Pulli zusammennähen. Für die Halsausschnittblende mit der Rundnadel die M auffassen und 6 cm 2 M re, 2 M li im Wechsel anstr. Die M gleichmäßig abketten. Die Blende zur Hälfte nach innen biegen und ansäumen.

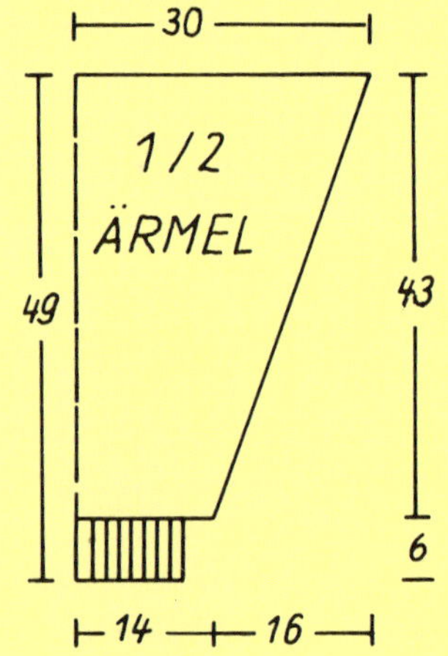

Naturfarbener Damenpullover

Dieser bequeme, aparte und sehr vielseitig kombinierbare Pullover wird besonders die Freundinnen von plastisch aussehenden Strukturmustern begeistern.

Größe: 38/40

Material: Woll-Service **»Torino«,** 550 g natur Farbe 978, Stricknadeln Nr. 3 und 4, Rundnadel Nr. 3.
Grundmuster: Siehe Schemazeichnung.
Maschenprobe: 25 M in der Breite und 31 R in der Höhe ergeben 10 cm im Quadrat.
Rückenteil: 102 M mit Nadeln Nr. 3 anschlagen und 9 cm 2 M re – 2 M li im Wechsel stricken, dabei in der letzten RückR verteilt 34 M zunehmen. Mit Nadeln Nr. 4 im Grundmuster 50 cm gerade hochstricken, dann für den rückwärtigen Halsausschnitt die mittleren 30 M und beidseitig noch in jeder 2. Reihe 2 × 4 M und 1 × 2 M abketten. In 62 cm Gesamthöhe die restlichen M auf einmal abketten.
Vorderteil: Bis 50 cm Gesamthöhe wie das Rückenteil stricken, dann für den Halsausschnitt die mittleren 20 M und beidseitig noch in jeder 2. Reihe 1 × 4 M, 2 × 3 M, 2 × 2 M und 1 × 1 M abketten. In Rückenteilhöhe die restlichen M auf einmal abketten.
Ärmel: 40 M mit Nadeln Nr. 3 anschlagen und 7 cm 2 M re – 2 M li im Wechsel stricken, dabei in der letzten RückR verteilt 20 M zunehmen. Mit Nadeln Nr. 4 im Grundmuster 35 cm hochstricken, dabei beidseitig gleichmäßig verteilt 38 × 1 M zunehmen. In 42 cm Gesamthöhe alle M auf einmal abketten.
Ausarbeitung: Die Teile auf den Schnitt spannen, mit feuchten Tüchern bedecken und gut trocknen lassen. Den Pulli zusammennähen. Für die Halsausschnittblende mit der Rundnadel die M auffassen und 2 cm 2 M re – 2 M li im Wechsel stricken. Die M gleichmäßig abketten.

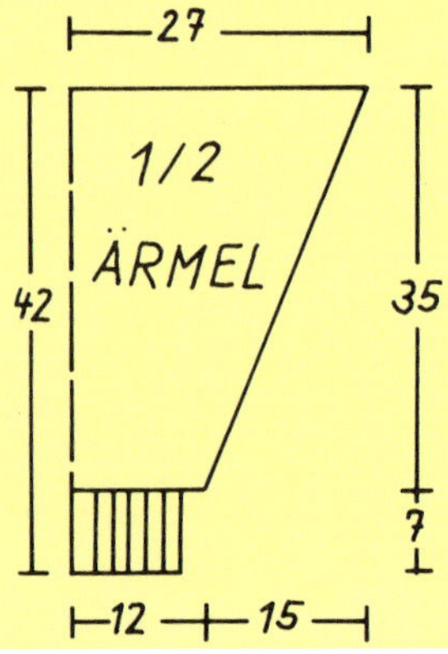

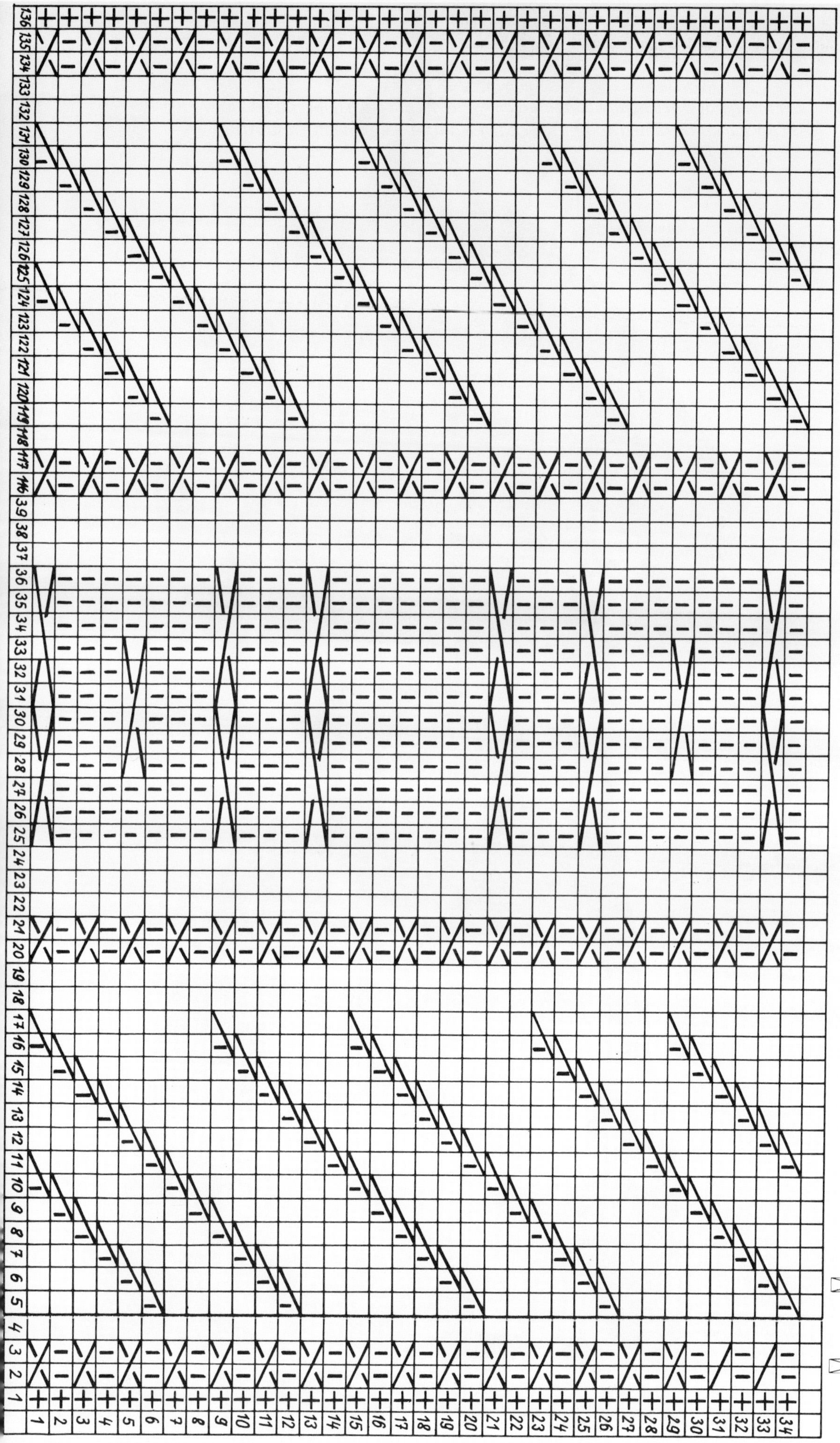

- [+] = Randmasche
- [|] = 1 M re (HinR re – RückR li)
- [ ] = 1 M li (HinR li – RückR re)
- [X] = 1 re M auf einer Hilfsnadel vor die Arbeit legen, 1 M re stricken, die M der Hilfsnadel re abstricken
- [/|] = 1 li M auf einer Hilfsnadel hinter die Arbeit legen, 1 M re stricken, die M der Hilfsnadel re abstricken
- [X] = 3 M auf einer Hilfsnadel vor die Arbeit legen, 3 M re stricken, die M der Hilfsnadel re abstrikken
- [X] = 3 M auf einer Hilfsnadel hinter die Arbeit legen, 3 M re stricken, die M der Hilfsnadel re abstricken

Sonnenpullover

Klar und leuchtend wie ein schöner Sommertag sind die Farben dieses bequem geschnittenen Damenpullovers aus glattem, hautfreundlichem Baumwolle-Viskose-Garn. Das Muster, glatt rechts, macht keine Probleme, während man bei den Rändern der aparten, farblich abgesetzten Zacken ein bißchen zählen muß.

Größe: 38/40

Material: Woll-Service **»Cristallo«** 200 g, orange (Fb. 45), 300 g gelb (Fb. 46), 100 g pink (Fb. 48), 50 g rot (Fb. 9), Stricknadeln Nr. 4 u. 4½, Rundnadel Nr. 4

Grundmuster: glatt re (HinR re – RückR li)

Maschenprobe: 21 M in der Breite und 26 R in der Höhe ergeben 10 cm im Quadrat

Rückenteil: In Cristallo gelb 82 M mit Nadeln Nr. 4 anschlagen u. 10 cm 2 M re – 2 M li im Wechsel stricken, dabei in der letzten RückR verteilt 18 M zunehmen. Mit Nadeln Nr. 4½ gegengleich dem Zählmuster weiterarbeiten, dabei in 55 cm Gesamtlänge für den rückwärtigen Halsausschnitt die mittleren 20 M u. beidseitig noch in jeder 2. R 2 × 5 M abketten. In 57 cm Gesamthöhe die restlichen M auf einmal abketten.

Vorderteil: In Cristallo gelb 82 M mit Nadeln Nr. 4 anschlagen u. 10 cm 2 M re – 2 M li im Wechsel stricken, dabei in der letzten RückR verteilt 18 M zunehmen. Mit Nadeln Nr. 4½ lt. Schemazeichnung das Teil str., dabei in 32 cm Gesamthöhe für den V-Ausschnitt die Arbeit in der Mitte teilen und beide Seiten getrennt u. gegengleich stricken. Für die Ausschnittschrägung 20 × in jeder 3. R je 1 M abketten. In 57 cm Gesamthöhe die restlichen M auf einmal abketten.

Ausarbeitung: Teile auf den Schnitt spannen, mit feuchten Tüchern bedecken und gut trocknen lassen. Teile zusammennähen. Für die Ärmelbündchen mit der Rundnadel 1 × in Cristallo orange und 1 × in Cristallo pink 42 M auffassen u. 5 cm 2 M re – 2 M li im Wechsel anstricken. Die M lose abketten. Für die Ausschnittblende in Cristallo gelb mit der Rundnadel die M auffassen und 3 cm 2 M re – 2 M li im Wechsel anstricken, dabei in der vorderen Mitte in jeder Reihe jeweils 2 × 2 M zusammenstricken. Die M gleichmäßig abketten.

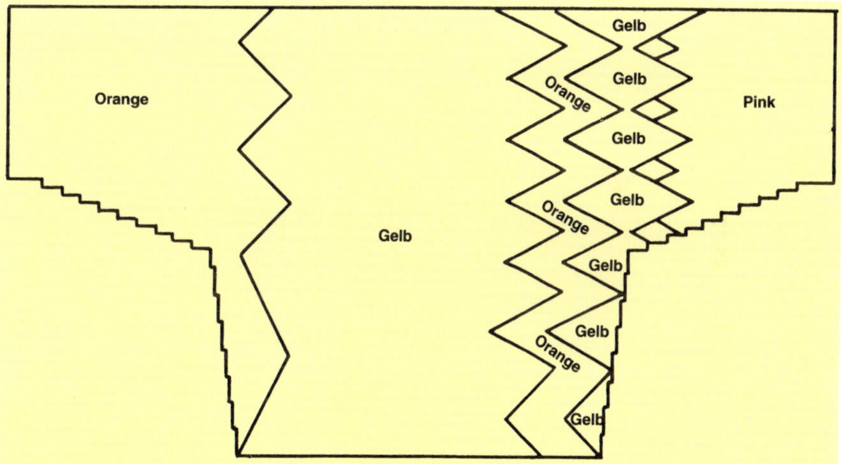

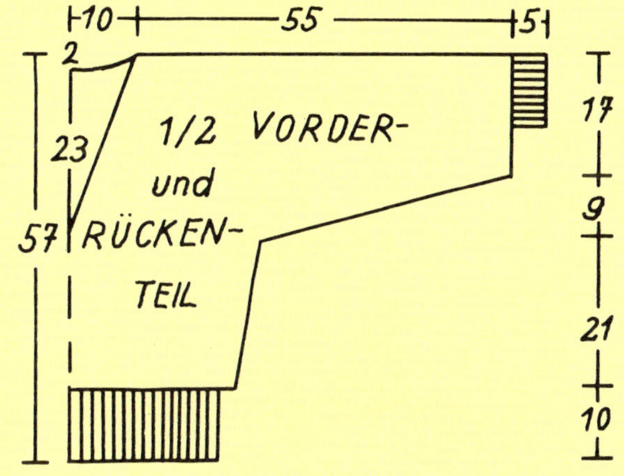

Gehäkelte Schultertücher

Die beiden hier vorgestellten Dreiecktücher aus schmeichelndem, weichen Material sehen nicht nur apart aus, sondern sind auch äußerst vielseitig: Am Strand und an lauen Sommerabenden schützen sie Schultern und Arme vor einer kühlen Brise. Kombiniert mit einem eleganten Kleid, Hosenanzug oder Overall können sie sich auf jeder Party und sogar im Theater sehen lassen.

Blaues Dreiecktuch

Material: Esslinger Wolle **»geisha«** 500 g blau (Fb. 06). 1 Wollhäkelnadel 6 mm.
Das Dreiecktuch wird mit doppeltem Faden gearbeitet!
Büschelmasche: 4 mal 1 Umschlag, Faden holen, ca. 2 cm hochziehen und wie 1 Stäbchen beenden.
Arbeitsgang: 40 Lftm anschl., **1. R:** * 1 Büschelm., 1 Anschlagm übergehen *. Von *–* wdh. (= 20 Büschelm.), **2. R:** auf jede Büschelm. der Vorreihe 1 Büschelm. arbeiten, **3. R:** über die 1. u. 2 Büschelm. je 1 Büschelm. (= Rand), * 3 Lftm, auf die folgende Büschelm. 1 Stb., 1 Lftm u. 1 Stb. häkeln, 3 Lftm, auf die 4 folg. Büschelm. je 1 Büschelm. *. Von *–* noch 2 × wdh., 3 Luftm, auf die folg. Büschelm. 1 Stb., 1 Lftm u. 1 Stb.. häkeln, 3 Lftm, 2 Büschelm. auf die 2 folg. M setzen (= Rand), **4. R:** 2 Büschelm. (= Rand), * 3 Lftm, zwischen die 2 Stb. der Vorreihe 1 Stb., 1 Lftm, 1 Stb., 1 Lftm, 1 Stb., Lftm und 1 Stb. häkeln, 3 Lftm, zwischen die 4 Büschelm. der Vorreihe je 1 Büschelm. (= 3 Büschelm.) häkeln *. Von *–* noch 2 × wdh., 3 Lftm, zwischen die 2 Stb. der Vorreihe 1 Stb., 1 Lftm, 1 Stb., 1 Lftm, 1 Stb., 1 Lftm u. 1 Stb. häkeln, 3 Lftm, 2 Büschelm. (= Rand), **5. R:** 2 Büschelm. (= Rand), * 3 Lftm, zwischen die 4 Stb. der Vorreihe je 1 Stb., 1 Lftm u. 1 Stb. häkeln, 3 Lftm, zwischen die 3 Büschelm. der Vorreihe je 1 Büschelm. (= 2 Büschelm.) häkeln *. Von *–* wdh. Die Reihe ggl. beenden, **6. R:** 2 Büschelm. (= Rand) * in jede Lftm zwischen den Stb. der Vorreihe 1 Stb. u. 1 Lftm (= insges. 5 Stb. und 4 Lftm) häkeln, 3 Lftm, 1 Büschelm. zwischen die 2 Büschelm. der Vorreihe *. Von *–* wdh. Die Reihe ggl. beenden, **7. R:** 2 Büschelm. (= Rand), 3 Lftm, in die 2. Lftm der Vorreihe 1 Stb., 1 Lftm u. 1 Stb. häkeln, * 3 Lftm, zwischen die 5 folg. Stb. der Vorreihe je 1 Büschelm. (= 4 Büschelm.) häkeln, 3 Lftm, auf die folg. Büschelm. der Vorreihe 1 Stb., 1 Lftm u. 1 Stb. häkeln *. Von *–* wdh. Die Reihe ggl. beenden, **8. R:** 2 Büschelm. (= Rand), * 3 Lftm, zwischen die 2 Stb. der Vorreihe 1 Stb., 1 Lftm, 1 Stb. 1 Lftm, 1 Stb., 1 Lftm u. 1 Stb. häkeln, 3 Lftm, zwischen die 4 Büschelm. der Vorreihe je 1 Büschelm. (= 3 Büschelm.) häkeln *. Von *–* wdh. Die Reihe ggl. beenden, **9. R:** wie 5. R, **10. R:** wie 6. R, **7.–10. R fortl. häkeln!** Insgesamt 34 R häkeln (= ca. 76 cm Höhe), dann noch 1 R feste M arbeiten. Die übrigen Seiten nun mit * 1 feste M, 3 Lftm, 1 Büschelm. übergehen *. Von *–* wdh. umhäkeln. In jedem Lftm-Bogen Fransen aus je 8 Fäden von 27 cm Fertiglänge (= 54 cm lange Fäden schneiden) einknüpfen.

Rosa Dreiecktuch

Material: Esslinger Wolle **»geisha«** 250 g altrosa (Fb. 23). 1 Wollhäkelnadel 5 mm.
Technik: 1 R: * 4 Anschlagm. übergehen, in die folg. Anschlagm. 2 Stb., 2 Lftm, 1 feste M, 2 Lftm u. 2 Stb. häkeln, 2 Lftm, 4 M übergehen, in die folg. M 1 feste M häkeln, 2 Lftm. *. Von *–* wdh., **2. R:** Mit Kettm über die ersten 2 Lftm u. die 2 Stb. hochgehen, *in die 2 Lftm 1 feste M häkeln, 3 Lftm und in die folg. 2 Luftm ebenfalls 1 feste M, 4 Lftm, um die folg. 4 Stb. je 1 Reliefstb. arbeiten u. diese zus. abmaschen, 4 Lftm *. Von *–* wdh., **3. R:** * 2 Lftm, in die M der 4 zus. abgemaschten Reliefstb. 2 Stb., 2 Luftm, 1 feste M, 2 Lftm u. 2 Stb. häkeln, 2 Lftm, 1 feste M in den Lftm-Bogen von 3 Lftm *. Von *–* wdh. **Die 2. u. 3. R fortl. wdh.!** S. auch Häkelschrift!
Arbeitsgang: 250 Lftm anschl. (= 160 cm) u. in Technik solange häkeln bis nur noch 1 Blüte übrig ist (die seitl. Abnahmen erfolgen durch die Technik).
Fertigstellung: Die obere Kante mit 1 R * 5 Lftm, 4 M übergehen, 1 feste M *. Von *–* wdh. umhäkeln. Die restl. Kanten wie folgt behäkeln: **1. R:** * 5 Lftm, 2 M übergehen, 1 feste M *. Von *–* wdh., **2. R:** In jeden Lftm-Bogen der Vorreihe je 2 Stb. häkeln. Nun jeweils zwischen den 2 Stb. Fransen aus je 8 Fäden von ca. 27 cm Fertiglänge (= 54 cm lange Fäden schneiden) einknüpfen. Die Fransen nun wie folgt miteinander verknüpfen: 1. u. 3., 2. u. 5., 4. u. 7. usw. *(s. Abb.)*.

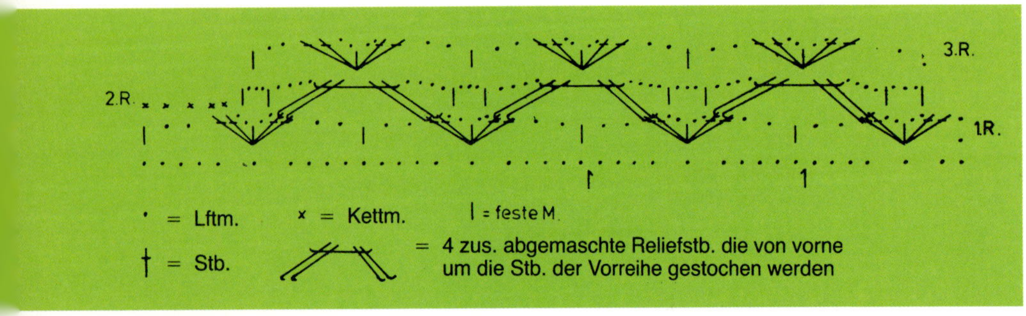

KLEINE WERKZEUGKUNDE VON A – Z

Nicht nur für berufsmäßige Handwerker gilt: Ein gut gefüllter Werkzeugkasten, in dem jedes Stück auch seinen festen, angestammten Platz hat, ist bereits die halbe Arbeit. Auch erfahrene Nadelfreundinnen haben eine vielfältig bestückte Zubehörkiste schätzen gelernt, in der das richtige Werkzeug jederzeit griffbereit ist. Anfänger, die ja bestimmt ein Zentimetermaß, eine gut schneidende Schere und Nähnadeln im Hause haben, beginnen am besten damit, daß sie sich vor Arbeitsbeginn all das Werkzeug zurechtlegen, das in der Anleitung angegeben ist. Allmählich kann dann das »Werkzeuglager« aufgestockt werden. Im folgenden haben wir all das zusammengestellt, was Leute, die viel und gerne stricken und häkeln, so alles an Werkzeug und praktischem und hilfreichem Zubehör im Hause haben sollten.

A

Armblätter Unerläßlich für alle Leute, die unter den Achseln stark schwitzen. Empfindliche Wolle kann dann an diesen Stellen filzen, bei anderen Garnen gibt es häßliche Schweißränder. A., Stoffstücke aus dünnem Baumwollbatist, gibt es in verschiedenen Größen (A, B, C) ellipsenförmig für langärmelige und halbkreisförmig für kurzärmelige und ärmellose Kleidungsstücke. Erhältlich sind verschiedene Farben, wobei man am besten mit Weiß, aber auch Grau oder Beige fährt, da andere Farben durch Schweißeinwirkung »bluten« können.

B

Bambusstricknadeln Stricknadeln aus Bambusrohr. Besonders geeignet für das Verarbeiten von Naturschafwolle.

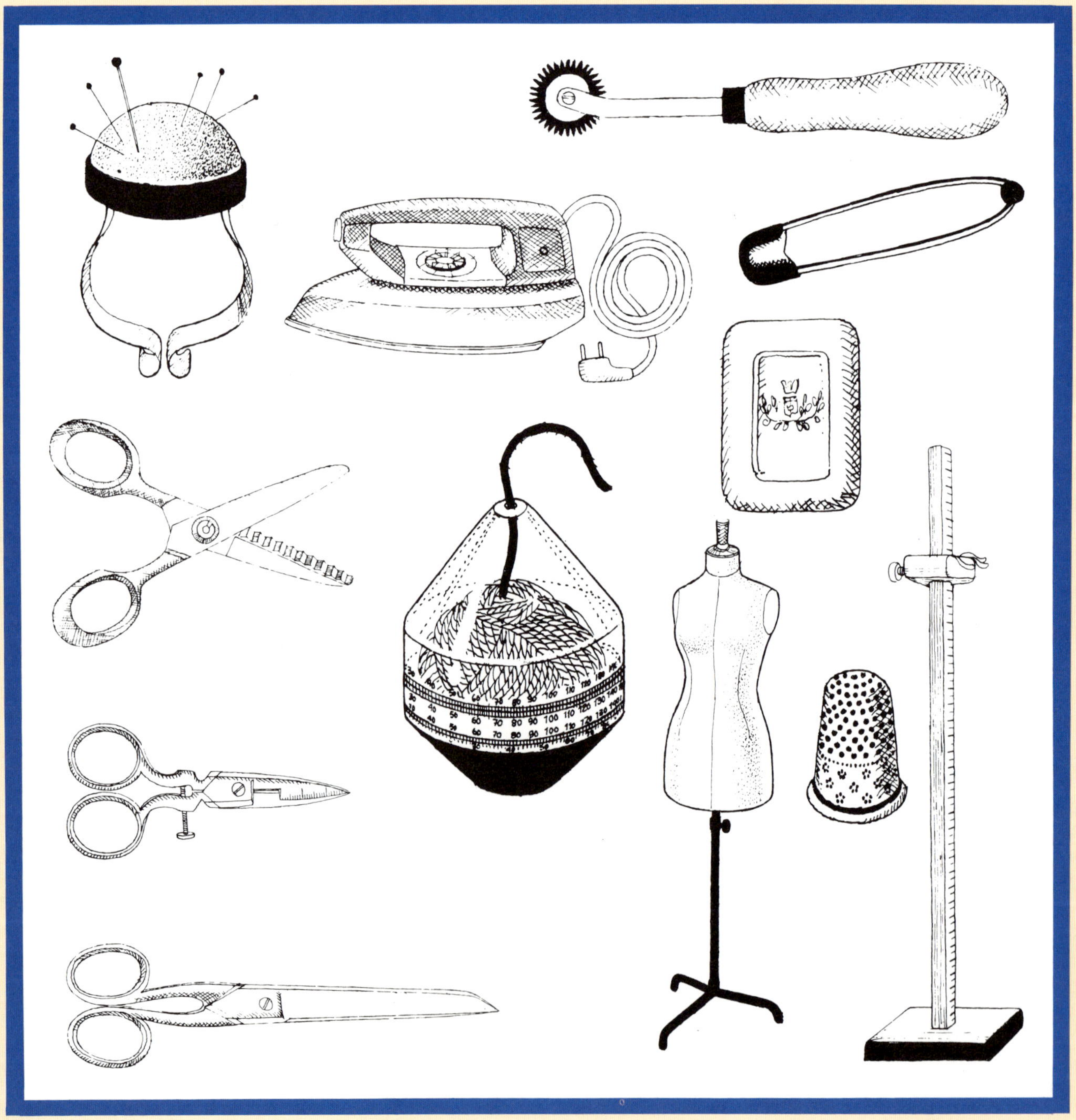

Bleistift Beim Stricken und Häkeln zum Zeichnen und Beschriften des Schnitts zu verwenden. Sollte nicht zu hart und nicht zu stark angespitzt sein und klar und gut lesbar schreiben.

E/F

Einfädler Hilfsgerät zur Erleichterung des Einziehens eines Fadens ins Nadelöhr, das bei Wolle oder Garn das Splissen des Fadenendes verhindert: Metallplättchen mit rautenförmiger Öse aus sehr feinem, biegsamen Draht. Diese wird durchs Nadelöhr geschoben, das Fadenende durch sie gezogen und durch Herausziehen der Öse aus dem Nadelöhr durch dieses gefädelt.

Fadenpicker Häkelnadelähnliches Gerät mit dünner Metallöse zum Durchziehen von Ziehfäden oder durchgerutschten vernähten Fäden auf die Rückseite. Eine dünne Wollhäkelnadel erfüllt denselben Zweck.

G

Garnhäkelnadeln In der Regel Stärke von 0,5–2,5 mm, zum Verhäkeln fest gedrehter glatter Garne bestimmt.

Garnwinde Kreuz- oder schirmrippenförmiges Gerät zum Abwickeln von Garnsträngen zu Knäueln oder auf Spulen. Für den Hausgebrauch leisten die Beine eines umgekippten Stuhls (am besten Metall ohne rauhe Stellen) oder die ausgebreiteten Arme einer Hilfsperson die gleichen Dienste.

Gummifaden Sehr dünner Gummi, der bei Strickbündchen für noch mehr Elastizität sorgt und zusammen mit dem Arbeitsfaden verstrickt wird. Man kann ihn aber auch ins fertige Stück einziehen: Gummi durch eine Stopfnadel ziehen und auf der Arbeitsrückseite so durch jede zweite Reihe ziehen, daß er auf der Vorderseite nicht zu sehen ist. Die fertigen Stücke mit Gummi stets etwas kälter waschen, als dieser verträgt, da er sonst eingeht und das Stück zusammenzieht.

Gurtband Band aus festem, gummiähnlichen Material für Rock- oder Hosenbund. In verschiedenen Breiten erhältlich. Die Taillenweite gut bemessen und das Band vor dem Einnähen durchs Wasser ziehen oder brühen (siehe mitgelieferte Beschreibung), damit es bei späteren Wäschen nicht eingeht.

H

Häkelgabel Hilfsgerät zur Ausführung von Gabelhäkelei: In verschiedenen Längen und verschieden großen Schenkelabständen erhältliches haarnadelähnliches u-förmiges Gebilde aus Metall, bei dem oft noch eine Mittelschiene das Ver- oder Zusammenrutschen der Teile verhindert.

Häkelnadeln Nadeln aus rostfreiem Metall mit einem Häkchen an einem Ende, das verschieden gekrümmt sein kann und eine Stärke von 0,5–12 mm im Sprung von 0,5 (also 0,5, 1, 1,5, 2, 2,5 usw.) hat. Am anderen Ende ist entweder ein Plastikschaft oder ein Plastikknopf. Es gibt: → Garnhäkelnadeln, → Tunesische Häkelnadeln, → Wollhäkelnadeln

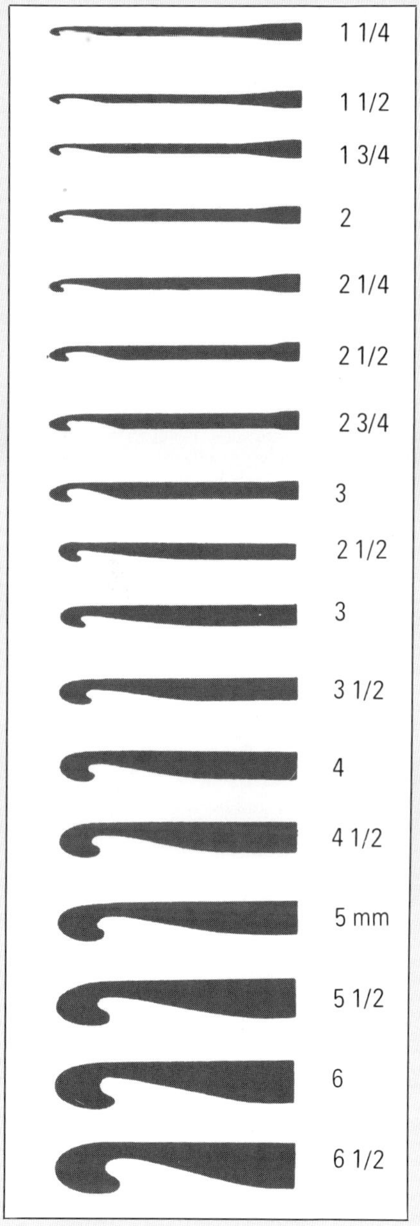

Handarbeitsschere Mehrzweckschere, die es in verschiedenen Größen und Ausführungen gibt. Beim Stricken und Häkeln braucht man sie eigentlich nur zum Durchtrennen von Fäden. Sie sollte aber ausschließlich diesem Zweck dienen, damit die Schnittflächen nicht stumpf werden und das Garn beschädigen. Zum Auftrennen einer Naht eine kleine Schere mit spitzen Enden verwenden, die ebenfalls nur diesem Zweck dienen sollte.

Hilfsnadel Dient zum Aufbewahren kurzzeitig stillgelegter Maschen oder zum Verzopfen oder Verkreuzen von Maschen. Am besten nimmt man die Nadel eines → Nadelspiels, die die gleiche Stärke wie die Arbeitsnadel hat, strickt die Maschen darauf und verschließt beide Enden mit einem Stück Kork oder je einem → Spitzenschutz. Siehe auch → Zopfnadel.

J

Jackenstricknadeln (Strumpfstricknadeln) Sind von der Spitze bis zum verdickten Ende gleich stark.

Jetstricknadeln Stricknadeln ab ca. 12 mm Stärke, die gerade, gleich dick und aus leichtem Plastikmaterial sind.

K

Knäuelbehälter Aufschraubbare Plastikbehälter verschiedener Größen und Formen, in die ein Wollknäuel gesteckt wird. Der Arbeitsfaden läuft durch ein Loch auf der Oberseite. Verhindert das Verschmutzen von Material und, bei der Arbeit mit mehreren Knäueln, das verfilzen der Fäden.

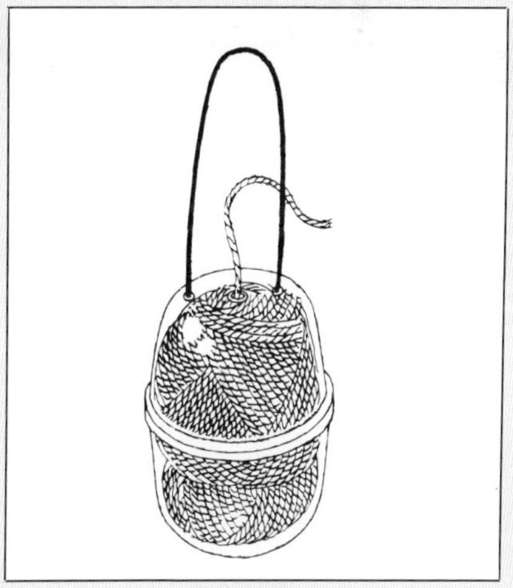

Kombinadel Nadeltyp, mit dem man mehrere Handarbeitstechniken, vor allem aber Stricken und Häkeln, gleichzeitig ausführen kann: Ein Ende ist eine Stricknadel, das andere eine Häkelnadel.

M

Makraménadeln Überdimensionale Stecknadeln mit dicken, verschiedenfarbigen Köpfchen. Besonders gut zum probeweisen Fixieren oder Aufstecken von Strick- und Häkelsachen geeignet, da sie leicht wiederauffindbar sind.

Markierungsringe An einer Seite offene Plastikringe, abgepackt in verschiedenen Größen und Farben erhältlich. Können zum Markieren bestimmter Maschen oder Arbeitsgänge, aber auch zum Halten weniger Maschen genommen werden. Durch Sicherheitsnadeln zu ersetzen.

Maschenraffer Überdimensionale Sicherheitsnadel, in mehreren Größen erhältlich. Wird anstatt der etwas »mühsameren« → Hilfsnadel zum Stillegen von Maschen verwendet.

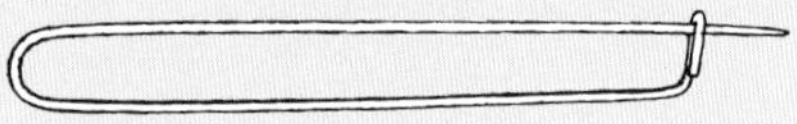

Maßband 1–1,5 m langes, meist aus Kunststoff bestehendes Band, das nach Zentimetern ein- und nach Millimetern unterteilt ist und zum Abmessen beim Handarbeiten benützt wird. Haltbarer und zuverlässiger sind Kunststoff- oder Metallbänder, die aus einer kleinen »Box« gezogen und mittels Knöpfchendruck wieder eingerollt werden: Sie leiden nicht durch beständiges Auf- und Abwickeln und Wärme- oder Kälteeinfluß, was Einlauf- oder Ausdehnungsgefahr mit sich bringt und zu Ungenauigkeiten beim Messen führen kann.

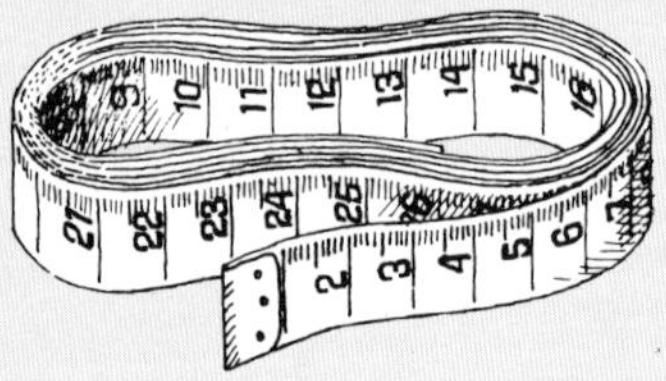

Mohairbürste Kleine Spezialbürste zum Aufbürsten von dafür geeignetem Flauschgarn.

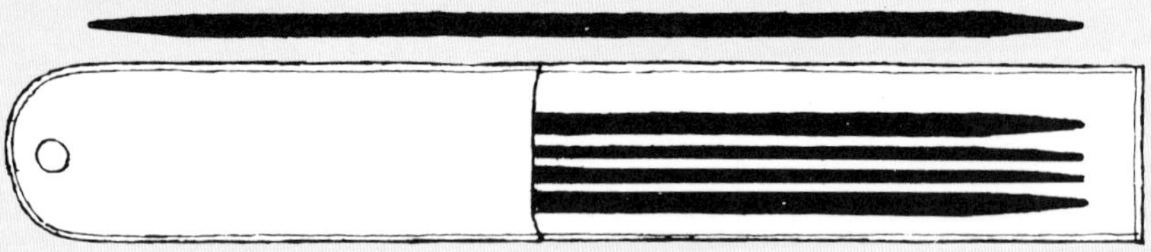

N

Nadeletui Wie ein Federmäppchen (groß für Strick-, klein für Häkelnadeln) aussehend. Jede Nadel kann durch eine für sie bestimmte Öse gesteckt werden. Verschlossen wird das Ganze mit einem Reißverschluß.

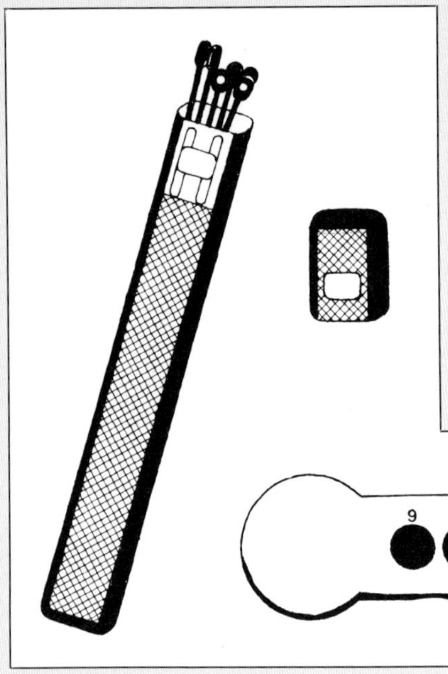

Nadelköcher Plastikröhre mit abnehmbarem Deckel, lang für Strick- und kurz für Häkelnadeln erhältlich. Gibt es auch als Holzkästchen, indem dann jede Einzelnadel bzw. jedes Nadelspiel ein eigenes Fach bekommen kann.

Nadelstärkenprüfer Plastikstreifen oder Pappstreifen mit mehreren Löchern. Der Durchmesser jedes Loches entspricht der Stärke einer bestimmten Strick- oder Häkelnadel. Durch Durchstecken der Nadeln können Sie prüfen, welche Stärke diese haben, falls das nicht auf ihnen vermerkt ist.

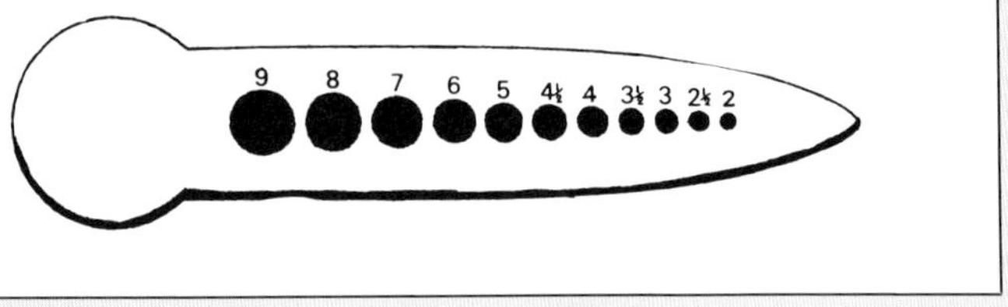

Norwegerfinger Metall- oder Kunststoffring mit Rillen, den man über den linken (manchmal auch rechten) Zeigefinger steckt, der den Arbeitsfaden führt. Hält beim Stricken von Norweger- oder Jacquardmustern, bei denen innerhalb einer Reihe mit mehreren Fäden gearbeitet wird, diese ordentlich auseinander, da jeder Faden in seiner Rille läuft. Siehe auch Strickfingerhut.

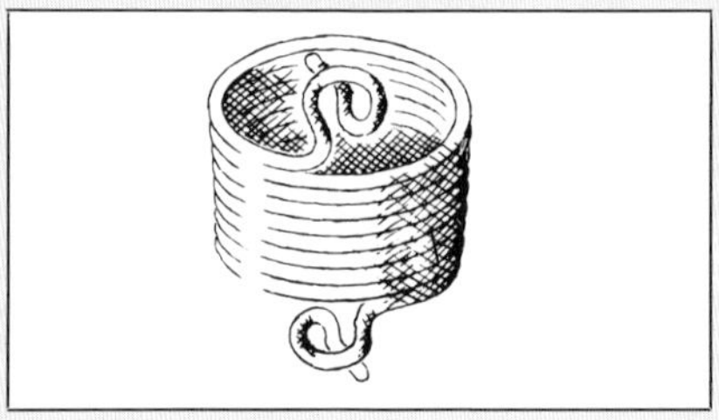

Nadelspiel 5 an beiden Enden zugespitzte Stricknadeln gleicher Stärke. Werden für in Runden gestrickte Stücke mit geringer Maschenzahl (Mützen, Strümpfe, Handschuhe, angestrickte Ärmelbündchen) verwendet. Die Maschen liegen dabei gleichmäßig verteilt auf 4 Nadeln, mit der fünften wird abgestrickt. Und Vorsicht: Die ersten und letzten Maschen jeder Nadel müssen besonders sauber gearbeitet werden, damit es keine »Straßen« gibt. Und man darf nicht locker stricken, da die Nadeln sonst dauernd durchrutschen.

O

Öhr Offenes unteres Stück an jeder Näh-, Strick- und Stopfnadel, durch das der Faden gezogen wird. Da die Wände nur halb so dick sind, wie die restliche Nadel, niemals gewaltsam anziehen, da das Öhr sonst durchspringt.

P

Papierschere Große, scharfe Schere, die man beim Stricken und Häkeln zum Ausschneiden von Schnitten und zur Herstellung von Schablonen braucht. Nicht zu oft zum Durchschneiden von Fäden benutzen, da sie davon stumpf wird und Papier nicht mehr exakt schneidet.

Pfeiltrenner Hilfsgerät zum Auftrennen von Nähten.

R

Rundstricknadeln Haben an jedem Ende einen Metall- oder Plastik-»Kopf« in Form einer verkürzten Stricknadel, der die entsprechende Nadelstärke hat, und sind nur bis 10 mm im Sprung von 0,5 erhältlich. Zusammengehalten werden sie durch einen dünnen Perlonschlauch, der 20, 40, 60 oder 80 cm lang sein kann. Gedacht für geschlossene, also in Runden gearbeitete Gestricke. Können aber auch für in Hin- und Rückreihen gearbeitete Sachen verwendet werden. Man hat dann keine »hervorstehenden Enden« und spart bei hohen Nadelstärken Gewicht. Für Gestricke mit mehreren, innerhalb einer Reihe flächig gebrauchten Fäden, die verkreuzt werden müssen, weniger geeignet, da der Faden nicht so glatt laufen kann.

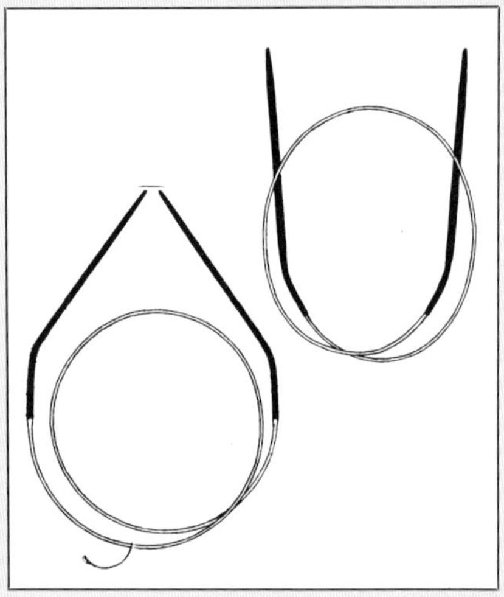

S

Schnellstricknadeln Um das Gleiten der Maschen zu erleichtern verjüngen sie sich, so daß nur die Spitze und ca. 10 cm die angegebene Stärke haben. Sind in der Regel 30 cm lang.

Schnittbogen Von verschiedenen Firmen angebotene Normschnittbögen für verschiedene Größen mit verschiedenen Arm- und Halsausschnittypen. Auf sie legt man das Gestrick auf, wie auf selbst gezeichnete Schnitte – es sei denn, man hat individuelle Wünsche.

Schnittpapier Dünnes Papier, das in möglichst große Bogen geschnitten ist und für den Schnitt verwendet wird.

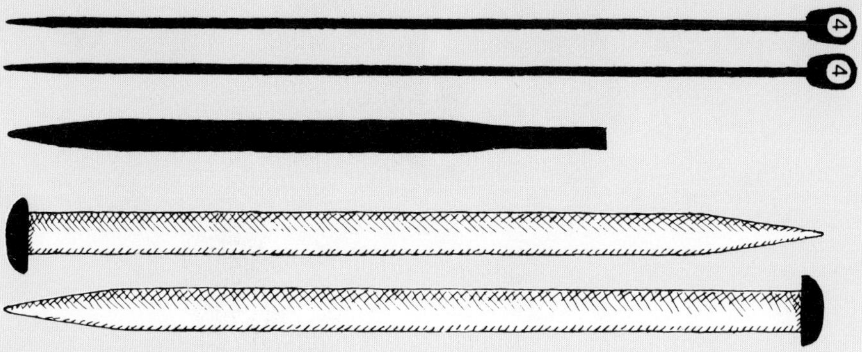

Sicherheitsnadeln »Doppelnadeln« in mehreren Größen, bei denen das spitze Ende eingehakt werden kann. Beim Stricken und Häkeln anstatt Stecknadeln oder Markierungsringen verwendbar.

Spielstricknadeln → Nadelspiel

Spitzenschutz Plastikpfropfen mit verschiedenen, auf die verschieden großen Nadelstärken abgestimmten Löchern, und zwar eines pro Pfropfen. Wird auf die Nadelspitze gesteckt und verhindert das Abgleiten von Maschen, wenn das Gestrick weggelegt wird.

Stecknadeln Kurze dünne Nadeln ohne Öhr, die zum probeweisen Fixieren verwendet werden. Beim Stricken und Häkeln am besten solche mit farbigen Knöpfchenenden verwenden. Siehe auch Makraménadeln.

Stopfei Eiförmiges Gerät aus Holz oder Plastik, das man beim Verstopfen schadhafter Stellen als Unterlage einlegt, damit der Faden regelmäßig geführt werden kann.

Stopfnadeln Nähnadeln mit rundlich stumpfer Spitze. Gibt es in verschiedenen Stärken. Beim Stricken und Häkeln nimmt man sie zum Vernähen von Fäden und zum Zusammennähen. Zu beachten ist ein genügend großes Öhr, so daß der eingezogene Faden gut durchpaßt. Außerdem muß die Gesamtstärke so auf das Arbeitsgarn abgestimmt sein, daß aufgefaßte Maschenglieder nicht allzusehr »zerrissen« werden.

Stopfpilz Pilz aus Holz oder Plastik, über dessen Hut man die zu verstopfenden Stellen zieht, damit sie schön gespannt sind und man sie gleichmäßig ausbessern kann.

Strickfingerhut Plastikfingerhut, der wie der → Norwegerfinger funktioniert.

Stricknadeln Aus Plastik, rostfreiem Metall oder Bambus gefertigte Nadeln von 1,5 bis ca. 20 mm Stärke, bis ca. 9 mm im Sprung von 0,5 (also 1,5 mm, 2 mm, 2,5 mm usw.) und 20, 30 und 40 cm Länge. Am einen Ende haben sie eine leicht gerundete Spitze, am anderen eine Verstärkung (meist Plastik) als Maschenstopper. Dort ist auch die Stärke angegeben. Es gibt: → Jacken- bzw. Strumpfstricknadeln, → Rundstricknadeln, → Schnellstricknadeln, → Spielstricknadeln.

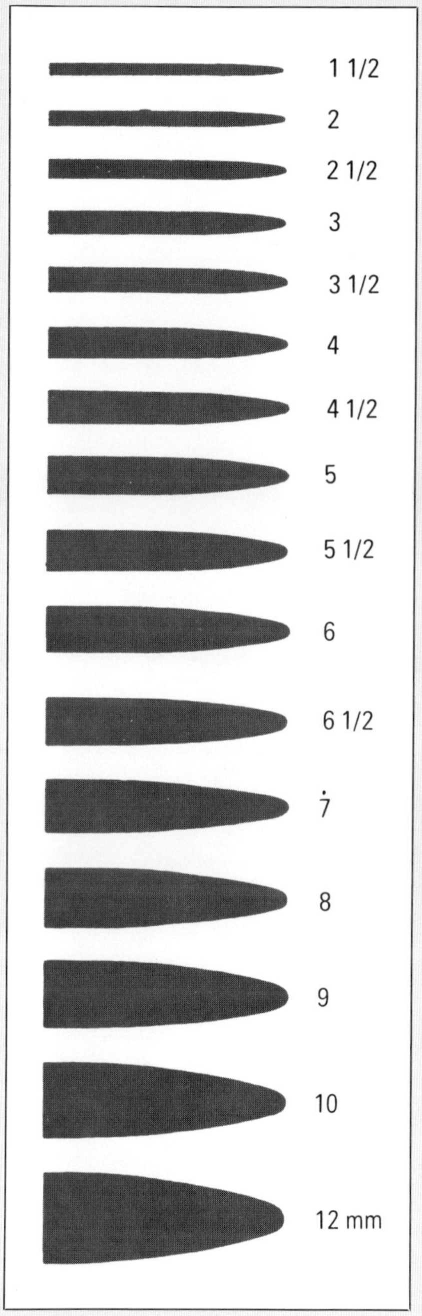

Strickrechner Hilfsgerät zum Abmessen der Maschenprobe und zum Ausrechnen der für das Strickstück passenden Maschen- und Maßwerte.

Strickreihenzähler In mehreren, den Nadelstärken angepaßten Breiten erhältliches ringförmiges Gerät, das auf eine Stricknadel aufgesteckt und zum Ende geschoben wird. Durch Drehen der mehrmals vorhandenen Ziffern 0–9 wird die entsprechende Reihenzahl eingestellt und Sie wissen immer, wo Sie gerade sind.

Strumpfstricknadeln → Jackenstricknadeln

T

Tunesische Häkelnadel Da bei dieser Technik alle Maschen auf der Nadel liegen, ist sie 30–40 cm lang und hat am Ende eine knopfförmige Maschenbremse. Es gibt sie auch mit einer Perlonschnur verschiedener Länge, die einen verschiebbaren oder aber am Ende festen Maschenstopper hat.

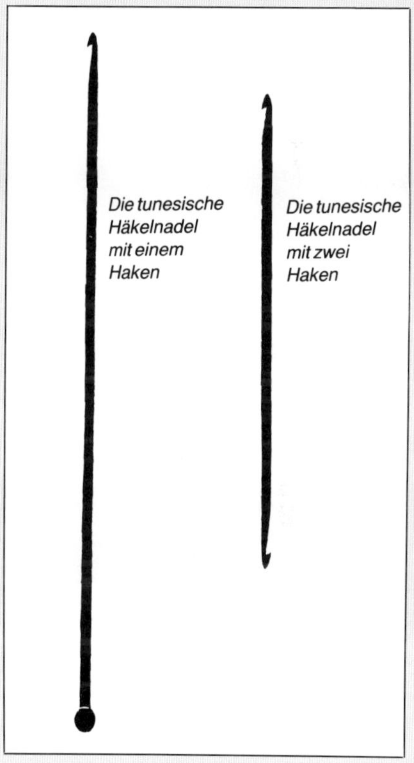

W/Z

Wollhäkelnadeln In der Regel Stärke von 2–12 mm, auch zum Verhäkeln weniger straff gedrehter und flauschiger Garne geeignet.

Zentimetermaß → Maßband

Zopfnadeln In mehreren Stärken angebotene, in der Mitte zu einer pyramidenförmigen Zacke gebogene → Hilfsnadel zum Verzopfen oder Verkreuzen mehrerer Maschen. Da sie kürzer und somit handlicher sind und die Maschen in der Biegung besser gehalten werden, sind sie idealer als normale → Hilfsnadeln.

Damenpullover mit farbigen Lochmusterstreifen

Ein attraktiver »Sommerhit« ist dieser lässige, quergestrickte Pullover, für den verschiedene Garne interessant kombiniert wurden. Besonders witzig sind die zwei verschiedenen Schultern, einen attraktiven Blickfang stellen die leuchtenden Lochmusterstreifen dar.

Größe: 38–40
Oberweite des Modells: 102 cm
Gesamtlänge: 65 cm

Material: Esslinger Wolle »**baroness**« 800 g orchidee (Fb. 04) u. 300 g weiß (Fb. 01) Schoeller Wolle »**claire**« 50 g pink (Fb. 29) »**romanze**« 50 g weiß (Fb. 01). Je 1 Rundstricknadel 5 u. 6 mm, 80 cm lang. 1 Wollhäkelnadel 6 mm.
Die Qualitäten »claire« u. »romanze« werden doppelfädig verstrickt!
Glatt rechts: Hinr re, Rückr li str.
Rippen: Hin- u. Rückr re str. (2 R = 1 Rippe)
Hebemaschenmuster: 1. R: * 3 M re, 1 M li abheben *, von *–* fortl. wdh. **2. R:** * die abgehobenen M der Vorreihe li abheben, 3 M li *, von *–* fortl. wdh.
Lochmuster: 1. R: re M **2. R:** re M **3. R:** Rdm, * 2 M re zus. str., 1 U. *, von *–* fortl. wdh. **4. R:** re M
Perlmuster: 1 M re, 1 M li im Wechsel, in *jeder* R versetzen
Eingestricktes Flächenmuster: s. Zählmuster
Maschenprobe genau einhalten! (falls nötig, Nadeln wechseln)
Glatt rechts in »**baroness**«: 14 M/18 R = 10 cm
Arbeitsgang: s. Zählmuster. 2 gleiche Teile str.
Fertigstellung: Die Schulter- bzw. oberen Ärmelkanten in weiß »baroness« mit jeweils 2 R festen M behäkeln, dann Rükken- u. Vorderteil an den betreffenden Stellen (s. eingezeichnete Pfeile im Zählmuster) von links mit einem Stich verbinden u. die Ärmel ca. 2 cm am Anfang zus. nähen. Für die Bündchen in weiß m. Nadel 5 mm jeweils 73 M aus den unteren Kanten von Rücken- u. Vorderteil herausstr., 7 cm in 1 M re, 1 M li str., M im M-rhythmus abk. Seiten- u. Ärmelnähte schließen. Für die Ärmelbündchen jeweils 39 M in weiß mit Nadel 5 mm herausstr. u. 7 cm in 1 M re, 1 M li str., M im M-rhythmus abk.

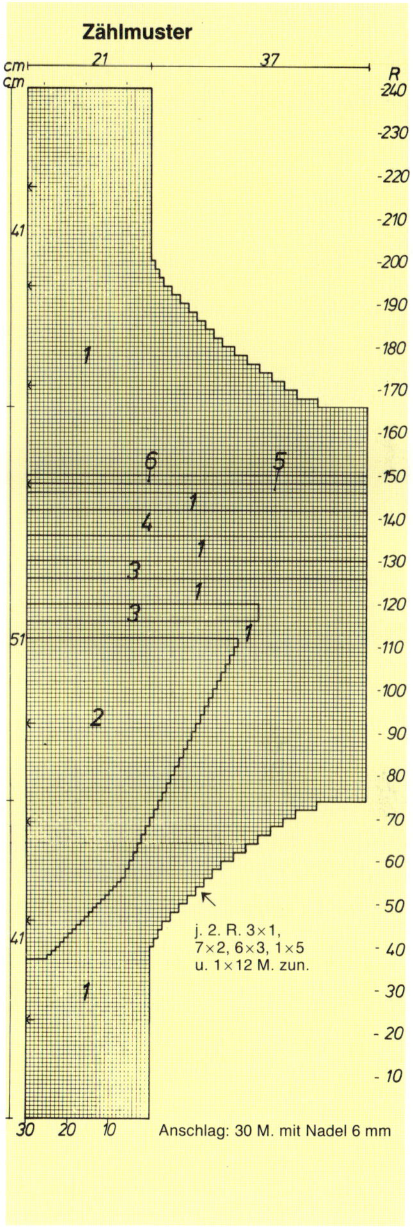

1 = glatt rechts in Grundfarbe
2 = Perlmuster in weiß
3 = Lochmuster in „claire“
4 = Rippen in weiß
5 = Rippen in „romanze“
6 = Hebemaschenmuster in Grundmuster

Partnerlook in Blau

Diese beiden flotten Pullover sind einfach und problemlos nachzuarbeiten, da der Schnitt klassisch und das Muster simpel, nämlich glatt rechts, ist. Sterne und Nieten für die Dame sind rasch aufgenäht bzw. gestickt. Und schon können Sie zusammen (oder natürlich auch solo) am Arbeitsplatz und in der Freizeit bei vielen Gelegenheiten glänzen.

Damenpullover

Größe: 36/38 (40/42), 44/46 (48/50)

Material: Junghans Wolle **»Trio Jeans«** dunkelblau (Best.-Nr. 224-501): 850 g für Gr. 36/38, 900 g für Gr. 40–46, 950 g für Gr. 48/50; Junghans **»Glitzerstar«** silber (Best.-Nr. 277-053) je 20 g; 1 Packung Ziernieten, silber (Best.-Nr. 711-093); Stricknadeln Nr. 3,5–4,5

Strickmuster: glatt re Ränder: 1 M re, 1 M li mit dünneren N. arb. Zum Schluß werden auf die Teile Sterne mit Stielstichen in Glitzer-Star nach Vorlage gestickt. *Motive auf Papier durchpausen, ausschneiden, auf die Teile heften und umsticken.*

Maschenprobe: glatt re: 19 M/27 R = 10 cm breit/10 cm hoch

Halsrand: Für Gr. 36–42 = 98 M, Gr. 44–50 = 104 M anschlagen und 10 R = 3 cm 1 M re, 1 M li str.

Fertigstellung: Teile dem Foto entsprechend besticken und die Nieten anbringen. Schulternähte schließen. Ärmel mit den offenen M im Strickstich annähen, dann Seiten- u. Ärmelnähte schließen. Halsrand zus. u. in den Ausschnitt nähen.

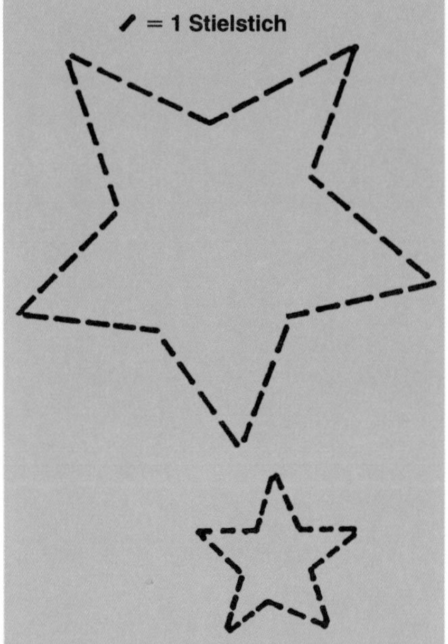

Vorlage

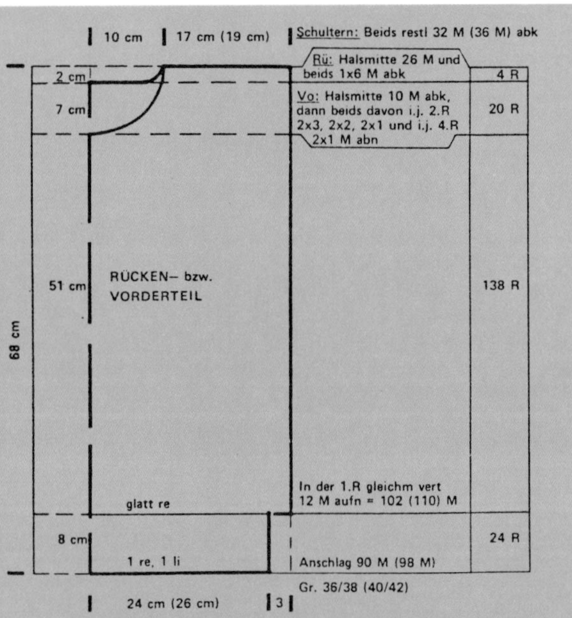

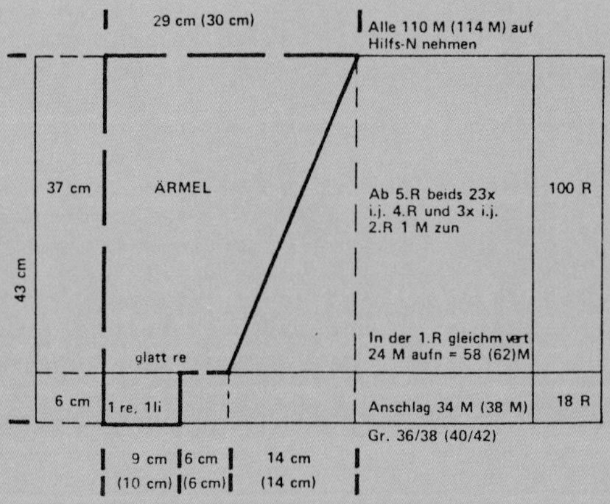

Gr. 44/46 (48/50)

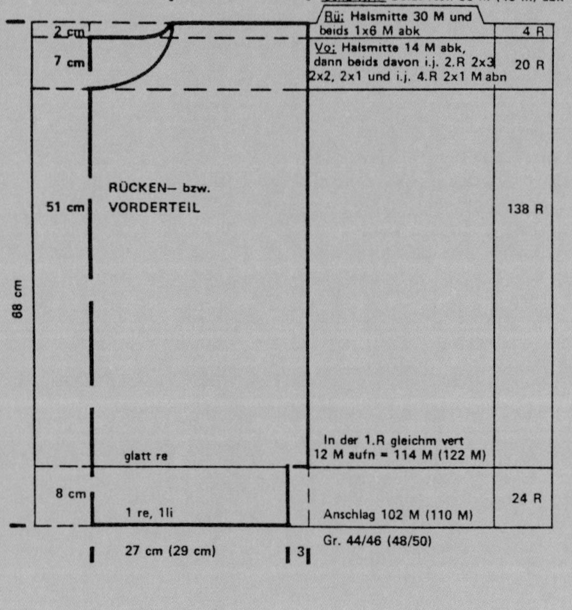

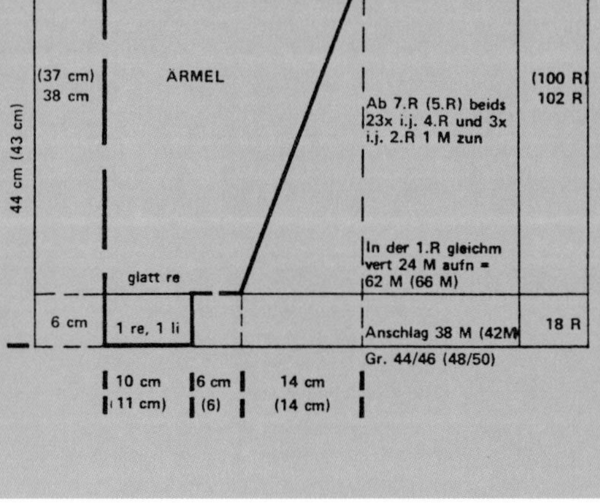

Herrenpullover

Größe: 44/46 (48/50), 52/54 (56/58)

Material: Junghans Wolle »**Trio-Jeans**« mittelblau (Best.-Nr. 224-535): 750 g für Gr. 44/46, 800 g für Gr. 48–54, 850 g für Gr. 56/58; »**Trio-Jeans**« weiß (Best. Nr. 224-527), je 150 g; »**Trio-Jeans**« dunkelblau (Best. Nr. 224-501), je 50 g; Stricknadeln Nr. 3,5–4,5

Strickmuster: glatt re in Streifen wie im Schnitt angegeben. Ränder: 1 M re, 1 M li mit dünneren N. arb.

Maschenprobe: glatt re: 19 M/27 R = 10 cm breit/10 cm hoch.

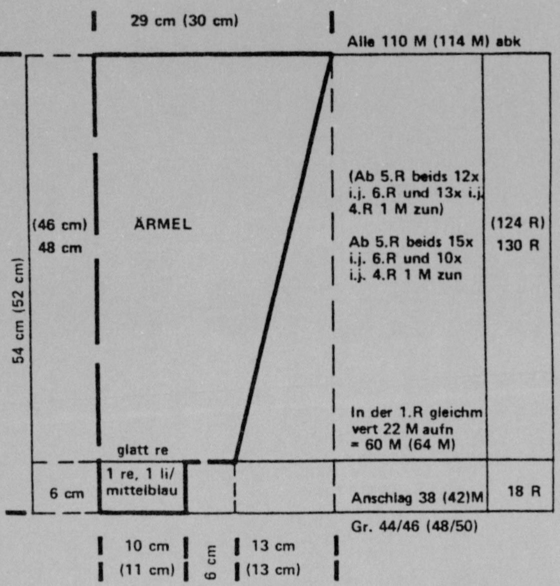

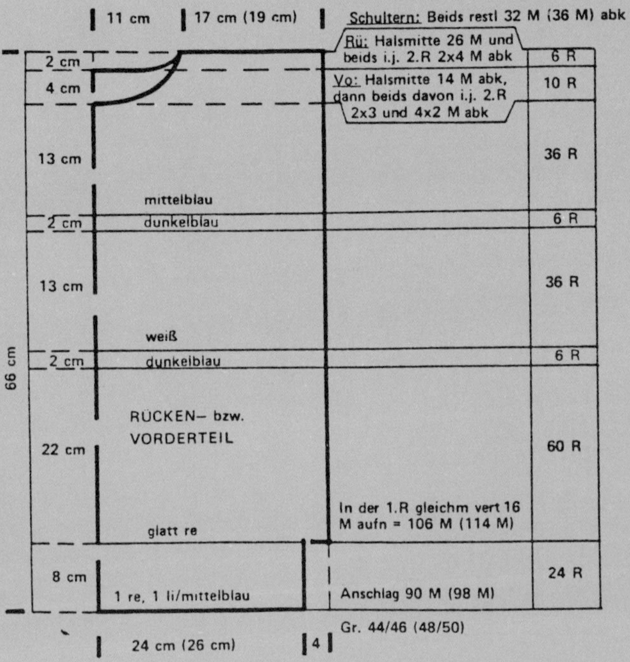

Halsrand (mittelblau): Für Gr. 44–50 = 96 M, Gr. 52–58 = 102 anschlagen u. 18 R = 6 cm 1 M re, 1 M li str.

Fertigstellung: Schulternähte schließen, Ärmel annähen, dann Seiten- u. Ärmelnähte schließen, Halsrand zus. u. doppelt in den Ausschnitt nähen.

Gr. 52/54 (56/58)

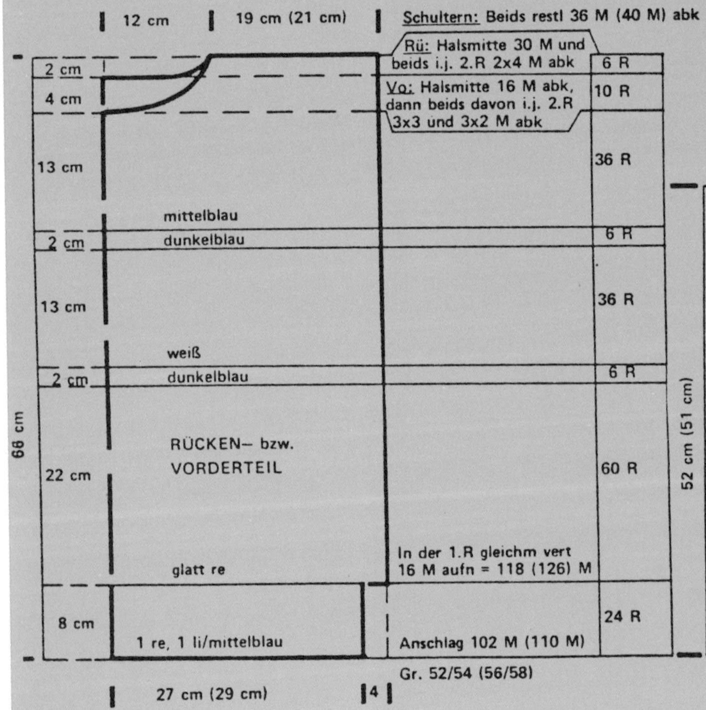

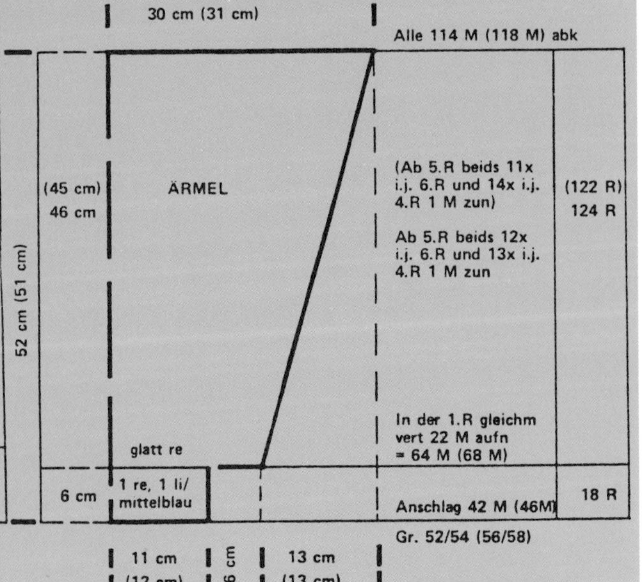

Freizeitpullover für den Herrn

Superbequem, leger und hochaktuell ist dieser im Vollpatent gestrickte Herrenpullover. Die von der Anleitung auch gleich mitgelieferten Damengrößen bieten Nadelfreundinnen die Möglichkeit, sich auch gleich selbst mit diesem vielseitigen Modell zu bestricken oder, wenn Not am Pullover ist, auch mal schnell sein gutes Stück auszuborgen.

Herrengröße: 46/48 (50/52)
entspricht
Damengröße: 38 (40/42)
Oberweite des Modells: 104 (120) cm
Gesamtlänge: 65 cm

Angaben für *Herrengröße 52/54* bzw. *Damengröße 40/42* stehen *in der Klammer*, steht nur eine Zahl, gilt diese für alle Größen.
Material: Schoeller Wolle **»jogging«** 700 (800) g gelb (Fb. 07). Je 1 Paar Schnellstricknadeln 2,5 u. 3 mm.
Vollpatent: 1. R: * 1 M re, folgende M mit 1 U. li abh. *, von *–* wdh., 1 M re, **2. R:** * 1 M re, abgeh. M der Vorreihe mit dem U. rechts zus.str., folgende M mit 1 U li abh. *, von *–* wdh., 1 M re **Die 2. R fortl. str.**
Maschenprobe genau einhalten! (falls nötig, Nadeln wechseln)
Vollpatent (ungedehnt): 24 M/56 R = 10 cm
Arbeitsgang: s. Schnitt
Fertigstellung: Schulternähte ca. 14 (17) cm schließen, Ärmel einsetzen, Ärmel- u. Seitennähte schließen.

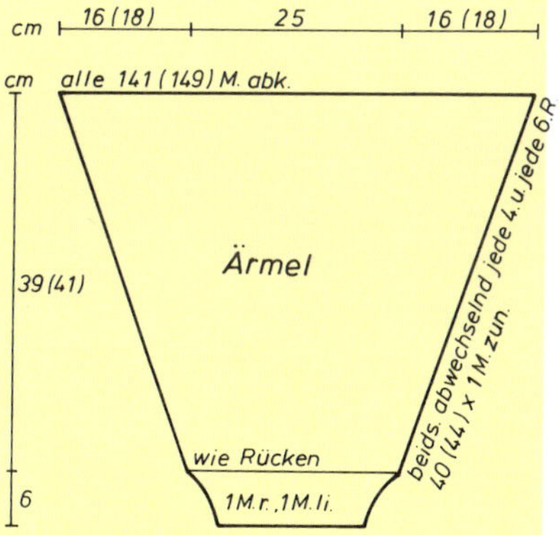

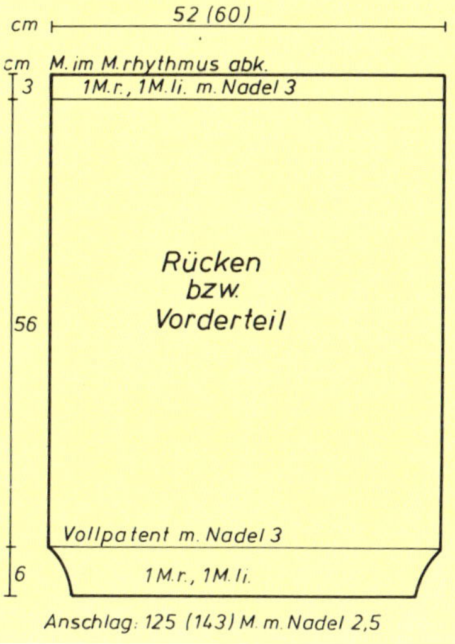

Herrenpullover mit Strukturmuster

Dieser aparte und legere Pullover aus angenehm zu tragender Baumwolle wird vor allem die Männer ansprechen, die auch während der heißen Jahreszeit »cool« bleiben wollen.

Größe: 48/50

Material: Woll-Service **»Solemio«,** 950 g natur, Farbe 815, Stricknadeln Nr. 4 und 4½, Rundnadel Nr. 4

Grundmuster: siehe Schemazeichnung

Maschenprobe: 19 M in der Breite und 22 R in der Höhe ergeben 10 cm im Quadrat.

Rückenteil: 96 M mit Nadeln Nr. 4 anschlagen und 7 cm 2 M re – 2 M li im Wechsel str., dabei in der letzten RückR verteilt 15 M zunehmen. Mit Nadeln Nr. 5½ im Grundmuster 60 cm gerade hochstr. und alle M auf einmal abketten.

Vorderteil: Bis 59 cm Gesamthöhe wie das Rückenteil str., dann für den Halsausschnitt die mittleren 25 M und beidseitig noch in jeder 2. R 2 × 4, 1 × 3, 2 × 2 und 1 × 1 M abketten. In Rückenteilhöhe die restl. M auf einmal abketten.

Ärmel: 40 M mit Nadel Nr. 4 anschlagen und 6 cm 2 M re – 2 M li im Wechsel str., dabei in der letzten RückR verteilt 5 M zunehmen. Mit Nadeln Nr. 5½ im Grundmuster 45 cm hochstr., dabei beidseitig gleichmäßig verteilt 31 × 1 M zunehmen. In 51 cm Gesamthöhe alle M auf einmal abketten.

Ausarbeitung: Die Teile auf den Schnitt spannen, mit feuchten Tüchern bedecken und gut trocknen lassen. Pulli zusammennähen. Für den Kragen mit der Rundnadel die M aus der Halsausschnittkante auffassen und 3,5 cm 2 M re – 2 M li im Wechsel str. M gleichmäßig abketten.

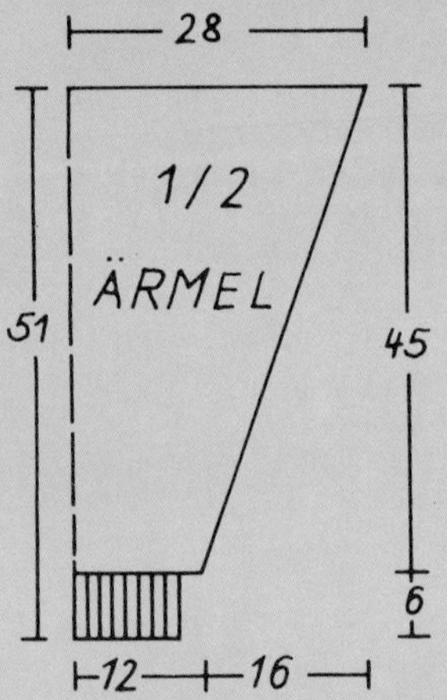

● = Randm
I = re M
□ = li M
V = 1 re M zunehmen (verschränkt aus dem Querfaden aufnehmen)
Λ = 1 li M zunehmen (verschränkt aus dem Querfaden aufnehmen)
/ = 2 M re zusammenstricken
\ = 1 M re abheben, 1 M li stricken und die abgehobene M überziehen
X = 3 M re zusammenstricken
✳ = 3 M li zusammenstricken
◺ = 2 M li zusammenstricken
⊠ = 2 M li verschränkt zusammenstricken

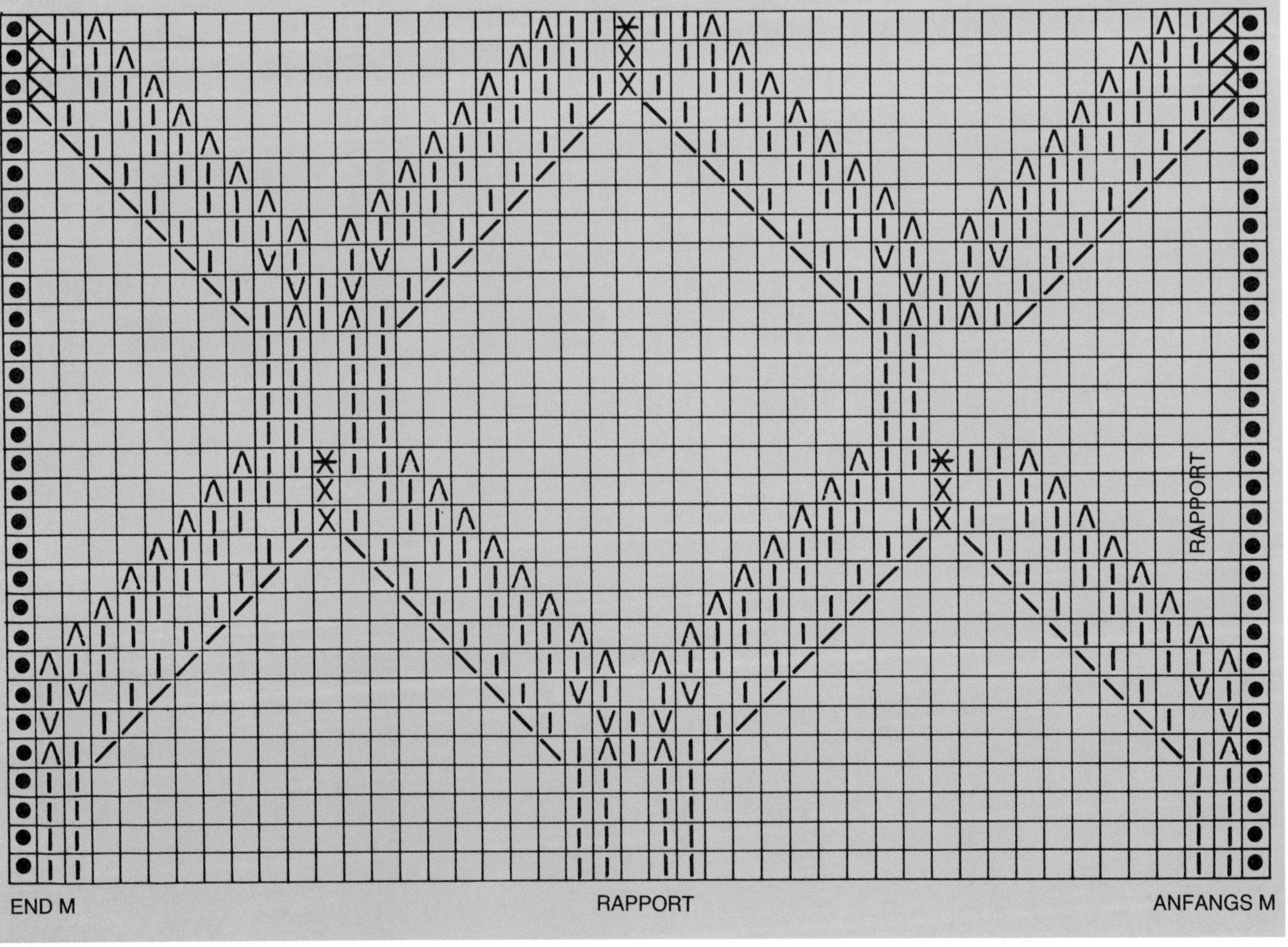

Brauner Herrenpullover

Ein interessantes und chices Kleidungsstück für den modebewußten »Mann ohne Alter« ist dieser klassische Pullover mit den tief angesetzten Hängeärmeln, die ihn besonders bequem machen. Unauffällig und sehr elegant wirkt das plastische Patent-Zopf-Muster.

Größe: 48/50

Material: Woll-Service, Qualität **»Daisy«,** 1000 g braun (Fb. 117), Stricknadeln Nr. 4 und 5½, Rundnadel Nr. 4
Grundmuster: Halbpatent. **1. R: HinR:** *1 M re, 1 M li, ab * wiederholen, **2. R: RückR:** * 1 M re, 1 U (= Umschlag) mit 1 M li abheben, ab * wiederholen, **3. R: HinR:** * 1 M re (dabei den U und die abgehobenen M der VorR zusammenstricken) = 1 re Patentmasche, 1 M li = 1 li Patentmasche, ab * wiederholen. **2.–3. R: fortlaufend wiederholen**
Patentzopf: 16 M breit. **1.–26 R:** Halbpatent stricken, **27. R:** 8 PM (= Patentmasche) auf einer Hilfsnadel vor die Arbeit legen, 8 PM stricken, die M der Hilfsnadel abstricken. **28. R:** wie die 2. Reihe. **29.–50. R:** wie die 1.–2. Reihe. **1.–50. R: fortlaufend wiederholen.**
Maschenprobe: 17 M in der Breite u. 29 R in der Höhe ergeben 10 cm im Quadrat
Rückenteil: 86 M mit Nadel Nr. 4 anschlagen u. 13 cm 1 M re – 1 M li im Wechsel stricken, dabei in der letzten RückR verteilt 24 M zunehmen. Mit Nadel Nr. 5½ weiterarbeiten, dabei die M wie folgt einteilen: RandM, 46 M Grundmuster, 16 M Zopf, 46 M Grundmuster, RandM 53 cm gerade hochstricken, dann für den rückwärtigen Halsausschnitt die mittleren 26 M u. beidseitig noch in jeder 2. Reihe 2 × 5 M abketten. In 69 cm Gesamthöhe die restlichen M auf einmal abketten.
Vorderteil: Bis 60 cm Gesamthöhe wie das Rückenteil stricken, dann für den Halsausschnitt die mittleren 16 M und beidseitig noch in jeder 2. R 1 × 4 M, 1 × 3 M, 3 × 2 M u. 2× 1 M abketten. In Rückenteilhöhe die restlichen M auf einmal abketten.
Ärmel: 36 M mit Nadel Nr. 4 anschlagen u. 9 cm 1 M re – 1 M li im Wechsel stricken, dabei in der letzten RückR verteilt 18 M zunehmen. Mit Nadel Nr. 5½ weiterarbeiten, dabei die M wie folgt einteilen: RandM, 18 M Grundmuster, 16 M Zopf, 18 M Grundmuster, RandM 34 cm hochstricken, dabei beidseitig gleichmäßig verteilt 25 × 1 M zunehmen *(Achtung! Alle zugenommenen M werden im Grundmuster gestrickt)*. In 43 cm Gesamthöhe alle M auf einmal abketten.
Ausarbeitung: Die Teile auf den Schnitt spannen, mit feuchten Tüchern bedecken und gut trocknen lassen. Den Pulli zusammennähen. Für die Halsausschnittblende, mit der Rundnadel die M auffassen u. 3 cm 1 M re – 1 M li im Wechsel anstricken. Die M gleichmäßig abketten.

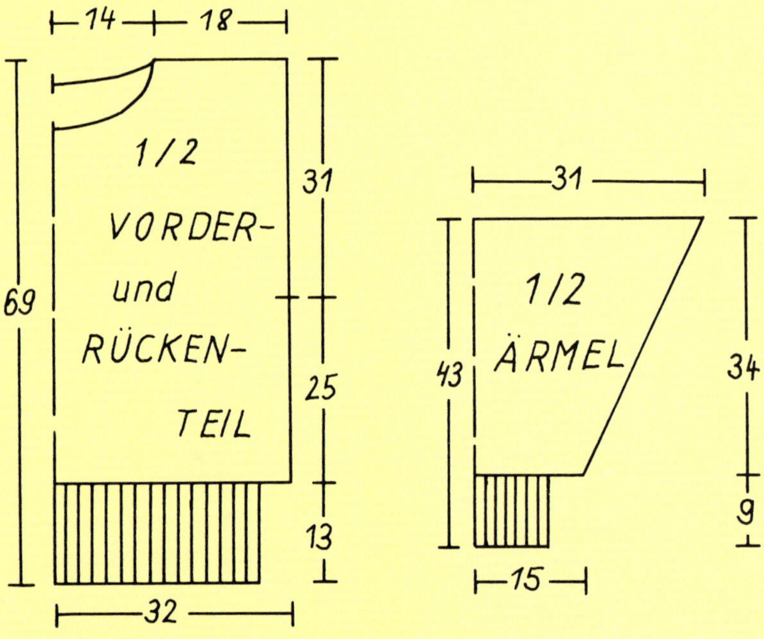

Herrenpullover mit Phantasiemuster

Es muß nicht immer der klassische Norweger sein. In diesem aparten Pullover, dessen zarte Farben dem neuen Modetrend entsprechen, werden sich Männer jeden Alters nicht nur in der Freizeit pudelwohl fühlen. Die angegebenen Damengrößen geben wiederum eine interessante Möglichkeit, »es ihm gleichzutun«. Wenn Ihnen die Farben gefallen, dann ändern Sie doch ganz einfach nur die Einstrickmusterfolge.

Herren-Größe: 48 (50/52)
entspricht
Damen-Größe: 36 (38/40)
Oberweite des Modells: 114 (120) cm
Gesamtlänge: 66 (70) cm

Die Angaben für *Herren-Größe 50/52* bzw. *Damen-Größe 38/40* stehen *in der Klammer,* steht nur eine Zahl, gilt diese für alle Größen.
Material: Esslinger Wolle **»sarah«** 380 (400) g h'beige(Fb. 18), 180 g h'blau (Fb. 14) u. 140 g altrosa (Fb. 27). Je 1 Paar Schnellstricknadeln 2,5 u. 3 mm u. 1 Rundstricknadel 2,5 mm, 40 cm lang.
Glatt rechts: HinR re, RückR li str.
Phantasiemuster in glatt rechts: s. Zählmuster. *Den Musterrapport in der Höhe im Wechsel 1 × in eisblau und 1 × in hagebutte stricken.*

Maschenprobe genau einhalten!
(falls nötig, Nadeln wechseln)
Glatt rechts mit Einstrickmuster: 28 M/30 R = 10 cm
Arbeitsgang: s. Schnitt. Für den Da.-Pulli die Ärmel nach Maß entsprechend kürzer stricken.
Fertigstellung: Schulternähte schließen, Ärmel einsetzen, Ärmel- u. Seitennähte schließen. Aus dem Halsausschnitt mit Nadel 2,5 mm in h'beige 136 (148) M aufn. u. in 2 M re, 2 M li 3 cm str., M im M.rhythmus abk.

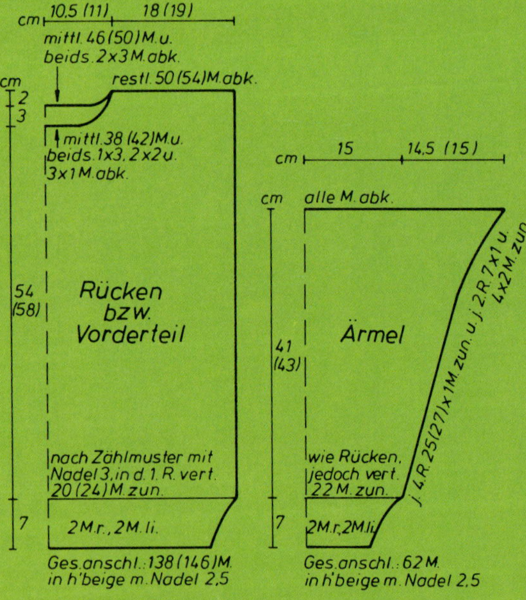

Zählmuster

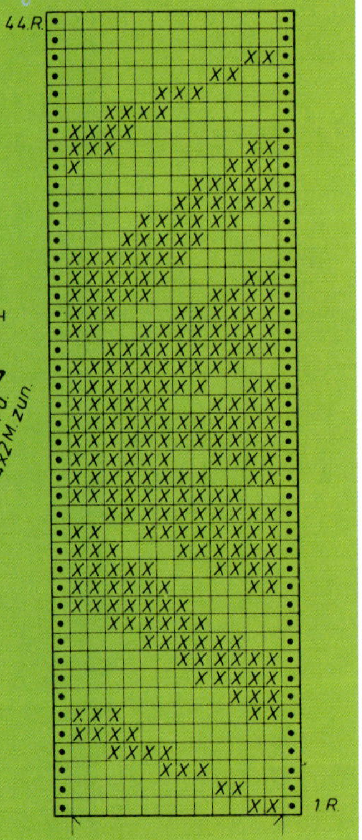

Es sind Hin- u. RückR gezeichnet!
1.–44. R fortl. str.

[•] = Rdm.

[ ] = 1 M. beige

[X] = 1 M. h'blau bzw. altrosa

Herrenpullover mit Signalstreifen

Tennislook ist »in«. Das heißt aber nicht, daß Er mit diesem aparten Modell, dem der farblich abgesetzte Zopfstreifen und die »Ringelbündchen« einen besonderen Pfiff geben, nur beim »weißen Sport« eine gute Figur macht – nein, auch im Büro werden die Kollegen sicher Augen machen. Und noch ein Tip: Sicher haben Sie bemerkt, daß auch Damengrößen angegeben sind. Wie wär's also mit Partnerlook? Vielleicht in Blau-Weiß oder, wenn Sie geschickt sind, mit dem Zopf auf der anderen Schulter?

Herrengröße: 48/50 (52)
entspricht
Damengröße: 38/40 (42/44)
Oberweite des Modells: 116 (122) cm
Gesamtlänge: 68 (71) cm

Angaben für *Herren-Größe 52* bzw. *Damen-Größe 42/44* stehen *in der Klammer*. Nur eine Zahl gilt für alle Größen.
Material: Schoeller Wolle, **»jogging«** 500 (550) g weiß (Fb. 01) u. 100 g rot (Fb. 03). Je 1 Paar Schnellstricknadeln 2,5 u. 3 mm u. 1 Rundstricknadel 2,5 mm, 50 cm lang.
Glatt rechts: Hinr re, Rückr li str.
Zopf über 36 M: s. Zählmuster. *Beim Einstricken des farbigen Zopfes mit mehreren Knäueln arb.*, dabei beim Farbwechsel die Fäden verkreuzen, damit keine Löcher entstehen!
Streifenfolge – Bündchen: 2 R rot, 12 R weiß, 2 R rot, 12 R weiß, 2 R rot
Mustereinteilung – Vorderteil: 102 (110) M glatt rechts in weiß, 36 M Zopf in rot, 14 (16) M glatt rechts in weiß. **Rücken ggl. einteilen** – die Zöpfe treffen an der Schulter zusammen!
Maschenprobe genau einhalten! (falls nötig, Nadeln wechseln)
Glatt rechts: 29 M/40 R = 10 cm
Arbeitsgang: s. Schnitt. Beim Da.-Pulli nach Maß die Ärmel entsprechend kürzer stricken.
Fertigstellung: Schulternähte schließen, Ärmel einsetzen, Ärmel- und Seitennähte schließen. Aus dem Halsausschnitt mit Nadel 2,5 mm in rot 178 (192) M aufnehmen und in 1 M re, 1 M li 2 Rd. rot, 8 Rd. weiß u. 2 Rd. rot str., dabei in der vord. Mitte 1 rechte M markieren und an dieser Stelle in jeder 2. Rd. wie folgt M abn.: Die markierte M mit der vorhergehenden M wie zum rechts Zusammenstricken abh., folgende M str., wie sie erscheint, abgeh. Maschen überziehen. Zuletzt alle M im M-rhythmus elastisch abk.

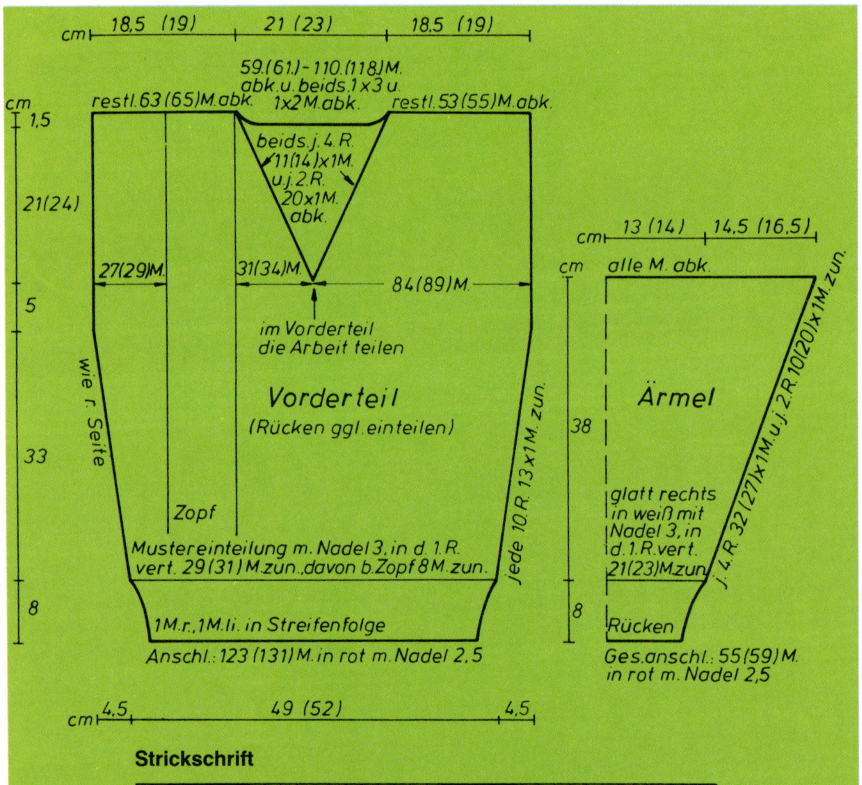

Strickschrift

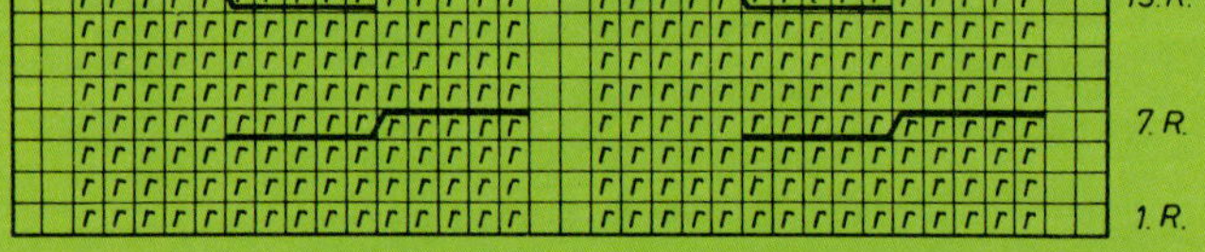

Es sind nur HinR gezeichnet! In den RückR alle M str. wie sie erscheinen
1.–16. R fortl. str.

□ = linke M   r = rechte M

(Symbol) = 5 M auf 1 Hilfsnadel **hinter** die Arbeit legen, folgende 5 M re str., die M der Hilfsnadel re str.

(Symbol) = 5 M auf 1 Hilfsnadel **vor** die Arbeit legen, folgende 5 M re str., die M der Hilfsnadel re str.

Herrenpullunder im Würfelmuster

Der klassische Schnitt und das einfach nachzuarbeitende Würfel- oder Schachbrettmuster geben auch Anfängerinnen Gelegenheit, ihre modebewußte »bessere Hälfte« mit diesem chicen und äußerst vielseitigen Kleidungsstück auszustatten.

Größe: 44/46 (48) 50/52
Oberweite des Modells: 100 (114) 122 cm
Gesamtlänge: 65 (65) 68 cm

Die Angaben für *Größe 48* stehen *in der Klammer,* für *Größe 50/52 hinter der Klammer,* steht nur eine Zahl, gilt diese für alle Größen.

Material: Schoeller Wolle **»jogging«** 300 (350) 350 g rot (Fb. 03). 1 Paar Schnellstricknadeln 3,5 mm; 1 Rundstricknadel 3 mm, 50 cm lang.
Schachbrettmuster: 1. R: Rdm., * 5 m re, 5 M li *, von *–* fortl. wdh., Rdm. **2.–5. R:** M str., wie sie erscheinen. **6. R:** Rdm, * 5 M li, 5 M re *, von *–* fortl. wdh., Rdm. **7.–10. R:** M str., wie sie erscheinen. **1.–10. R fortl. wdh.**
Maschenprobe genau einhalten! (falls nötig, Nadeln wechseln)
Schachbrettmuster: 24 M/32 R = 10 cm

Pullunder

Arbeitsgang: s. Schnitt
Fertigstellung: Schulter- u. Seitennähte schließen. Für die Armausschnittblenden mit Nadel 3 mm je 141 M aus den Armausschnittkanten herausstr, 4 cm in 1 M re, 1 M li str.; M im M-rhythmus abk. Für die V-Ausschnittblende mit Nadel 3 mm 191 M aus der Halsausschnittkante herausstr. u. in 1 M re, 1 M li in Rd. str., dabei für die Ausschnittspitze in der vorderen Mitte die mittl. re M markieren u. wie folgt in jeder 2. Rd. arb.: die M vor der markierten M mit der markierten M wie zum rechts Zusammenstr. abheben, die folgende M abstr., die abgehobenen M überziehen. Nach 4 cm M im M-rhythmus abk.

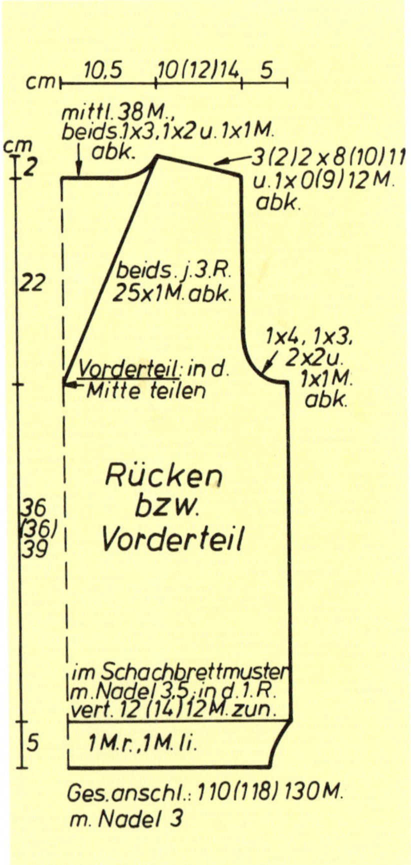

Sportliche Herrenjacke mit Flechtmuster

Über diese lässige, warme Jacke werden sich Männer jeden Alters freuen. Man kann das aparte Modell sowohl am Arbeitsplatz in seinem Büro, als auch in der Freizeit und an kühlen Abenden im Freien oder daheim vor dem Fernseher tragen.

Größe: 48/50 (52/54)
Oberweite des Modells: 120 (126) cm
Gesamtlänge: 68 cm

Die Angaben für *Größe 52/54* stehen *in der Klammer,* steht nur eine Zahl, gilt diese für alle Größen.
Material: Schoeller Wolle, **»la plata«** 650 (700) g blau (Fb. 04) u. 250 g grau (Fb. 14). Je 1 Paar Schnellstricknadeln 3,5 u. 4 mm u. 1 Rundstricknadel 3,5 mm, 100 cm lang.
Glatt links: Hinr li., Rückr r. str.
Flechtmuster: (Maschenzahl teilbar durch 6+5): **1. R:** rechts, **2. R:** links, **3. R:** Rdm., * 3 M auf 1 Hilfsnadel *vor* die Arbeit legen, folgende 3 M re str., die M der Hilfsnadel re str. *, von *–* wdh., 3 M re, Rdm. **4. R:** links, **5. R:** rechts, **6. R:** links, **7. R:** Rdm., 3 M re, * 3 M auf 1 Hilfsnadel *hinter* die Arbeit legen, folgende 3 M re str., die M der Hilfsnadel re str. *, von *–* wdh., Rdm., **8. R:** links, **1.–8. R: fortl. wdh.**
Maschenprobe genau einhalten! (falls nötig, Nadeln wechseln)
Glatt links: 20 M/28 R = 10 cm
Flechtmuster: 33 M/36 R = 10 cm
Arbeitsgang: s. Schnitt. Für die **seitl. Einsätze** je 25 M in grau m. Nadel 3,5 mm anschl. u. in 1 M li, 1 M re 40 cm str. Nun die Arbeit in der Mitte teilen, dabei die mittl. M abk. Beide Teile getrennt str. u. in der 1. R aus jeder M 2 M herausstr. = 24 M u. in 1 M re, 1 M li weiter arb. Nach 28 cm ab Teilen der Arbeit die M im M.rhythmus abk. **Für die Taschen** je 33 M in grau m. Nadel 3,5 mm anschl. u. in glatt links 14 cm u. 5 R in 1 M li, 1 M re str., M im M.rhythmus abk.
Fertigstellung: Die seitl. Einsätze zwischen Rücken- u. Vorderteile nähen u. die Schulternähte schließen. Die Ärmel in blau mit Kettmaschen im Abstand von ca. 10 M behäkeln, dabei immer 2 R Kettmaschen nebeneinander häkeln *(s. Abb.).* Ärmelnähte schließen u. die Ärmel einsetzen. Für die Blende aus den vord. Kanten einschl. Halsausschnitt in blau m. Nadel 3,5 mm ca. 391 M aufn., 2 R glatt links u. in 1 M re, 1 M li 14 cm str., M . im M.rhythmus abk. Blende zur Hälfte nach innen legen u. annähen. Taschen wie Ärmel mit Kettmaschen behäkeln u. über dem Bund u. seitl. entlang der Einsätze blind annähen. Klettverschlüsse annähen.

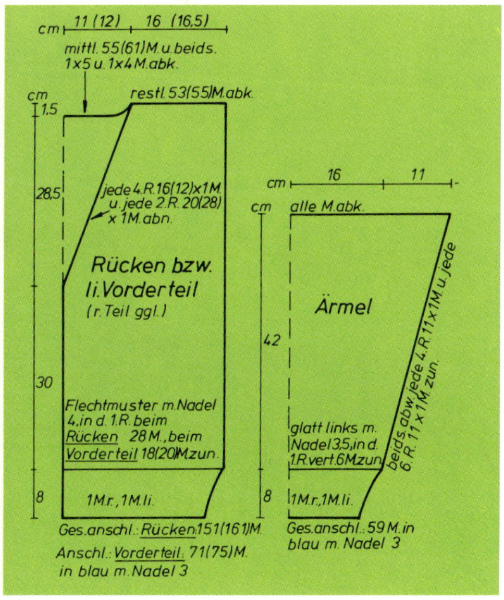

Baumwollpullover für Ihn

Das edle Naturmaterial, das für diesen lässigen Sommerpullover verarbeitet wurde, fühlt sich nicht nur herrlich auf der Haut an, sondern bringt auch das Muster, kraus rechts, Patent und Patentzopf, hervorragend zur Geltung.

Größe: 48/50

Material: Woll Service, **»Scaletta«** 850 g natur Fb. 74, Stricknadeln Nr. 3½ u. 4.
Grundmuster I: kraus re (HinR re – RückR re)
Grundmuster II: Patent
1. R: 1 M re * 1 Umschlag (nachstehend U. genannt) mit 1 M li abheben, 1 M re, ab * wdh. **2. R:** 1 U. mit 1 M li abheben, * 1 M re (dabei den U. mit der abgehobenen M der VorR zusammenstr., 1 U. mit 1 M abheben. 1.–2. R fortlaufend wdh.
Grundmuster III: Patentzopf 13 M breit
1. R: 1 U. mit 1 M li abheben * 1 M re (= 1 re Patentmasche), 1 U. mit 1 M li abheben (= 1 li Patentmasche), ab * noch 5 × wdh. **2. R:** 1 M re (dabei den U. mit der abgehobenen M der VorR zusammenstr.), * 1 U. mit M li abheben, 1 M re, ab * noch 5 × wdh. **3.–10. R:** wie 1. + 2. R **11. R:** 1 li PatentM, 6 PatentM auf eine HN vor der Arbeit legen (die 1. M ist die re PatentM), 6 PatentM str. (die 1. M ist die re PatentM), dann die 6 PatentM der HN abstr.
12. R: wie 2. R **13. – 30. R:** wie 1. + 2. R **11. – 30. R** fortlaufend wdh.
Maschenprobe: (in re kraus gemessen) 20 M in der Breite und 33 R in der Höhe ergeben 10 cm im Quadrat.
Rückenteil: 100 M mit Nadeln Nr. 3½ anschlagen u. 10 cm 1 M re – 1 M li im Wechsel str., dabei in der letzten RückR verteilt 12 M zunehmen. Mit Nadeln Nr. 4 weiterarbeiten: RandM, 50 M Grundmuster I, 13 M Grundmuster III, 47 M Grundmuster II, RandM. 30 cm gerade hochstr., dann die M wie folgt einteilen: Grundmuster I, RandM. 21 cm gerade hochstr. und dann im Grundmuster I über die ganze Breite arbeiten. Bis 64 cm Gesamthöhe str. u. alle M auf einmal abketten.
Vorderteil: Wie das Rückenteil str.
Ärmel: 50 M mit Nadeln Nr. 3½ anschlagen u. 10 cm 1 M re – 1 M li im Wechsel str., dabei in der letzten RückR verteilt 20 M zunehmen. Mit Nadeln Nr. 4 43 cm hochstr., dabei beidseitig gleichmäßig verteilt 15 × 1 M zunehmen u. die Muster wie folgt einteilen: RandM, 33 M Grundmuster li, 13 M Grundmuster III, 22 M Grundmuster I, RandM 17 cm hochstr., dann die M einteilen: RandM, 26 M Grundmuster I, 13 M Grundmuster III u. die restl. M im Grundmuster II, RandM in 53 cm Gesamthöhe alle M auf einmal abketten.
Ausarbeitung: Die Teile auf den Schnitt spannen, mit feuchten Tüchern bedecken u. gut trocknen lassen. Pulli zusammennähen. Alle Bündchen zur Hälfte nach innen biegen und ansäumen.

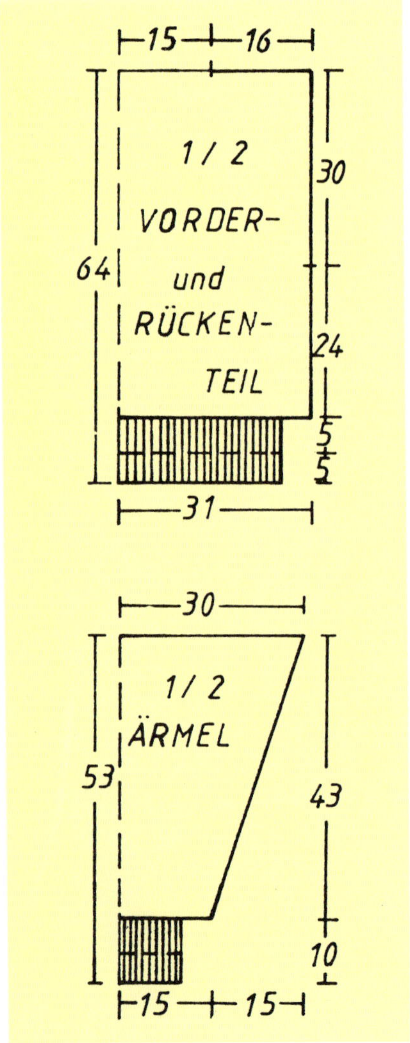

Kinderjacke im Jacquardmuster

In diesem bezaubernden Jäckchen aus robustem Material fühlen sich die Mädchen und Jungen gleichermaßen wohl. Ein bißchen »Fingerspitzengefühl« erfordert das Einstrickmuster: Die auf der Rückseite mitgeführten Fäden dürfen weder zu fest gespannt, noch zu locker hängengelassen werden.

Größe: 104 (4 Jahre)

Material: Woll-Service **»Sport«;** 150 g Grundfarbe blau col. 7018; 50 g rosa col. 8402; 50 g pink col. 8180; 50 g dunkelblau col. 7039 u. 40 g Woll-Service **»Angora«** weiß col. 301 je 1 Paar Stricknadeln Nr. 3 ½ und 4 ½; 5 Knöpfe

Grundmuster: Glatt rechts (HinR re – RückR li)

Maschenprobe: Mit Nadeln Nr. 4 ½ gestrickt ergeben 18 M in der Breite u. 22 R in der Höhe 10 cm im Quadrat.

Rückenteil: In der Grundfarbe 62 M mit Nadeln Nr. 3½ anschlagen u. das Bündchen 4,5 cm 1 M re – 1 M li im Wechsel str.. Im Grundmuster nach dem Zählmuster mit Nadeln Nr. 4½ weiter gerade hochstricken: 1 Kästchen = 1 M in der Breite u. 1 R in der Höhe. Die kleinen Punkte = Grundfarbe blau, die leeren Felder = weiß, die Dreiecke = rosa, die großen Punkte = dunkelblau, die Nullen = pink. Nach 78 Musterreihen alle M abketten.

Vorderteil: In der Grundfarbe 29 M mit Nadeln Nr. 3½ anschlagen u. das Bündchen 4,5 cm 1 M re – 1 M li im Wechsel stricken. Im Grundmuster mit Nadeln Nr. 4½ nach dem Zählmuster weiter gerade hochstricken. Dabei in 29 cm Höhe mit der Halsrundung beginnen. Für diese 1 × 4, 2 × 2, 1 × 1 M abketten. In Rückenteilhöhe die Schultermaschen abketten. Das 2. Vorderteil mustergleich, aber mit gegengleichem Halsausschnitt arbeiten.

Ärmel: Uni in der Grundfarbe. 30 M mit Nadeln Nr. 3½ anschlagen u. das Bündchen 7,5 cm 1 M re – 1 M li im Wechsel stricken. Dabei innerhalb der letzten R gleichmäßig verteilt noch 8 M zunehmen. Im Grundmuster mit Nadeln Nr. 4½ weiterstricken und bis zu 27,5 cm Gesamthöhe auf beiden Seiten gleichmäßig verteilt 6 × je 1 M zunehmen. Dann auf beiden Seiten in jeder 2. R 4 × 4 M und die restl. M einmal abketten.

Ausarbeitung: Die Teile auf den Schnitt spannen u. vorsichtig dämpfen. Die Schulternähte schließen, die Ärmel wie im Schnitt markiert an die Ärmelansatzkanten nähen u. die Ärmel- u. Seitennähte schließen. Aus der Halskante mit Nadeln Nr. 3½ in der Grundfarbe 50 M auffassen und das Bündchen 8 R 1 M re – 1 M li im Wechsel stricken. Alle M gleichmäßig abketten. Aus den vorderen Kanten mit Nadeln Nr. 3½ jeweils 62 M in der Grundfarbe aufnehmen u. die Blenden 8 R 1 M re – 1 M li im Wechsel stricken. Dabei in der rechten Blende gleichmäßig verteilt 5 Knopflöcher einstricken. Für diese jeweils 2 M überziehen u. die fehlenden M sofort wieder neu anschlagen. Alle M gleichmäßig abketten. Die Knöpfe annähen.

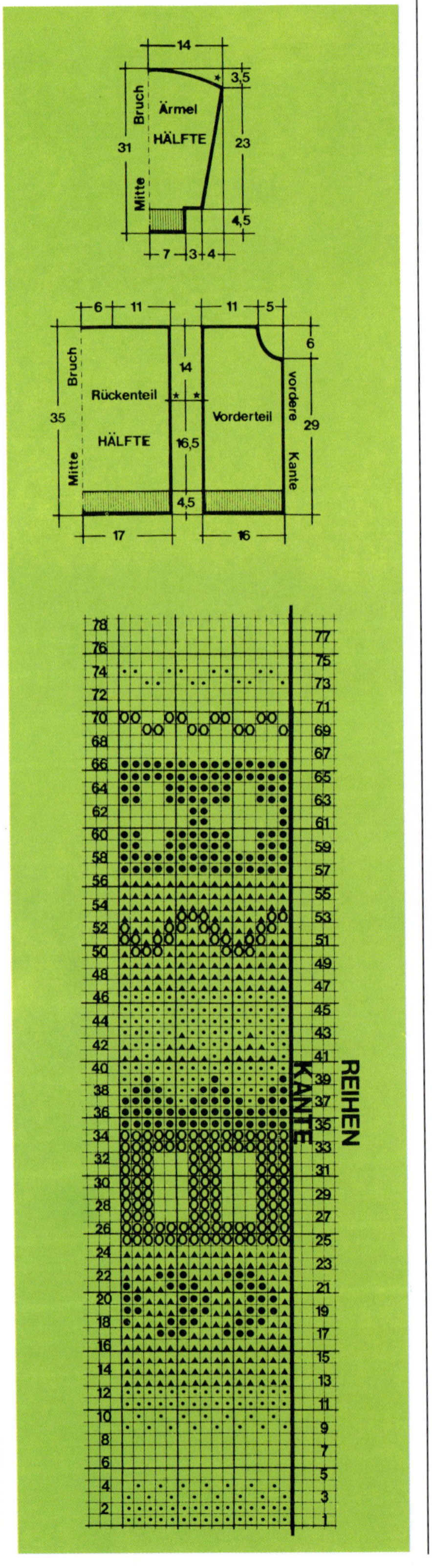

Kinderpullover mit Teddybär, Mütze und Stulpen

Von dem kleinen Kuschelteddy, der in das Vorderteil eingestrickt wurde, sind Jungen und Mädchen sicher gleichermaßen begeistert. Ein modisches Tüpfelchen auf dem i stellen die lustigen Stulpen dar, eine willkommene Zugabe für kleine »Frostbeulen« ist die Ringelrandmütze.

Größe 105 (4 Jahre)

Material: Woll-Service **»Sport«** 300 g Grundfarbe blau, 50 g gelb, 50 g pink für Stulpen und Bärchen, 1 Rest schwarz u. Lurex zum Sticken, je 1 Paar Stricknadeln Nr. 3½ u. 4, 1 Nadelspiel Nr. 4, 1 stumpfe Sticknadel
Grundmuster: Glatt rechts (HinR re – RückR li)
Maschenprobe: Mit Nadeln Nr. 4 gestrickt ergeben 20 M in der Breite u. 26 R in der Höhe 10 cm im Quadrat.
Rückenteil: Uni Grundfarbe, 68 M mit Nadeln Nr. 3½ anschlagen u. das Bündchen 5 cm – 2 M re – 2 M li im Wechsel stricken. Im Grundmuster mit Nadeln Nr. 4 bis 36 cm Gesamthöhe gerade hochstricken u. alle M abketten.
Vorderteil: 68 M mit Nadeln Nr. 3½ anschlagen u. wie das Rückenteil stricken. Dabei aber nach 15 cm Gesamthöhe das Bärchen nach der Zählvorlage einstricken: 1 Kästchen = 1 M in der Breite u. 1 R in der Höhe. Die leeren Felder = Grundfarbe, die Nullen = pink, die Punkte = gelb. Alle anderen Markierungen werden später aufgestickt. In Rückenteilhöhe alle M abketten.
Ärmel: Uni Grundfarbe. 26 M mit Nadeln Nr. 3½ anschlagen u. das Bündchen 5 cm 2 M re – 2 M li im Wechsel stricken. Dabei innerhalb der letzten R gleichmäßig verteilt noch 14 M zunehmen. Im Grundmuster mit Nadeln Nr. 4 bis 27 cm Ärmelhöhe stricken u. dabei auf beiden Seiten gleichmäßig verteilt 8 × je 1 M zunehmen. Alle M lose abketten.
Ausarbeitung: Alle Konturen des Bärchens wie auf dem Foto ersichtlich mit dem Lurexgarn in Stielstich umsticken. Augen, Schnauze, Nabel u. Krallen wie im Schnitt markiert in schwarz sticken. Die Schulternähte schließen, die Ärmel wie im Schnitt markiert an die Ärmelansatzkanten nähen u. die Ärmel- u. Seitennähte schließen. Zum Abschluß den fertigen Pulli in Form auflegen, mit feuchten Tüchern bedecken u. gut trocknen lassen.
Stulpen: In blau 48 M auf dem Nadelspiel verteilt anschlagen u. durchgehend 2 M re – 2 M li im Wechsel stricken: 4 Rd blau, 3 Rd pink, 1 Rd blau, 3 Rd gelb, 4 Rd blau, 1 Rd pink, 3 Rd blau, 2 Rd gelb, 3 Rd pink, 5 Rd blau, 1 Rd gelb, 3 Rd blau, 1 Rd pink, 2 Rd blau, 4 Rd pink, 1 Rd blau, 4 Rd gelb, 1 Rd pink, 5 Rd blau, 2 Rd gelb, 3 Rd pink, 4 Rd blau, 1 Rd pink, 3 Rd blau, 2 Rd gelb, 6 Rd blau u. alle M lose abketten.
Mütze: Uni blau, 88 M (je 22 M auf einer Nadel!) auf dem Nadelspiel verteilt anschlagen u. glatt re in Rd. stricken. 12 cm gerade hohstricken. Dann:
1. Rd.: je Nadel 2 M zusammenstricken, 9 M re, 2 M zusammenstricken, 9 M re
2. u. jede folg. gerade Rd.: alle M re stricken
3. Rd.: je Nadel 2 M zusammenstricken, 8 M re, 2 M re zusammenstricken, 8 M re
5. Rd.: je Nadel 2 M re zusammenstricken, 7 M re, 2 M re zusammenstricken, 7 M re
In diesem Rhythmus weiterstricken, bis noch je 2 M auf jeder Nadel sind. Diese letzten M mit einem Faden zusammenziehen.

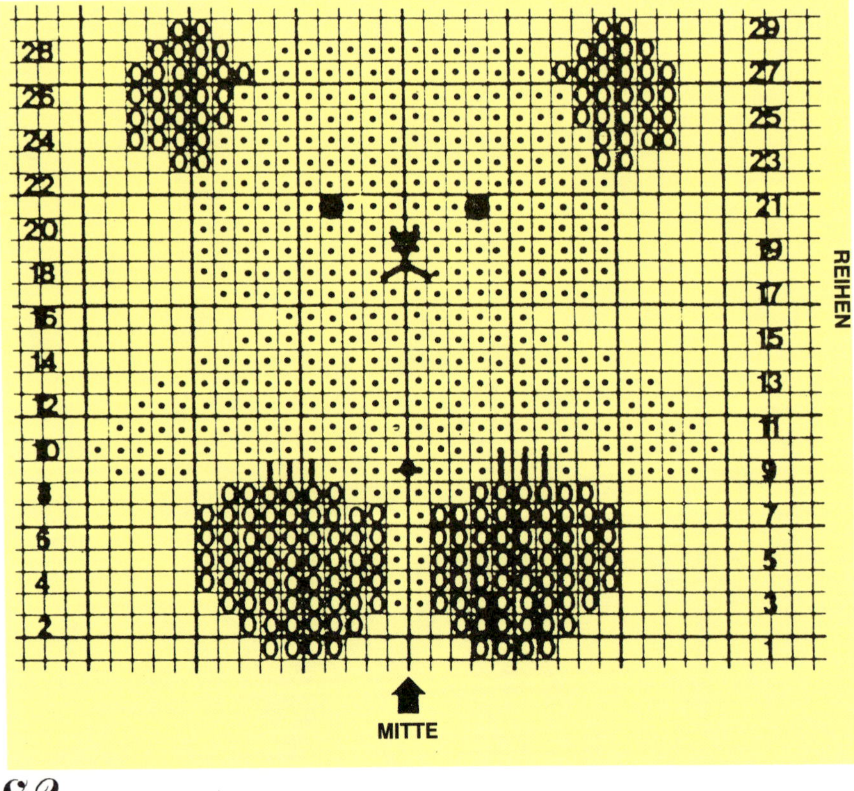

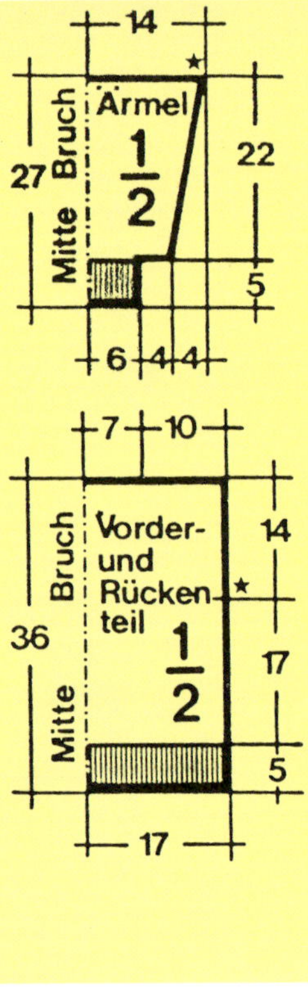

DIE BEKANNTESTEN STRICKMUSTER

Auf den folgenden Seiten haben wir für Sie die gängigsten Strickmuster zusammengestellt, nach denen, mit einem entsprechenden Schnitt, Anfängerinnen und Geübte ihre eigenen Ideen nachstricken können.

Schmales Querrippenmuster

1. R: Re M. **2. R:** Re M.
1. und 2. R laufend wiederholen.

Glatt Rechts

1. R: Re M. **2. R:** Li M.
1. und 2. R laufend wiederholen.

Bündchenmuster I

1. R: RandM, 1 M re, 1 M li, RandM. **2. R:** RandM, alle folgenden M stricken, wie sie erscheinen.
1. und 2. R laufend wiederholen.

Bündchenmuster II

1. R: RandM, 2 M re, 2 M li, RandM. **2. R:** RandM, alle folgenden M stricken, wie sie erscheinen.
1.–2. R laufend wiederholen.

Vollpatent

Maschenzahl: Gerade, plus 2 RandM. **1. R:** RandM, * 1 M re, 1 U., 1 M li abh. *, RandM. **2. R:** RandM, * abgeh. M der Vorreihe zusammen mit dem U. re stricken, 1 U., 1 M li abh. *, RandM.
2. R laufend wiederholen.

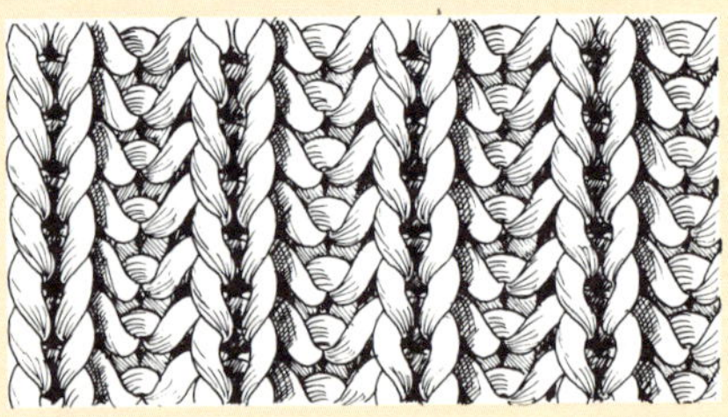

Halbpatent

Maschenzahl: Gerade, plus 2 RandM. **1. R:** RandM, * 1 M re, 1 U., 1 M li abh. *, RandM. **2. R:** RandM, * abgeh. M der Vorreihe mit dem U. re stricken, 1 M li *, RandM.
1. und 2. R laufend wiederholen.

Querrippenmuster

1., 3., 4., 6. R: Re M. **2., 5. R:** li M.
1.–6. R laufend wiederholen.

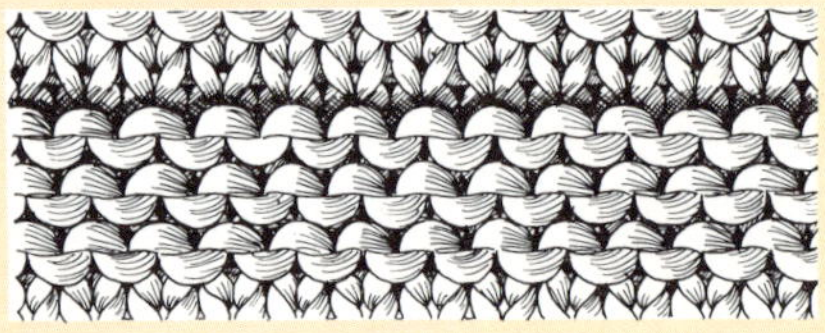

Leitermuster

Maschenzahl: teilbar durch 4, plus 3 M. **1. R:** li M. **2. R:** RandM, * 1 M re, 1 U., 1 doppelt überzogene Abnahme (= 1 M re abh., 2 M re zus. stricken, abgeh. M darüberziehen), 1 U. * 2 M re, RandM.
1. und 2. R laufend wiederholen.

Flechtmuster

Maschenzahl: teilbar durch 8, plus 2 RandM.
1. R: re M. **2. R:** li M. **3. R:** RandM, * 2 M auf einer Hilfsnadel hinter die Arbeit legen, 2 M re, M der Hilfsnadel re stricken * 2 M re, RandM. **4. und alle folgenden RückR:** li M. **5. R:** RandM, * 2 M auf einer Hilfsnadel vor die Arbeit legen, 2 M re, M der Hilfsnadel re stricken * RandM.
3.–6. R laufend wiederholen.

Lochmuster – Bogenmuster

Maschenzahl: teilbar durch 8, plus 3 M. **1. R:** RandM, * 1 M re, 1 U., 2 M re, 1 doppelt überzogene Abnahme (= 1 M re abh., 2 M re zus. stricken, abgeh. M darüberziehen), 2 M re, 1 U. *, 1 U., 2 M re, RandM. **2. und alle folgenden RückR:** li M. **3. R:** RandM, 2 M re, * 1 U., 2 M re, 1 doppelt überzogene Abnahme, 1 M re, 1 U., 3 M re * RandM. **5. R:** RandM, 3 M re, * 1 U., 1 doppelt überzogene Abnahme, 1 U., 5 M re *, 1 U., 4 M re, RandM.
1.–6. R laufend wiederholen.

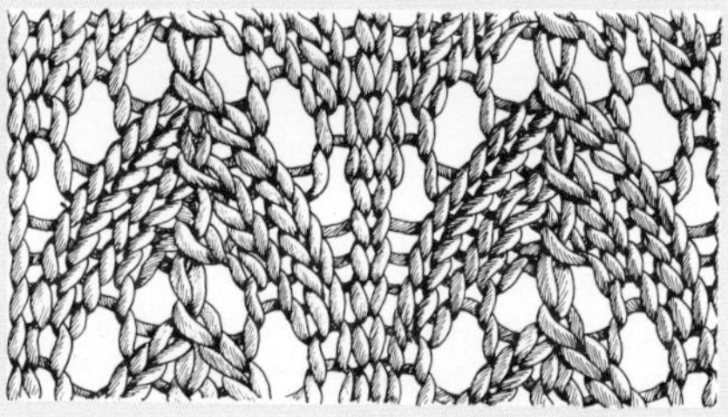

Einfache Fallmaschen

1. R: Re M mit jeweils 3 U., **2. R:** Li M; dabei 1 U. mit der M abstr., die beiden anderen fallenlassen und die M langziehen.
1.–2. R laufend wiederholen.

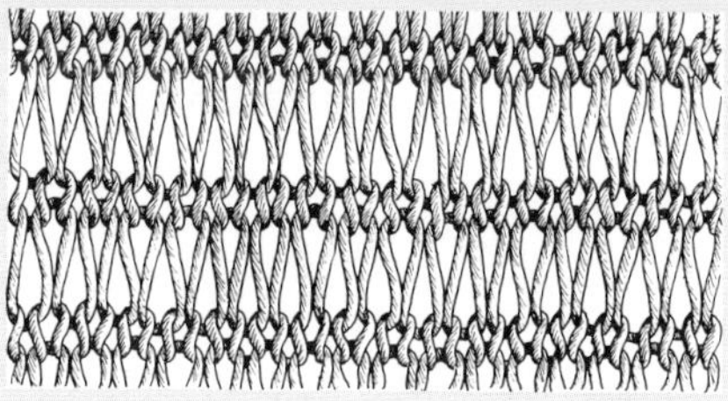

Perlmuster

Maschenzahl: ungerade. **1. R:** RandM, * 1 M re, 1 M li *, RandM. **2. R:** RandM, * li erscheinende M re, re erscheinende M li abstrikken*, RandM.
2. R laufend wiederholen.

Webmuster

Maschenzahl: gerade. **1. R:** RandM, * 1 M re, 1 M mit vor der Arbeit laufendem Faden li abh. *, RandM. **2. R:** RandM, * 1 M li, 1 M mit hinter der Arbeit laufendem Faden re abh. *, RandM.
1. und 2. R laufend wiederholen.

Zopfmuster ohne Hilfsnadel

Maschenzahl: teilbar durch 4, plus 2 M. **1. R:** RandM, 1 M li, * 2 M re, 2 M li *, 1 M li, RandM. **2. und alle folgenden RückR:** Maschen stricken, wie sie erscheinen. **3. R:** wie 1. R. **5. R:** RandM, 1 M li, * 2 M nach re verkreuzen (= 1 M abh., 1 M re, abgeh. M re), 2 M li *, 1 M li, RandM.
1.–6. R laufend wiederholen.

Einfacher Zopf

Maschenzahl: teilbar durch 6, plus 4 M. **1. R:** RandM, * 2 M li, 4 M re *, RandM. **2. und alle folgenden RückR:** M stricken, wie sie erscheinen. **3. R:** wie 1. R. **5. R:** RandM, * 2 M li, 2 M auf einer Hilfsnadel vor die Arbeit legen, 2 M re, M der Hilfsnadel re * RandM.
1.–6. R laufend wiederholen.

Dreifacher Zopf

Maschenzahl: teilbar durch 9, plus 5 M. **1. R:** RandM, * 3 M li, 6 M re *, RandM. **2. und alle folgenden RückR:** M stricken, wie sie erscheinen. **3. R:** RandM, * 3 M li, 2 M auf einer Hilfsnadel hinter die Arbeit legen, 2 M re, M der Hilfsnadel re stricken *, RandM. **5. R:** RandM, * 3 M li, 2 M auf einer Hilfsnadel vor die Arbeit legen, 2 M re, M der Hilfsnadel re stricken *, RandM.
1.–6. R laufend wiederholen.

Sportliche Knabenjacke

Die flotte Windjacke wird, beginnend mit dem Ärmel, an einem Stück gestrickt. Mutti muß keine Nähte nähen und das Modell wird besonders bequem und leger. Ein attraktiver Blickfang sind die farblich abgesetzten Biesenstreifen, während das Zopfmuster dafür sorgt, daß die unteren Ärmelteile schön elastisch sind und sich so anpassen, daß man nirgendwo hängenbleiben kann.

Körpergröße 116/122 (128/134)
Oberweite des Modells: 72 (80) cm
Gesamtlänge: 45 (47) cm

Die Angaben für *Größe 128/134* stehen *in der Klammer,* steht nur eine Zahl, gilt diese für alle Größen.
Material: Esslinger Wolle **»fingertip«** 300 (350) g grün (Fb. 54), je 50 g rot (Fb. 45) u. blau (Fb. 11) oder **»fortissima«.** Je 1 Rundstricknadel 3 und 3,5 mm, 80 cm lang. 1 Reißverschluß ca. 27 (30) cm lang.
Rippenmuster: s. Zählmuster I
Zopfmusterstreifen: s. Zählmuster II
Biesenstreifen: In grün 2 R 1 M re, 1 M li str., in rot 8 R 1 M re, 1 M li, in grün die 1. M auf der Nadel mit dem Maschenkopf der 1. Masche der ersten roten R re zus. str., die 2. u. alle folgenden M ebenso str. 1 Rückreihe in grün 1 M re, 1 M li, in blau 8 R 1 M re, 1 M li, in grün die 1. M auf der Nadel mit dem Maschenkopf der 1. M der ersten blauen R re zus. str., die 2. u. alle folgenden M ebenso str. 1 RückR in grün 1 M re, 1 M li in rot 8 R. 1 M re, 1 M li, in grün die 1. M auf der Nadel mit dem Maschenkopf der 1. M der roten R re zus. str., die 2 u. alle folgenden M ebenso str. 2 R. in grün 1 M re, 1 M li str.
Maschenprobe genau einhalten! (falls nötig, Nadeln wechseln)
Rippenmuster: 34 M/36 R =10 cm
Zopfmusterstreifen: 34 M/37 R = 10 cm
Arbeitsgang: s. Schnitt. Für die aufgesetzten Taschen mit Nadel 3,5 mm in grün je 26 M anschlagen u. 7 cm im Zählmuster II str., noch 2 cm in 1 M re, 1 M li str., M im M.rhythmus abk.
Fertigstellung: Seiten- u. Ärmelnähte schließen. Aus der unteren Kante 178 (200) M in grün m. Nadel 3 mm aufnehmen u. in 1 M re, 1 M li 6 cm str., M im M.rhythmus abk. Taschen nach dem Bündchen u. ca. 3 (5) cm von der Seitenkante aufnähen. Aus den vorderen Kanten u. dem rückw. Halsausschnitt insges. 308 (320) M aufn. u. den Biesenstreifen str., M abk. Reißverschluß einnähen.

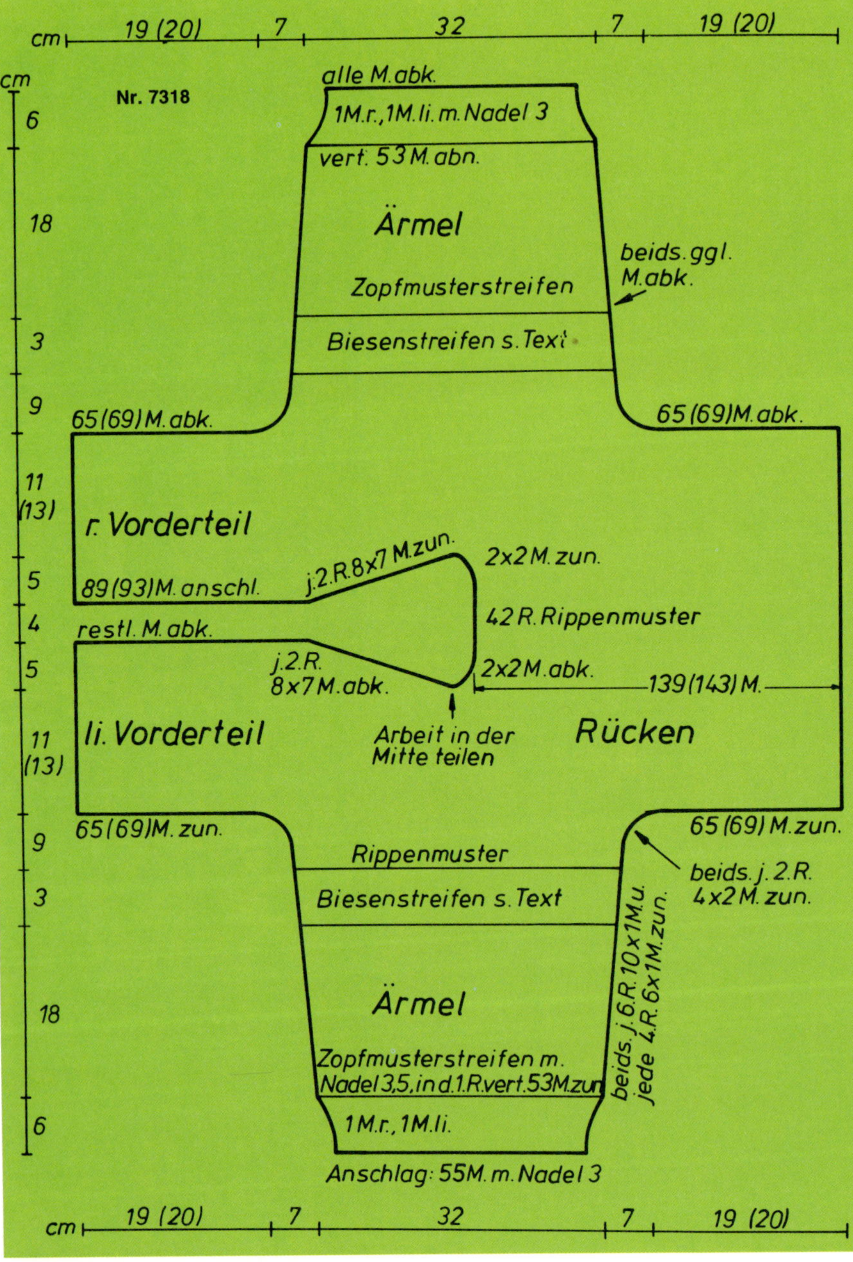

Zählmuster I

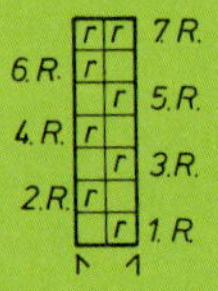

Es sind Hin- u. RückR gezeichnet

2.–7. R fortl. str.

□ = linke M
r = rechte M

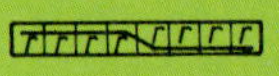

= 4 M auf einer Hilfsnadel vor die Arbeit legen, folgende 4 M re str., die M der Hilfsnadel re str.

= 4 M auf einer Hilfsnadel hinter die Arbeit legen, folgende 4 M re str., die M der Hilfsnadel re str.

Zählmuster II

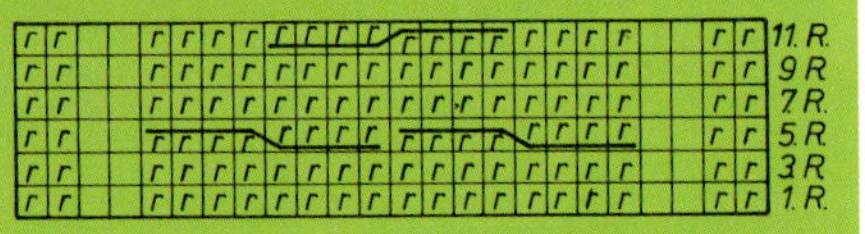

Es sind nur HinR gezeichnet, in den RückR M str. wie sie erscheinen.

1.–12. R fortl. str.!

Der große und der kleine Autonarr

Für fahrbare Untersätze schwärmen tun sie sicher beide – nur daß der Große sich wohl schon mehr als »eleganter Chauffeur« fühlt. Übrigens: Jacke und Pullover können Sie auch für einen autobegeisterten Sprößling als attraktives Ensemble arbeiten. Nein sagt er dazu bestimmt nicht.

Knabenblazer

Körpergröße: 122 (128) 134
Oberweite des Modells: 74 (78) 80 cm
Gesamtlänge: 44 (45) 47 cm

Die Angaben für *Größe 128* stehen *in der Klammer,* für *Größe 134 hinter der Klammer,* steht nur eine Zahl, gilt diese für alle Größen.
Material: Esslinger Wolle **»trockenwolle«** 300 (300) 350 g grün (Fb. 40). Je 1 Paar Schnellstricknadeln 2,5 u. 3 mm, 4 Knöpfe.
Glatt rechts: HinR re, RückR li str.
Maschenprobe genau einhalten! (falls nötig, Nadeln wechseln)
Glatt rechts: 26 M/38 R = 10 cm
Arbeitsgang: s. Schnitt. Für die **Taschenbeutel** je 30 M m. Nadel 3 mm anschl. u. in glatt rechts 8 cm str., M stillegen u. später in der **im Schnitt angegebenen Höhe** an Stelle der abgeketteten M einfügen. Bei der am Vorderteil angestrickten **Knopfblende mit Beleg** die 27. M in der RückR li abh., der Faden liegt *vor* der Arbeit *(= Bruchkante).* Für die **Doppelknopflöcher am rechten Vorderteil** in der 10. R die 6. u. 7. M, die 20. u. 21., die 33. u. 34. u. die 47. u. 48. M ohne sie zu stricken abketten u. mit dem Strickfaden gleich je 2 M neu anschlagen. Nach weiteren 10 cm über die gleichen M nochmals Knopflöcher einstricken.
Fertigstellung: Schulternähte schließen, Ärmel einsetzen, gerade gestricktes Stück der Ärmel an die untere gerade Kante der Armausschnitte nähen. Ärmel- u. Seitennähte schließen. Aus den vord. Ausschnittschrägen einschl. Halsausschnitt für den Schalkragen 154 (158) 162 M mit Nadel 3 mm aufn. u. in 2 M re, 2 M li 10 cm str., M im M.rhythmus elastisch abk. Den angestrickten Beleg bis zur Bruchkante nach innen legen, Oberkante sorgfältig mit dem Schalkragen verbinden, Beleg u. Taschenbeutel annähen, Unterkante zus. nähen. Doppelknopflöcher umstechen u. die Knöpfe annähen.

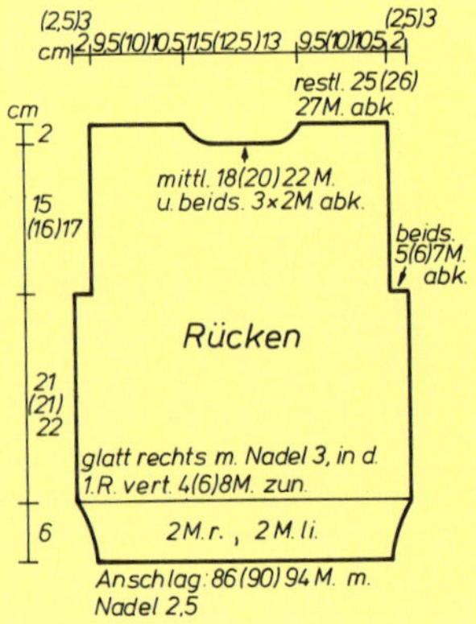

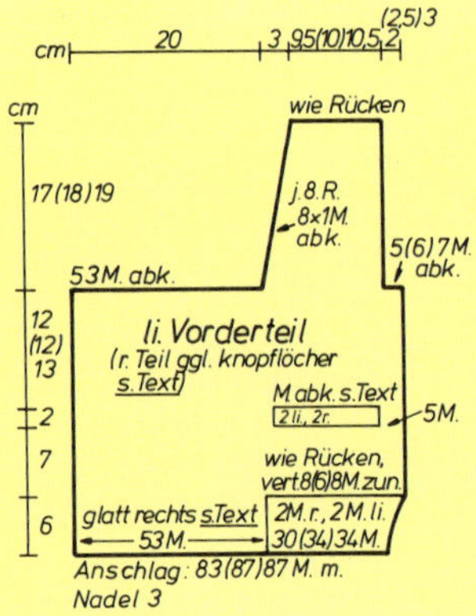

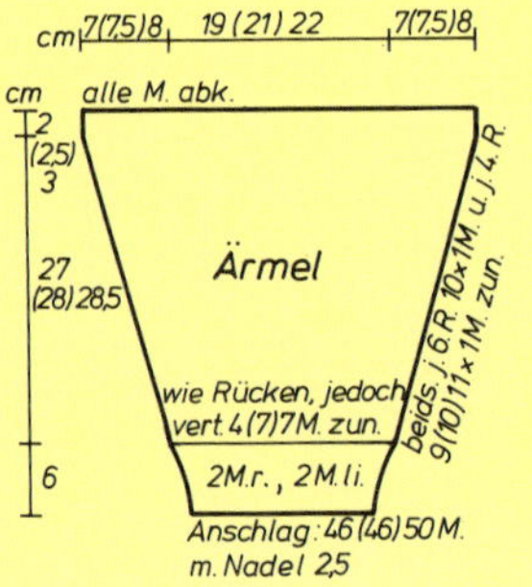

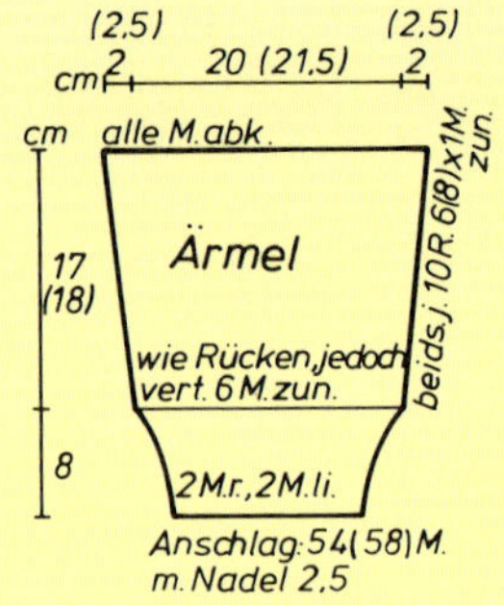

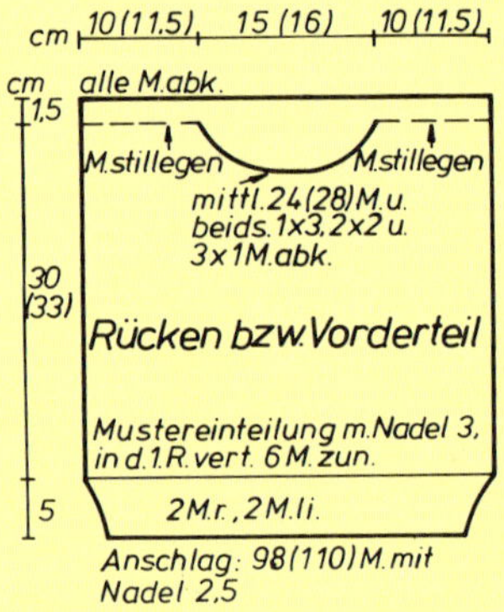

Zählmuster li Ärmel

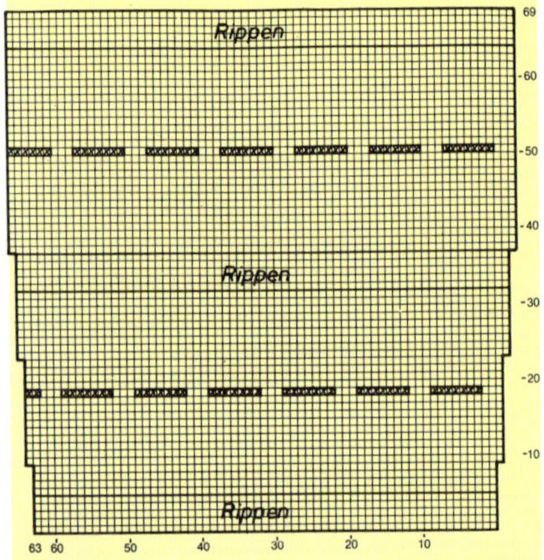

Zählmuster re Ärmel

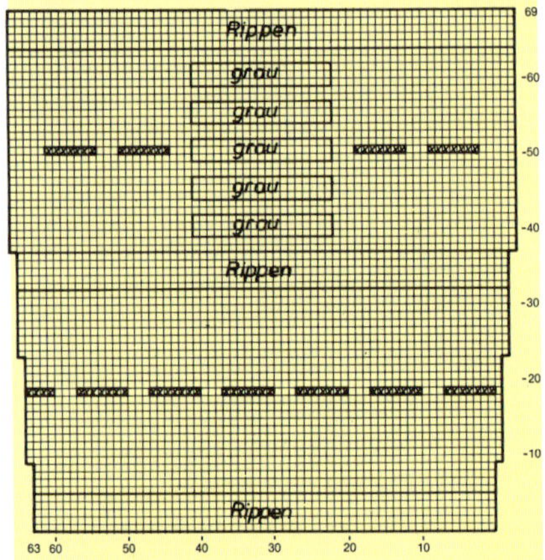

Es sind Hin- u. RückR gezeichnet!
☒ = 1 M grau

Pullover mit Verkehrsmotiven

Körpergröße: 116/122 (128)
Oberweite des Modells: 70 (78) cm
Gesamtlänge: 36,5 (39,5) cm

Die Angaben für *Größe 128* stehen *in der Klammer,* steht nur eine Zahl, gilt diese für alle Größen.
Material: Esslinger Wolle **»trockenwolle«** 200 (250) g blau (Fb. 08) u. zum Besticken Reste in grau, rot, h'blau, gelb, grün, u. weiß. Je 1 Paar Schnellstricknadeln 2,5 u. 3 mm, 6 Knöpfe.
Glatt rechts: HinR re, RückR li str.
Rippen: Hin- u. RückR re str., **eine Rippe = 2 R**
Musterfolge: * 8 (10) R Rippen, 26 (28) R glatt rechts *, von *–* wdh. Rücken mit 8 (10) R Rippen, Vorderteil in glatt rechts beenden.
Maschenprobe genau einhalten! (falls nötig, Nadeln wechseln)
Glatt rechts: 30 M/42 R = 10 cm
Arbeitsgang: s. Schnitt
Fertigstellung: Am Vorderteil zu den stillgelegten Schultern. aus dem Halsausschnitt für die Blende noch 36 (40) M dazuaufn. u. in Rippen 8 (10) R str. In der 5. R an den Schultern je 3 Knopflöcher über je 2 M im Abstand von 10 M einstr. (= 2 M re zus. str., 1 U), 1. Knopfloch nach 2 (5) M ab seitl. Kante M abk. Teile nach den Zählmustern auf S. 36, 37 u. 38 im Maschenstich – bei der größeren Größe die Motive von der Mitte aus einteilen – besticken. Die 10 Rippenr. der Schultern übereinanderlegen u. an den Seitenkanten zus. nähen, Ärmel einsetzen, Ärmel- u. Seitennähte schließen, Knöpfe annähen.

Zählmuster – Vorderteil

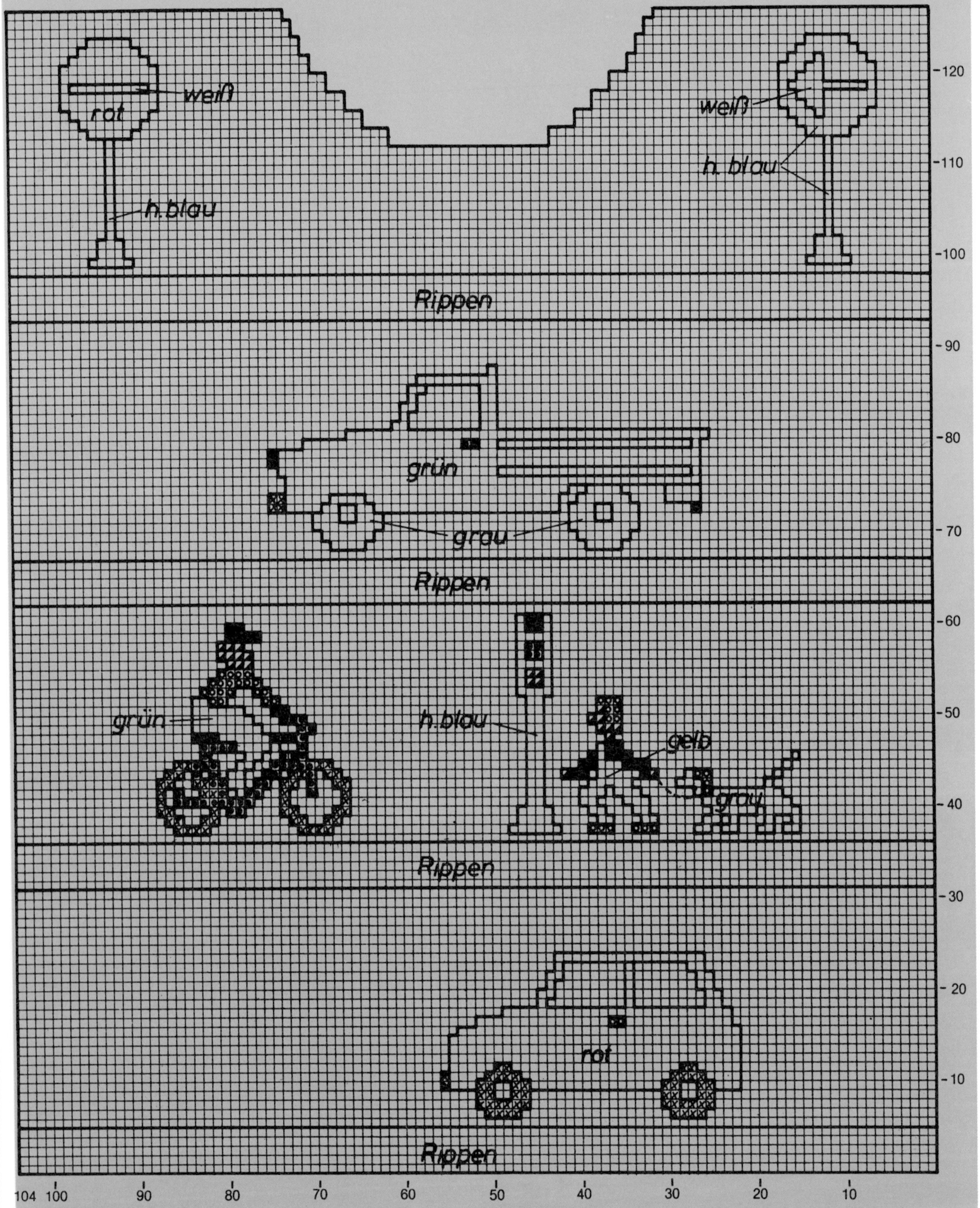

☒ = 1 M grau

○ = 1 M h'blau

■ = 1 M rot

● = 1 M gelb

◢ = 1 M grün

Zählmuster – Rücken

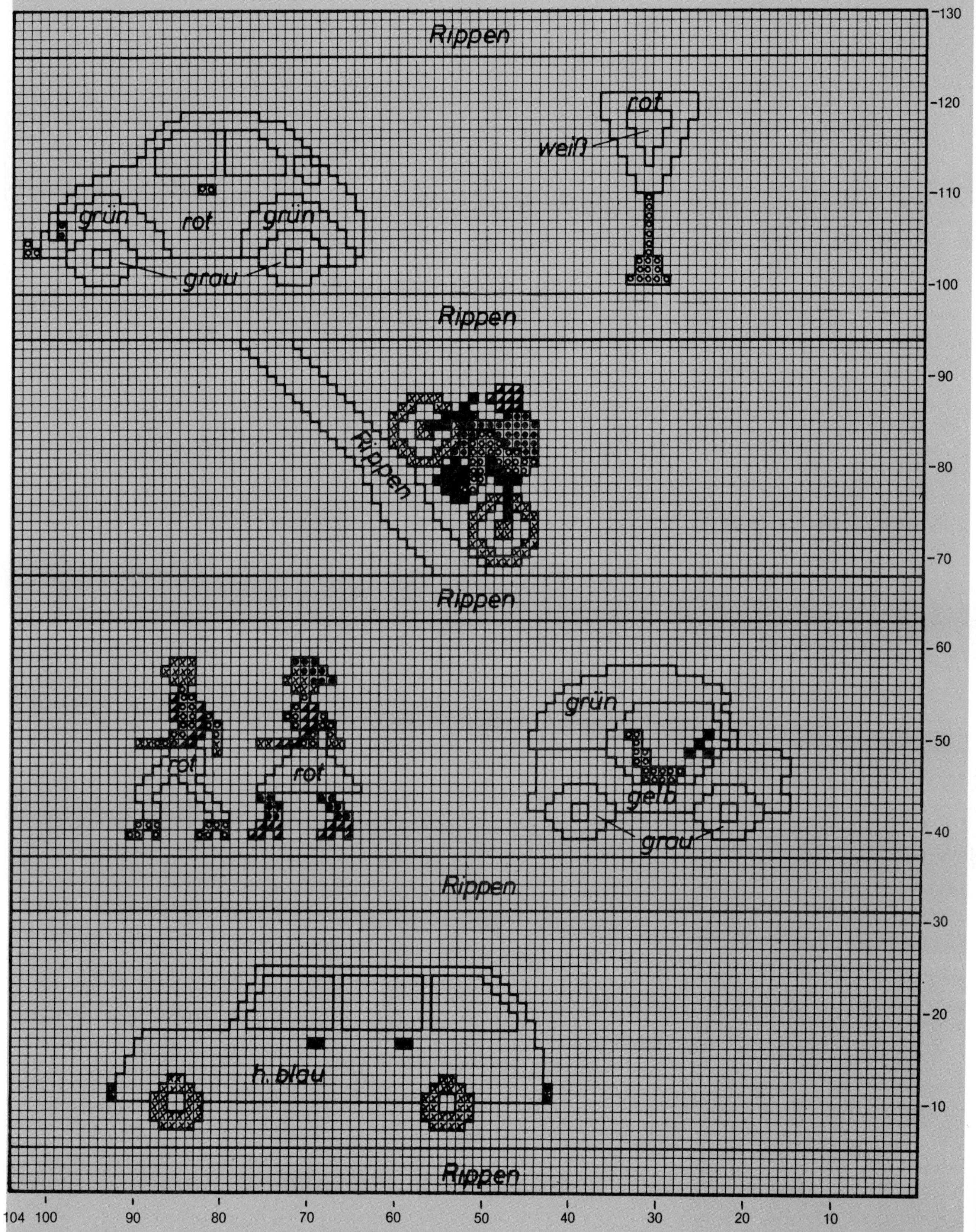

Es sind Hin- u. RückR gezeichnet!

Zünftige Junioren

Sehen sie nicht berückend bestrickt aus, die beiden? Und juckt es Sie als Mutter, Oma oder Tante eines ähnlich netten Pärchens bei ihrem Anblick nicht mächtig in den nadelfertigen Fingern. Natürlich legen Sie aber auch mit jeder der beiden süßen Jacken als »Einzelstück« bestimmt viel Ehre ein – und das bestimmt nicht nur in den »Alpenländern«.

Trachtenjäckchen mit Blumenranken

Größe 92 (98) 104

Die Angaben für *Größe 98* stehen *in der Klammer,* für *Größe 104 hinter der Klammer,* steht nur eine Zahl, so gilt diese für alle Größen.

Material: Esslinger Wolle **»fingertip«** 300 (350) 350 g grau (Fb. 29) u. 50 g rosa (Fb. 35). Reste in rot, grün, gelb, blau, oder 150 (200) 200 g Schoeller Wolle **»wollspass«.** 1 Paar Schnellstricknadeln 3,5 mm. 1 Wollhäkelnadel 3 mm. 7 Knöpfe.
Modell in »fingertip« mit doppeltem Faden str.
Technik: Rippen = Hin- u. RückR re str., 1 Rippe = 2 R
Maschenprobe genau einhalten! (falls nötig, Nadeln wechseln): 22 M/42 R = 10 cm
Arbeitsgang: s. Schnitt

Fertigstellung: Nähte schließen. Ärmel einsetzen. Für die Halsausschnittblende in rosa 33 (33) 37 M herausstr. u. in Technik 8 R str. M abk. Aus den Vorderteilkanten je 53 (55) 59 M herrausstr. u. in Technik 8 R str. Dabei am rechten Vorderteil in der 4. R 7 Knopflöcher über jeweils 2 M (2 M re zus. str., 1 U) im Abstand von 5 (5) 6 M einarb., 1 Knopfloch nach 3 (3) 2 M ab untere Kante. M abk. Alle Kanten einschl. Ärmel mit 1 R f. M u. 1 R Krebsmaschen umhäkeln. Für die Häkelkante an der Außenkante der Schulter, parallel zur Armkugel ca. je 5 cm beids. der Schulternaht in rosa 1 R f. M (= ca. 20 M) u. darauf 1 R Krebsmaschen häkeln. Knöpfe annähen. Das li Vorderteil nach Stickvorlage u. Abb. besticken (re Teil ggl.)

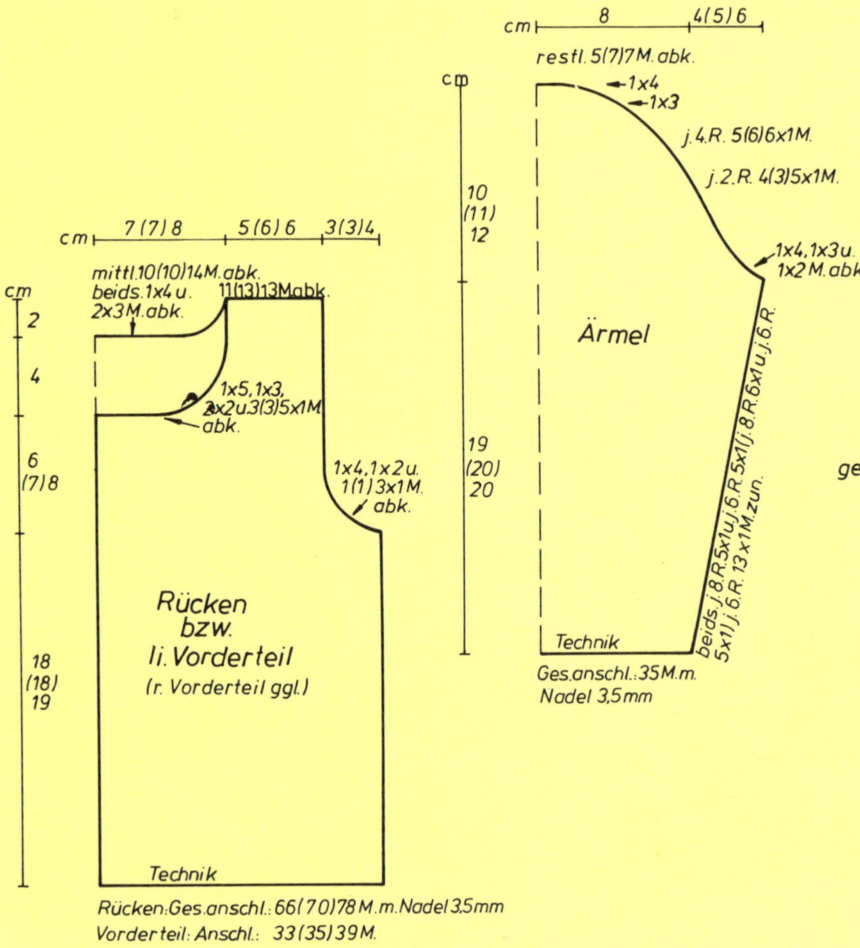

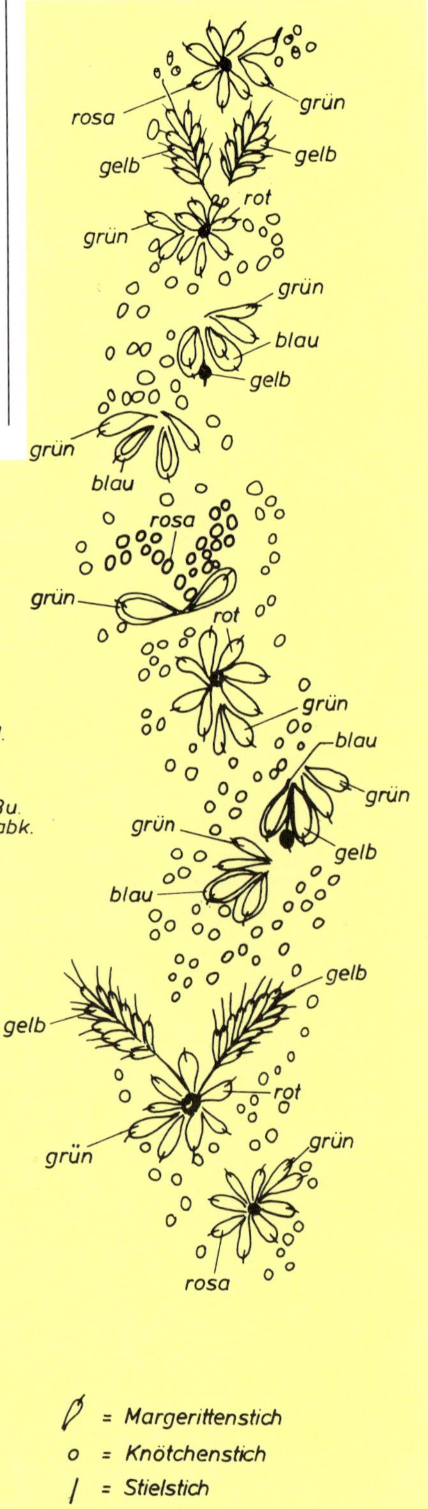

Trachtenjacke mit Margariten

Größe: 86/92 (98) 104

Die Angaben für *Größe 98* stehen *in der Klammer,* für *Größe 104 hinter der Klammer,* steht nur eine Zahl, gilt diese für alle Größen.

Material: Esslinger Wolle **»fingertip«** 300 (350) 350 g grau (Fb. 55) u. 50 g rot (Fb. 45). Zum Besticken Reste in weiß, grün u. gelb, oder Schoeller Wolle **»wollspass«.** 1 Paar Schnellstricknadeln 3,5 mm u. 1 Wollhäkelnadel 3,5 mm, 2 Trachtenknöpfe.
Das Jäckchen wird in »fingertip« mit doppeltem Faden gestrickt!
Technik: Rippen = Hin- u. RückR re str., **1 Rippe = 2 R**
Maschenprobe genau einhalten! (falls nötig, Nadeln wechseln):
22 M/42 R = 10 cm
Arbeitsgang: s. Schnitt

Fertigstellung: Nähte schließen, Ärmel einsetzen. Aus den vord. Kanten in rot je 51 (55) 60 M aufn. u. in Technik 4 Rippen str., dabei am li Vorderteil in der 4. R 2 Knopflöcher über je 2 M im Abstand von 8 M einstr., 1 Knopfloch nach 2 M ab Halsrand. Aus dem Halsausschnitt (ohne vord. Blenden) in rot 41 (41) 43 M aufn. u. in Technik 4 Rippen str., M abk. Untere Kante u. Ärmelkanten in rot mit 1 R feste M, dann alle Kanten einschl. Halsblende mit 1 R Krebsmaschen behäkeln. Für die Häkelkante an der Außenkante der Schulter, parallel zur Armkugel ca. je 5 cm beids. der Schulternaht in rot 1 R feste M einhäkeln (= ca. 20 M) u. darauf 1 R Krebsmaschen, *s. Abb.* Vorderteile nach der Stickvorlage besticken.
Knöpfe annähen.

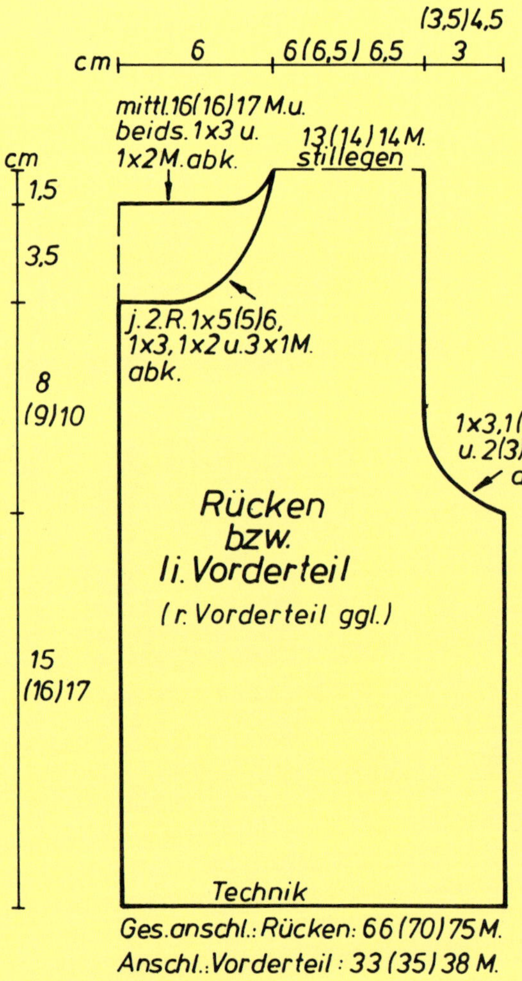

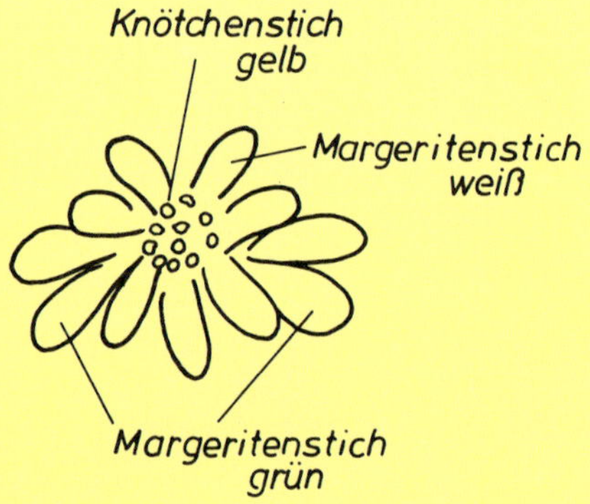

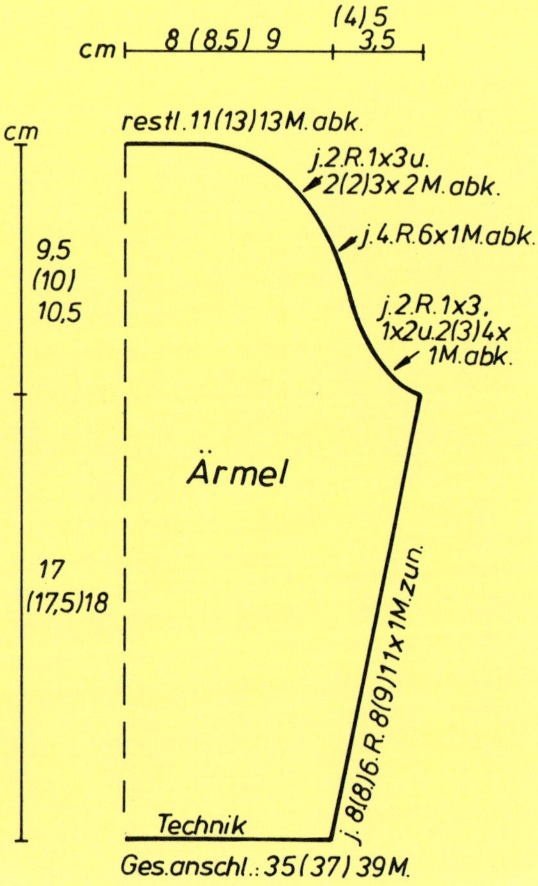

Kinderpullover mit Sternenmuster und Zöpfen

Nicht nur Buben aller Altersklassen fühlen sich in diesem attraktiven Pullover aus pflegeleichter Wolle im Herbst und Winter bei vielen Gelegenheiten wohl.

Größe: 116–122 (128–134), 140–146 (152–158)

Material: Junghans **»Sportwolle superwash«** blau (Best.-Nr. 275–941), 350 g für Gr. 116–122, 400 g für Gr. 128–134, 550 g für Gr. 152–158; Stricknadeln Nr. 3–3,5.
Strickmuster: Muster I = fortl. 4 R glatt re und 4 R kraus re str., Muster II und III siehe Strickschriften. Ränder: 1 M re, 1 M li mit dünneren N. arb.
Maschenproben: Muster I: 24 M/34 R = 10 cm breit/10 cm hoch;
Muster II: 22 M = 6 cm breit;
Muster III: 7 Muster = 28 M = 10 cm breit.
Halsrand: für Gr. 116–134 = 106 M, Gr. 140–146 = 118 M, Gr. 152–158 = 128 M anschlagen und 20 R = 5 cm 1 M re, 1 M li str.
Fertigstellung: Schulternähte schließen, Ärmel annähen, dann Seiten- u. Ärmelnähte schließen, Halsrand zus. und doppelt in den Ausschnitt nähen.

Muster III

□ = leere Karos sind ohne Bedeutung, sie dienen nur der besseren Übersicht

⊟ = 1 li M ⊡ = 1 re M

= aus 1 M 3 M bilden, d. h. 1 M re, 1 M re verschränkt, 1 M re str.

= 3 M li zus.str.

Ab 1. R fortl wiederh.

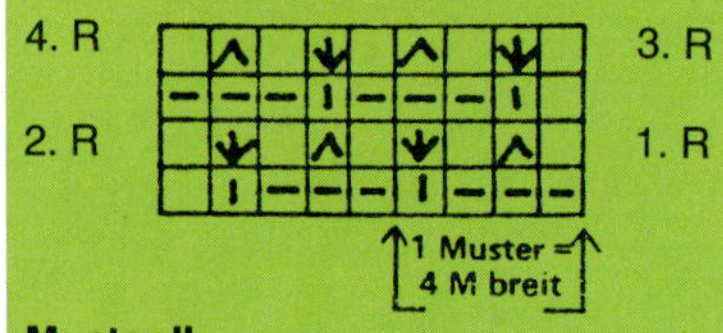

Muster II

= 2 M nach re verkreuzen □ = 1 re M

= 2 M nach li verkreuzen ⊟ = 1 li M

= 8 M nach li verkreuzen

= 8 M nach re verkreuzen

RückR: M abstr., wie sie erscheinen.

Ab 1. R fortl. wiederh.

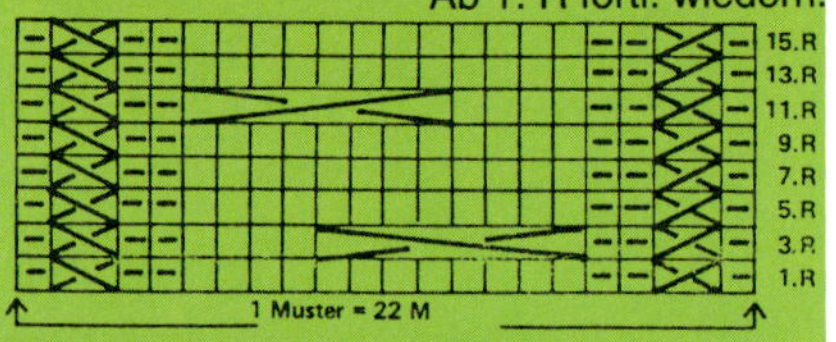

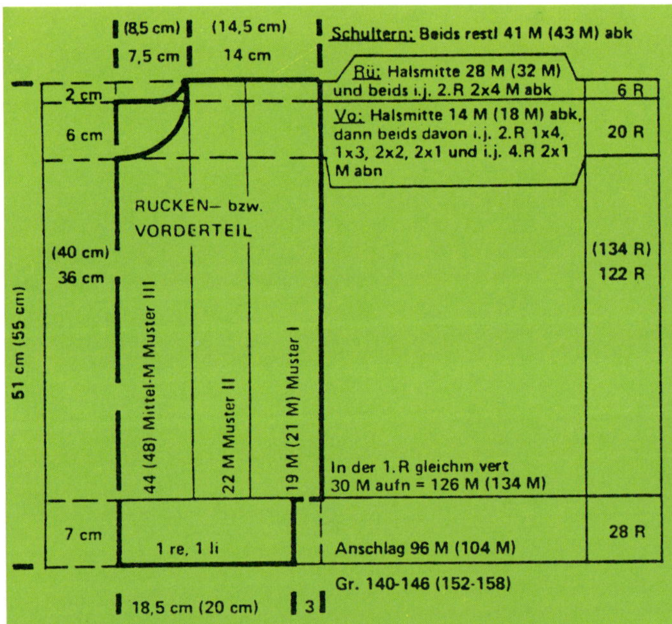

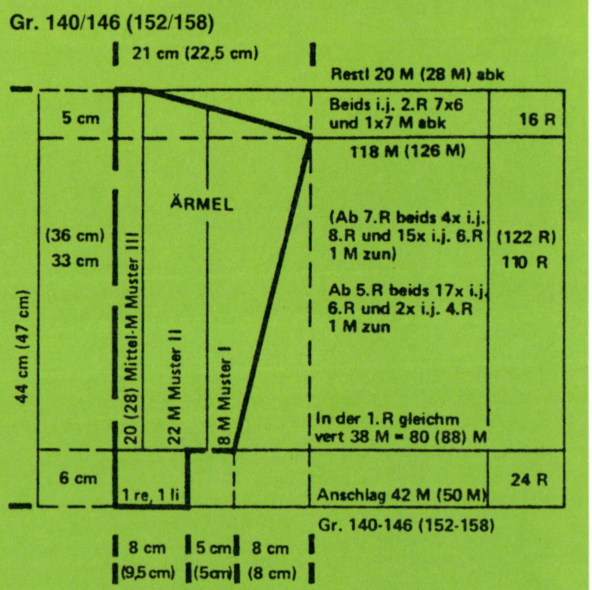

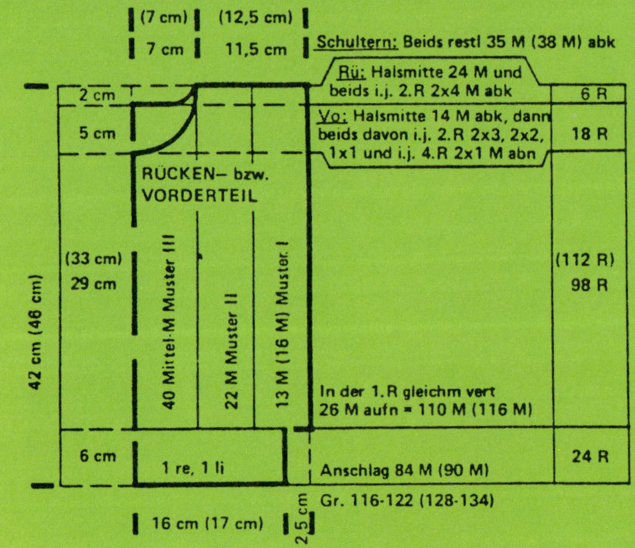

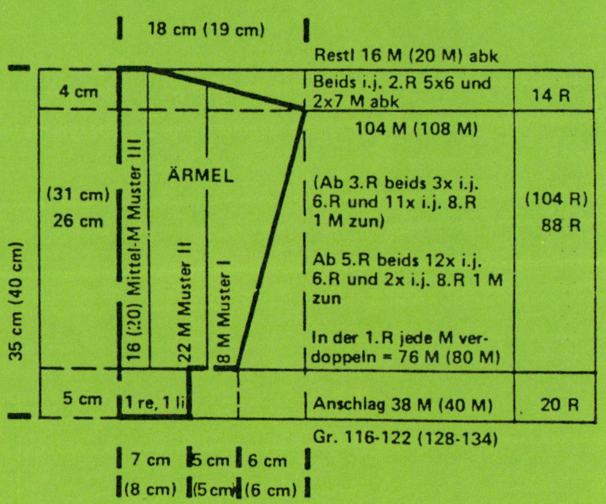

Rote Kinderjacke

Mit dieser flotten, leicht nachzuarbeitenden Jacke aus pflegeleichter Superwash Cableewolle sind »spielfreudige« Junioren für viele Gelegenheiten perfekt angezogen.

Größe: 98–104 (110–116), 122–128 (134–140)

Material: Junghans **»Superwash Cablee«** rot (Best.-Nr. 223-131), 200 g für Gr. 98–116, 300 g für Gr. 122–140; **»Superwash Cablee«** weiß (Best.-Nr. 223-164), 50 g für Gr. 98–116, 100 g für Gr. 122–140; Stricknadeln Nr. 3,5–4; 7 Knöpfe.

Strickmuster: glatt re, im Rückenteil mit Farbfläche wie im Schnitt angegeben, dabei muß in einer R mit 2 roten und 1 weißen Knäuel gearbeitet werden. Damit beim Farbwechsel keine Löcher entstehen, müssen die Fäden jeweils miteinander verkreuzt werden. Zum Schluß wird die Farbfläche im Rückenteil über die mittleren 29 M und 12 R nach Zählmuster bestickt. Ränder: 1 M re, 1 M li in Streifen str. und mit dünnen N. arb.

Maschenprobe: Glatt re: 23 M/29 R = 10 cm breit/10 cm hoch

Vordere Blenden: Für **Gr. 98–104 (110–116)** = 72 M (82 M) in Rot anschlagen und 10 R = 2,5 cm 1 M re, 1 M li str., davon 2 R rot und 8 R weiß. Dabei für Mädchen in die re, für Jungen in die li Blende in der 5. R 6 Knopflöcher einarb: das 1. Knopfloch über der 3. und 4. M vom unteren Rand aus, die weiteren mit einem Zwischenraum von je 10 M (12 M). Für **Gr. 122–128 (134–140)** = 92 M (104 M) in Rot anschlagen und 10 R = 2,5 cm 1 M re, 1 M li str., davon 2 R rot und 8 R weiß. Dabei für Mädchen in die re, für Jungen in die li Blende in der 5. R 6 Knopflöcher einarb: das 1. Knopfloch über der 3. und 4. M vom unteren Rand aus, die weiteren mit einem Zwischenraum von je 13 M (15 M).

Halsrand: Für **Gr. 98–104 (110–116)** = 96 M (100 M), **Gr. 122–140** = 106 M Rot anschlagen und 10 R = 2,5 cm 1 M re, 1 M li str., davon 2 R rot und 8 R weiß, dabei in der 5. R über der 6. und 7. M vom vo. Rand aus 1 Knopfloch einarb.

Fertigstellung: Rückenteil besticken, Schulternähte schließen. Ärmel mit den offenen M im Strickstich annähen, dann Seiten- u. Ärmelnähte schließen. Blenden annähen. Halsrand in den Ausschnitt nähen.

☐ = 1 weiße M ☒ = roter M-Stich

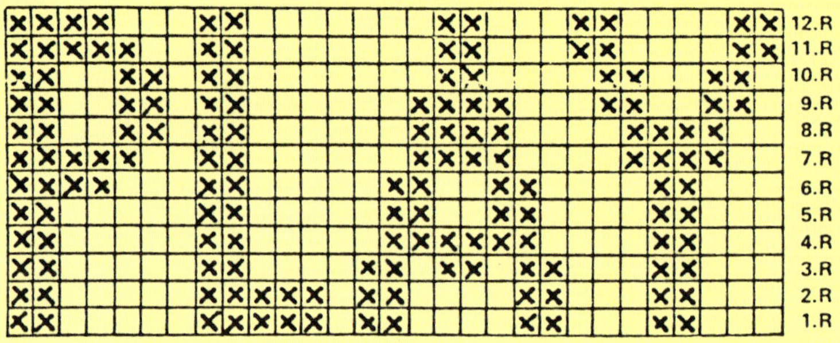

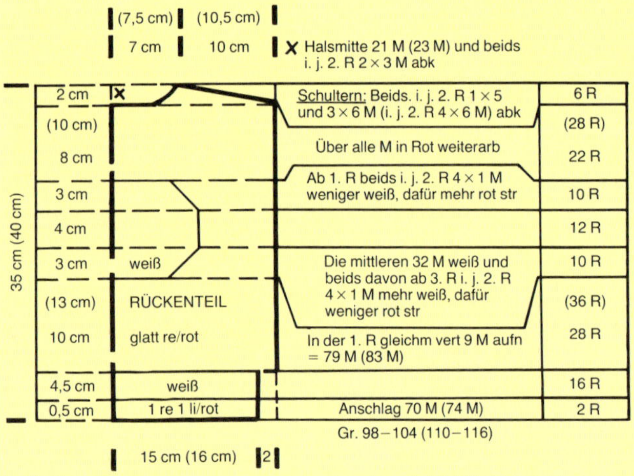

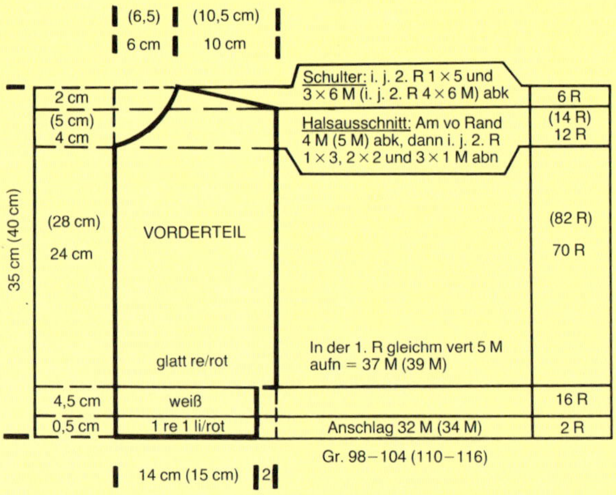

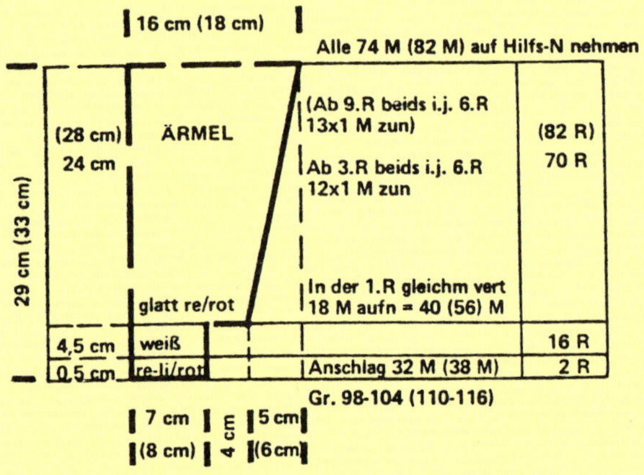

Gr. 122/128 (134/140)

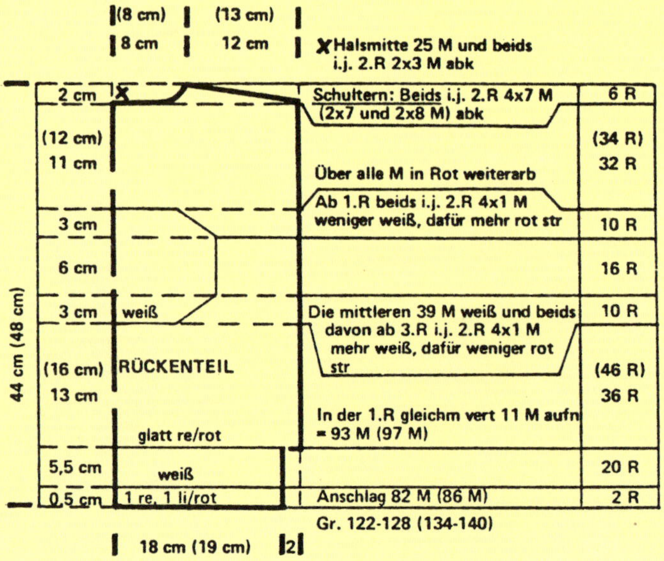

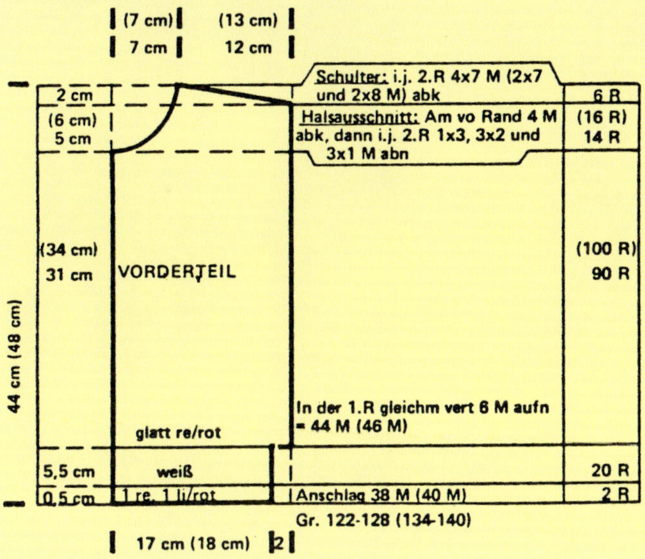
(7 cm) 7 cm
(13 cm) 12 cm
Schulter: i.j. 2.R 4x7 M (2x7 und 2x8 M) abk
Halsausschnitt: Am vo Rand 4 M abk, dann i.j. 2.R 1x3, 3x2 und 3x1 M abn
2 cm
(6 cm) 5 cm
6 R
(16 R) 14 R
(34 cm) 31 cm
VORDERTEIL
(100 R) 90 R
44 cm (48 cm)
In der 1.R gleichm vert 6 M aufn = 44 M (46 M)
glatt re/rot
5,5 cm
weiß
20 R
0,5 cm
1 re, 1 li/rot
Anschlag 38 M (40 M)
2 R
Gr. 122-128 (134-140)
17 cm (18 cm)
2
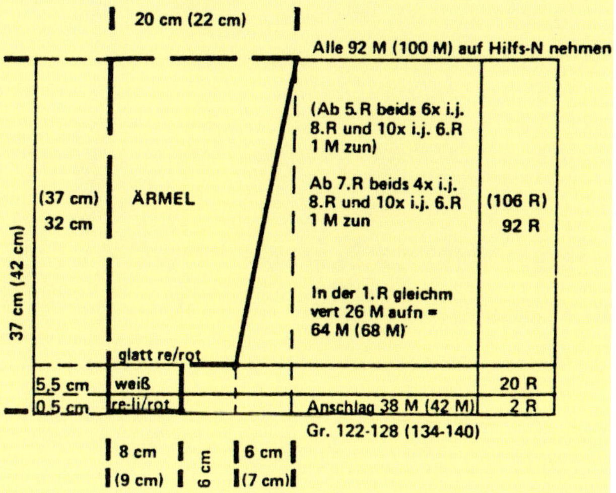
20 cm (22 cm)
Alle 92 M (100 M) auf Hilfs-N nehmen
(Ab 5.R beids 6x i.j. 8.R und 10x i.j. 6.R 1 M zun)
Ab 7.R beids 4x i.j. 8.R und 10x i.j. 6.R 1 M zun
(37 cm) 32 cm
ÄRMEL
(106 R) 92 R
37 cm (42 cm)
In der 1.R gleichm vert 26 M aufn = 64 M (68 M)
glatt re/rot
5,5 cm
weiß
20 R
0,5 cm
re-li/rot
Anschlag 38 M (42 M)
2 R
Gr. 122-128 (134-140)
8 cm (9 cm)
6 cm
6 cm (7 cm)

PLAY

Zwei kleine »Clowns«

Nicht nur der fröhliche schwarzgesichtige »Pappkamerad« in der Mitte hat allen Grund zum Strahlen. Seine beiden kleinen Freundinnen freuen sich nicht nur über die originelle Gesellschaft, sondern auch über die hübschen buntgestreiften Oberteile, in denen sie sich sicher pudelwohl fühlen.

Gestreifter Kinderpullover

Größe: 62 (68) 74

Die Angaben für *Größe 68* stehen *in der Klammer,* für *Größe 74 hinter der Klammer,* steht nur eine Zahl, gilt diese für alle Größen.

Material: Esslinger Wolle **»summertime«** je 50 g lila (Fb. 26), pink (Fb. 20) u. orange (Fb. 23). 1 Paar Schnellstricknadeln 3 mm; 1 Rundstricknadel 2,5 mm, 40 cm lang, 1 Knopf.
Technik: Glatt rechts = HinR re, RückR li str.
Streifenfolge: * 4 R pink, 4 R orange, 4 R lila *, von *–* fortl. wdh.
Maschenprobe genau einhalten! (falls nötig, Nadeln wechseln): 28 M/38 R = 10 cm
Arbeitsgang: s. Schnitt.

Rücken: Für den Schlitz die Arbeit 17 (19) 21 cm ab Bund teilen u. getrennt beenden, dabei die mittl. M abk.
Fertigstellung: Die offenen M der Schultern von links (= Innenseite) zus. str. = immer je 1 M von Rücken- u. Vorderteil zus. re abstr., dabei die M nach u. nach abk. Die offenen Ärmelm. im Steppstich aufnähen, dabei die 2 R Kontrastfaden nach u. nach aufziehen. Seiten- u. Ärmelnähte schließen. Für die Halsblende in lila m. Nadel 2,5 mm ca. 89 (89) 93 M aus der Halsausschnittkante herausstr. u. 2 cm in 1 M re, 1 M li str.; M im M.-Rhythmus abk. Die Schlitzkanten mit 1 R feste M in lila umhäkeln, dabei eine Knopflochschlinge bilden; Knopf annähen.

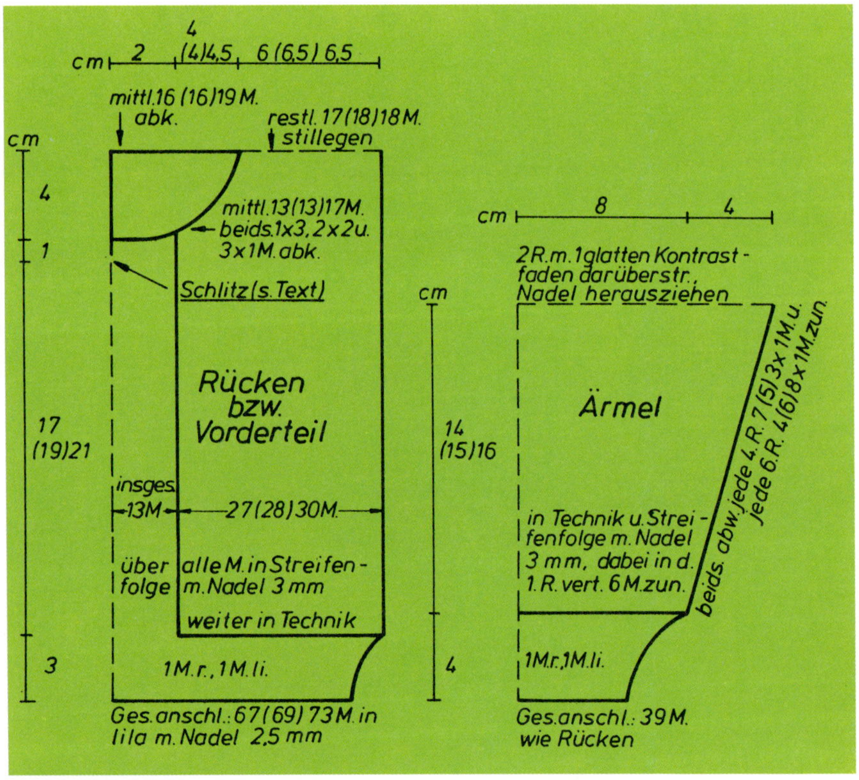

Gestreifte Lochmusterweste

Größe: 74/80

Material: Esslinger Wolle **»summertime«** je 50 g orange (Fb. 23), pink (Fb. 20) u. lila (Fb. 26). 1 Paar Schnellstricknadeln 2,5 mm; 1 Rundstricknadel 2,5 mm, 80 cm lang; 1 Knopf.
Technik I: 1. R: li M **2. R:** Rdm., * 1 einfacher Überzug, 1 U. *, von *–* fortl. wdh., Rdm. **3. R:** Rdm., * den U. der Vorreihe m. 1 U. li abh., 1 M li *, von *–* fortl. wdh., Rdm **4. R:** Rdm., * 1 M re, die 2 U. der Vorreihe zus. re abstr. *, von *–* fortl. wdh., Rdm **1.–4. R fortl. wdh.!**
Technik II: 1. + 3 R: li M **2. R:** re M **4. R:** Rdm., * 1 einfacher Überzug, 1 U. *, von *–* fortl. wdh., Rdm. **5. R:** Rdm., * den U. der Vorreihe m. 1 U. li abheben, 1 M li * von *–* fortl. wdh., Rdm. **6. R:** Rdm., * 1 M re, die 2 U. der Vorreihe zus. re abstr. *,

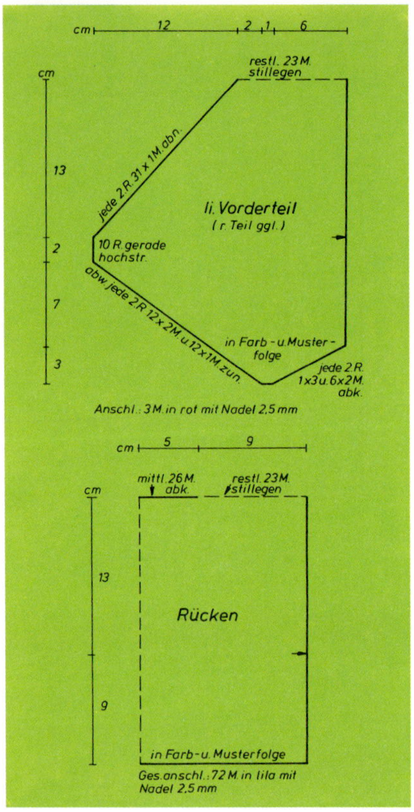

von *–* fortl. wdh., Rdm. **1.–6. R fortl. wdh.!**
Technik III: Glatt links = HinR li, RückR re str.
Muster- u. Farbfolge Vorderteil: 5 R Technik III in rot. 3 R Technik I **ab 2. R** in rot, 6 R Technik I **ab 4. R** in orange, *6 R Technik I **ab 2. R** in lila, 8 R. Technik I **ab 4. R.** in rot, 25 R. Technik I **ab 4. R.** in orange, 2 R Technik III in orange, 6 R Technik II **ab 1. R** in rot, 2 R Technik III in rot, 6 R Technik II **ab 1. R** in orange, 2 R Technik III in orange, 11 R Technik I **ab 1. R** in lila, 8 R Technik I **ab 4 R** in rot, 22 R Technik I **ab 4 R** in orange.
Muster- u. Farbfolge Rücken: s. Muster-u. Farbfolge Vorderteil **ab *.**
Maschenprobe: genau einhalten! (falls nötig, Nadeln wechseln): 26 M/48 R = 10 cm
Arbeitsgang: s. Schnitt
Fertigstellung: Die offenen M der Schultern von links (= Innenseite) zus. str. = immer je 1 M von Rücken u. Vorderteil zus. re abstr., dabei die M nach u. nach abk. Für die Ärmelblenden in lila m. Nadel 2,5 mm ca. 84 M aus den Seitenkanten (von Pfeil Vorderteil bis Pfeil Rücken) herausstr. u. 2 cm in 1 M re, 1 M li str. M im M.-Rhythmus abk. Seitennähte schließen. In lila m. Nadel 2,5 mm aus der unteren Kante des Rückenteils 72 M, aus der Schräge von Rücken bis zur vorderen unteren Spitze je 26 M, aus der vorderen Schräge bis zur Spitze je ca. 60 M von der vorderen Spitze bis zum Halsausschnitt ca. 70 M u. aus dem rückwärtigen Halsausschnitt ca. 32 M herausstr., in 1 M re, 1 M li str., dabei 4 × an den vorderen u. unteren Spitzen jeweils 1 re M markieren u. in jeder 2. Rd. 4 × jeweils vor u. hinter der markierten M 1 M aus dem Querfaden herausstr. Nach insges. 2 cm alle M im M.-Rhythmus abk. Das erste Loch des Musters an der vorderen Spitze des linken Vorderteils im Knopflochstich umstechen. Knopf an die entsprechende Stelle nähen.

Babyanzug

Prunkstück« dieses bequemen und problemlos zu pflegenden Anzugs für die Kleinsten ist der dreifarbige Pullover. Das Fallmaschenmuster sieht nicht nur unheimlich attraktiv, sondern vielleicht auch etwas kompliziert aus. Nach der Strickschrift ist es aber ganz einfach nachzuarbeiten.

Größe: 62–68 (74–80)

Material: Junghans **»Orlon-Baby«** weiß (Best.-Nr. 241-604), je 100 g, königsblau (Best.-Nr. 241-646), je 100 g, smaragd (Best.-Nr. 241-703), je 50 g; Stricknadeln Nr. 3–4; 4 Knöpfe.

Strickmuster: Hose glatt re, Pulli im Muster siehe Strickschrift, Ränder: 1 M re, 1 M li mit dünnerer N. arb.

Knopflöcher: In die vorderen Schulterblenden in der 5. R je 2 Knopflöcher über der 3. und 4. und 11. und 12. (14. und 15.) M vom Seitenrand aus einarb.

Maschenproben:

glatt re: 26 M/30 R = 10 cm breit/10 cm hoch;

Muster: 25 M/31 R = 10 cm breit/10 cm hoch

Fertigstellung:

Hose: Bein- u. Schrittnähte schließen. Bund zur Hälfte nach innen umnähen, dabei breites Gummiband einziehen.

Pulli: Schultern 2 cm übereinanderlegen und Ärmel annähen. Seiten- u. Ärmelnähte schließen.

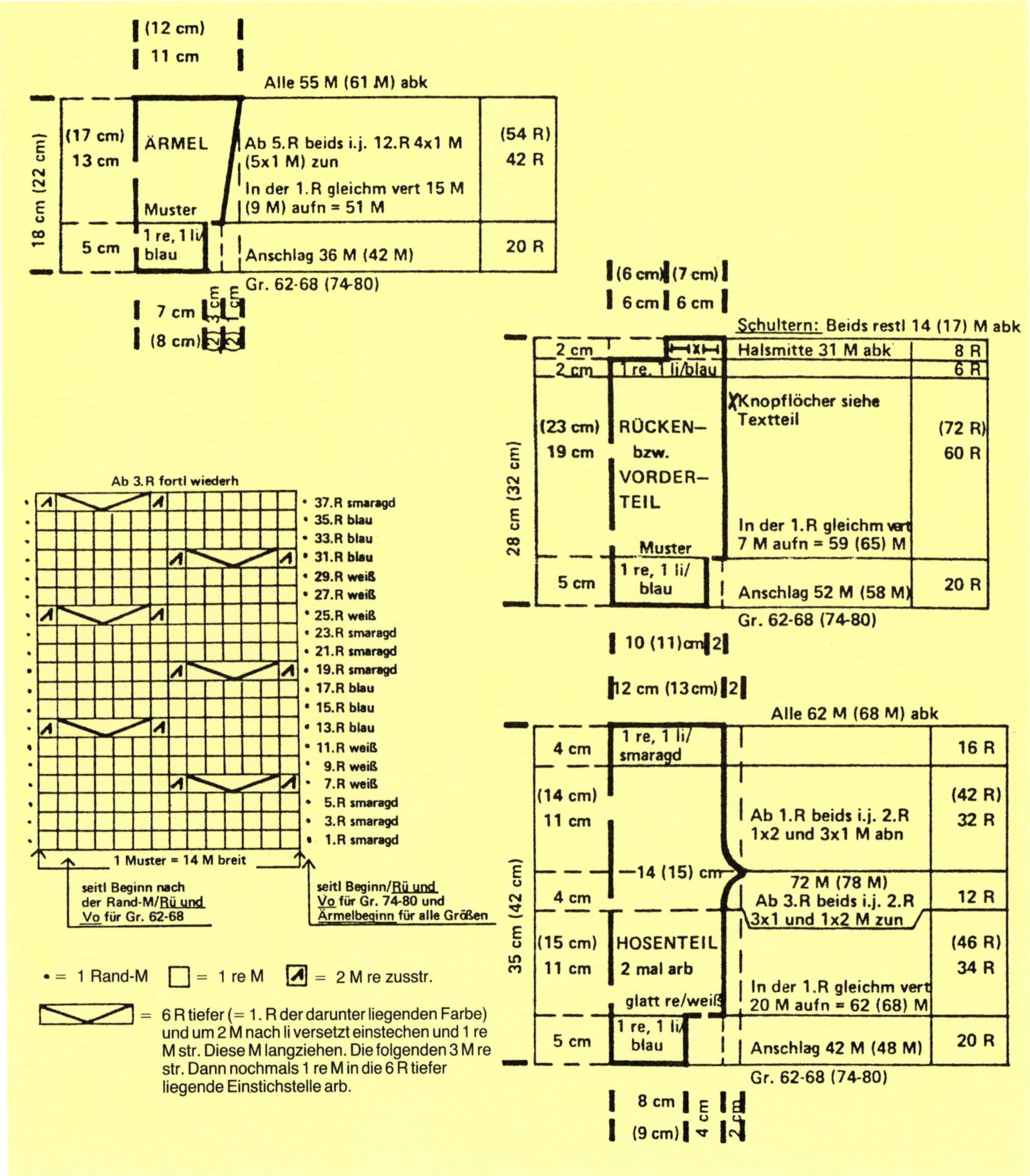

Erstlingsausstattung

Sehen Sie selbst, Ihre Tochter oder eine gute Freundin einem freudigen Ereignis entgegen? Die hier vorgestellten »Zwergenmodelle« sind schnell und problemlos nachzuarbeiten und, einzeln oder kombiniert, sicher ein willkommener »Zuwachs« in jedem Babykleiderschrank. Die Farben kann man natürlich variieren – je nach Geschmack der Mama und Geschlecht des Trägers.

Pullover mit gestreifter Passe

Körpergröße: 80 (86) 92

Die Angaben für *Größe 86* stehen *in der Klammer,* für *Größe 92 hinter der Klammer,* steht nur eine Zahl, gilt diese für alle Größen.

Material: Esslinger Wolle **»saphir«** 100 (100) 120 g natur (Fb. 13), je 20 g blau (Fb. 11) u. grün (Fb. 19). 1 Paar Schnellstricknadeln 2,5 mm, 1 Rundstricknadel 2 mm, 40 cm lang u. 1 Wollhäkelnadel 2,5 mm. 3 Knöpfe.
Technik: Glatt rechts = HinR re, RückR li str.
Streifenfolge in Technik: Je 3 R grün, blau, grün, natur, grün, blau, grün str., in natur beenden.
Maschenprobe genau einhalten! (falls nötig, Nadeln wechseln): 31 M/38 R = 10 cm
Arbeitsgang: s. Schnitt
Fertigstellung: Re Schulter schließen, li Schulter ab Halsausschnitt 18 M offen lassen. Für die Halsblende 90 M mit Nadel 2 mm herausstr. (aus dem Vorderteil 50 M, aus dem Rücken 40 M) u. 2 cm in 1 M, re, 1 M li str., M im M.rhythmus abketten. Für die Armblenden 58 (64) 70 M mit Nadel 2 mm herausstr. u. 2 cm in 1 M re, 1 M li str., M im M.rhythmus abketten. Die offengelassene Schulter mit 1 R f. M behäkeln, dabei am Vorderteil 3 Knopflöcher arb. (= 3 f. M, 2 Lftm, 2 M übergehen, 5 f. M, 2 Lftm, 2 M übergehen, 5 f. M, 2 Lftm, 2 M übergehen 3 f. M) Knöpfe annähen. Seitennähte schließen.

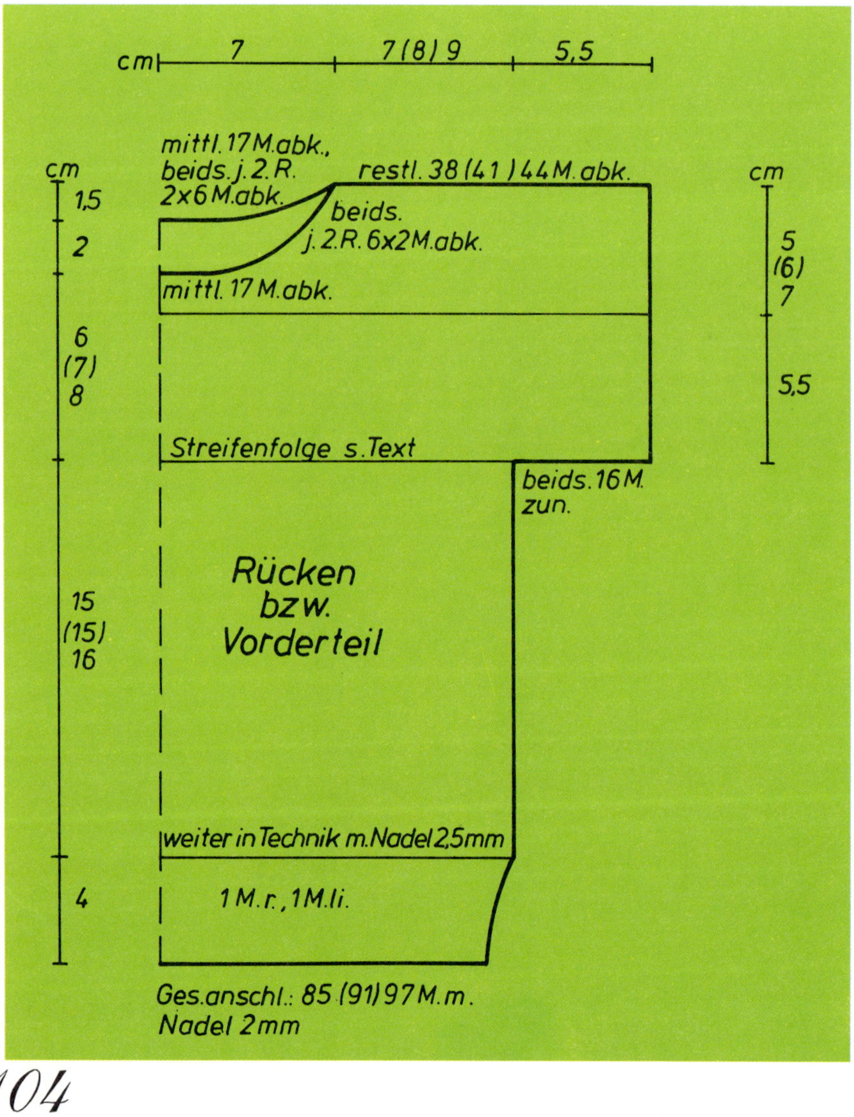

Latzhose, Mütze, Handschuhe und Schuhe

Körpergröße: 62 (68)

Die Angaben für *Größe 68* stehen *in der Klammer,* steht nur eine Zahl, gilt diese für alle Größen.
Material: Esslinger Wolle **»saphir«** 140 (160) g natur (Fb. 13), 60 (80) g hellblau (Fb. 11). Je 1 Paar Schnellstricknadeln 2,5 und 3 mm. 1 Spiel Strumpfstricknadeln 3 mm. 2 Knöpfe.
Technik I: 1. R: *5 M re, 3 M li zus. str., M nicht von der linken Nadel nehmen und noch 1 M re, 1 M li aus der gleichen M str. *, von *–* fortl. wdh., **2.–6. R:** glatt rechts, **7. R:** 1 M re, * 3 M li zus. str., noch 1 M re, 1 M li aus der gleichen M str., 5 M re *, von *–* fortl. wdh., enden mit 4 M re **8.–12. R:** glatt rechts, **1.–12. R fortl. wdh.**
Technik II: Rippen = Hin- u. RückR re, **in Rd.** 1 Rd. re, 1 Rd. li str., **1 Rippe = 2 R**
Technik III: Glatt rechts = HinR re, RückR li str.
Technik IV: Glatt links = HinR li, RückR re, **in Rd.** immer li str.
Technik V: 1 M re, 1 M li im Wechsel
Streifeneinteilung: 8 R Technik IV natur, 1 R re hellblau, 5 R Technik III hellblau, 4 R Technik III natur, 12 R Technik I natur, 1 R re hellblau, 5 R Technik III hellblau, weiter in Technik I natur.
Maschenprobe: Technik I genau einhalten! (falls nötig, Nadeln wechseln): 25 M/ 36 R = 10 cm
Arbeitsgang:
Hose: s. Schnitt. **Latz:** 35 M anschl., 6 M Technik II hellblau, 23 M Technik I natur, 6 M Technik II hellblau. 9 cm str., dann noch 2 cm Technik II hellblau, die mittl. 23 M. abk., beids. über die 6 M für die Träger noch 18 (20) cm str., M abk.
Fertigstellung: Nähte schließen. Latz in der vorderen Mitte annähen. Am Ende der Träger je 1 Schlinge anbringen. Knöpfe annähen.
Mütze: An den Bändern beginnen. **R. Band:** Anschlag 16 M mit Nadel 3 mm in hellblau, 25 cm Technik II str., dabei nach 20 cm an der li. Seite 6 (8) × jede 4. R 1 M zun. **Li Band:** gegengleich arbeiten. Nun in Rd. arbeiten, für die vordere Mitte 28 (36) M in hellblau dazu anschlagen (es sind nun 18 (20) M auf jeder Nadel), noch 2 cm in Technik II arbeiten, weiter in Technik I natur, nach 10 (12) cm 6 (7) × jede 11. und 12. M re zus. str., noch 3 (4) × in jeder 2. R wdh., 8 × in jeder Rd. (immer 1 M weniger), restl. M zus. ziehen.
Handschuhe: Anschlag 32 M in hellblau, 4 cm Technik V, 5 Rd Technik II, weiter in Technik I natur. Nach 11 cm ab Anschlag am Anfang der 1. u. 3. Nadel die 2. + 3. M zus. str., am Ende der 2. u. 4. Nadel 1 überzogene Abn. (6 M abh., 1 M re str., die abgehobene M überziehen), in jeder Rd. wdh. bis alle M aufgebraucht sind. Eine Kordel von 70 cm drehen u. je ein Ende an den Bündchen der Handschuhe befestigen.
Schuhe: Anschlag 48 M in hellblau, 2,5 cm Technik V str., weiter in Technik IV natur, in der 6. Rd. eine Lochreihe str. (* 1 Um-

schlag, 2 M re zus. str., 2 M re *, von *–* wdh.), nach 5 cm ab Anschlag über die mittleren 13 M 5 (7) cm in Technik I str. (in hin- u. hergehenden R.). Nun aus den Seitenteilen je 15 (17) M in hellblau aufnehmen, noch 2,5 cm in Rd. in Technik V str., M im M.rhythmus abk. Für die Sohle 12 M in hellblau anschlagen, 10 (11) cm in Technik II str. Sohle annähen. Eine Kordel von 40 cm drehen und durchziehen

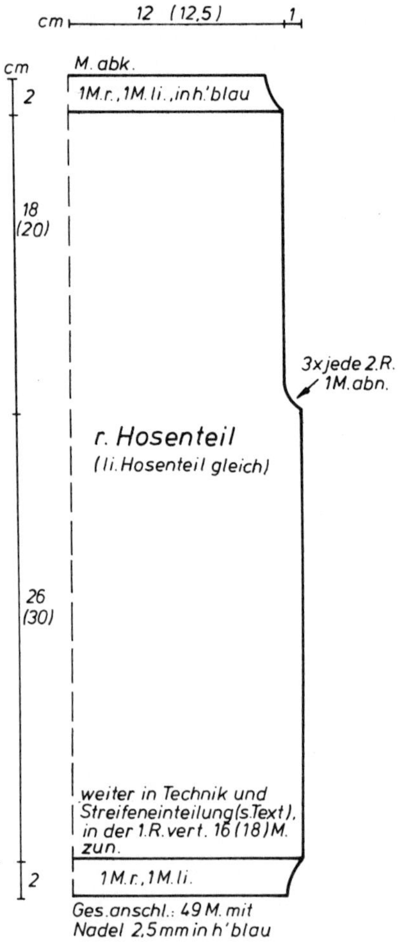

Trägerhose mit Streifen

Körpergröße: 74 (80) 86

Die Angaben für *Größe 80* stehen *in der Klammer,* für *Größe 86 hinter der Klammer,* steht nur eine Zahl, gilt diese für alle Größen.
Material: Esslinger Wolle **»saphir«** 80 (100) g mint (Fb. 19), je 20 g natur (Fb. 13), hellblau (Fb. 11). 1 Paar Schnellstricknadeln 2,5 mm. 40–50 cm Gummiband. 2 Knöpfe.
Technik: Glatt rechts – HinR re, RückR li str.
Streifeneinteilung: 3 R hellblau, 3 R mint, 3 R hellblau, 3 R weiß, noch 1 × wdh.
Maschenprobe genau einhalten! (falls nötig, Nadeln wechseln): 31 M/38 R = 10 cm
Arbeitsgang: s. Schitt. Hosenteil 2 × arbeiten.
Fertigstellung: Nähte schließen, Bündchen 1 cm umnähen, Gummiband einziehen.

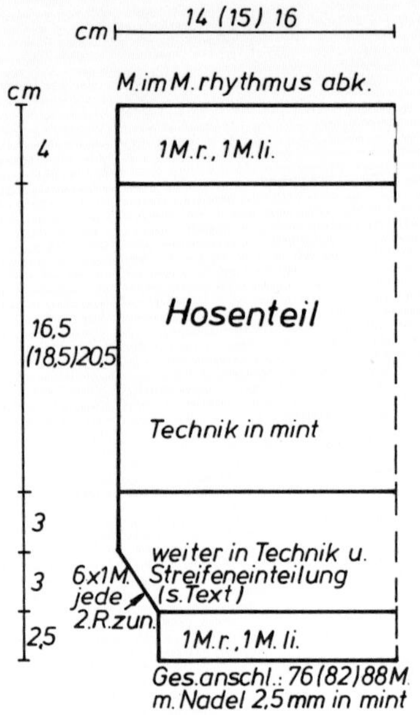

Für die Träger ca. 117 (127) M anschlagen, 4 cm in 1 M re, 1 M li str., am Ende je ein Knopfloch einarbeiten. Träger am Vorderteil annähen. Knöpfe annähen.

Raglanpulli mit blauen Streifen

Körpergröße 80 (86) 92

Die Angaben für *Größe 86* stehen *in der Klammer,* für *Größe 92 hinter der Klammer,* steht nur eine Zahl, gilt diese für alle Größen.
Material: Esslinger Wolle **»saphir«** 100 (120) g natur (Fb. 13), 20 g hellblau (Fb. 11). 1 Paar Schnellstricknadeln 3 mm. 3 Knöpfe.
Technik I: Glatt rechts = HinR re, RückR li str.
Technik II: Glatt links = HinR li, RückR re str.
Technik III: 1. R: * 5 M re, 3 M li zus. str., noch 1 M re, 1 M li aus den gleichen M str. *, von *–* wdh., **2. R:** li str.
Maschenprobe glatt rechts genau einhalten! (falls nötig, Nadeln wechseln): 25 M/ 36 R = 10 cm
Arbeitsgang: s. Schnitt
Raglanabnahme Rücken und Vorderteil: beids. in jeder 2. R 3 × 2, 20 × 1 (21 × 1) 22 × 1 M abn. **Ärmel:** beids. in jeder 2. R 24 × 1 (3 × 2, 21 × 1) 3 × 2, 22 × 1 M abn. (Am Anfang der R 1 M str., 2 M zus. str., Ende der R 3 M re abh., 1 M re str., die abgehobene M überziehen, 1 M re) **Passe:** 2 cm nach der Raglanabnahme beginnen, in hellblau 1 R Technik I (HinR) u. 5 R Technik II, 6 R natur Technik I, 2 R natur Technik III, jedoch in der 1. R mit 1 M re beginnen, 4 R natur Technik I, 2 R natur Technik III, 4 R natur Technik I, 1 R hellblau re (HinR), 5 R hellblau Technik II, 6 R natur Technik I, 2 R natur Technik III, 2 R natur Technik I.
Fertigstellung: Nähte schließen, Ärmel einsetzen. Die re rückwärtige Raglannaht 7 cm offen lassen. Aus dem Halsausschnitt ca. 50 M in hellblau aufn., 5 R Technik II str., M abk. Den Schlitz mit 1 R fe. M umhäkeln und dabei 3 Knopflochschlaufen anbringen. Knöpfe annähen.

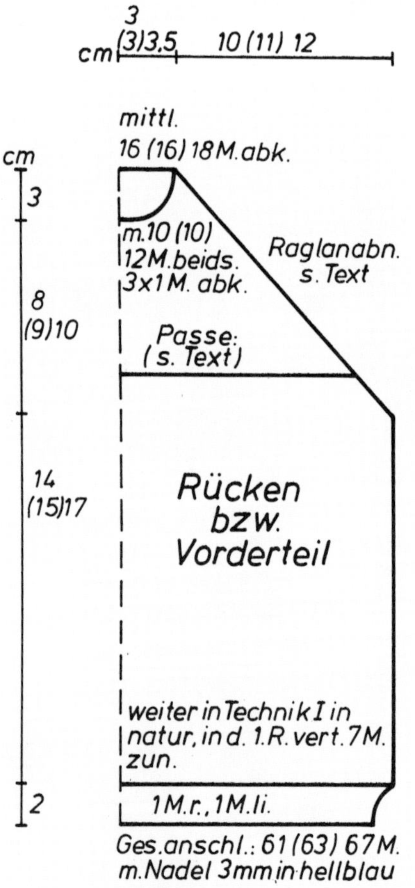

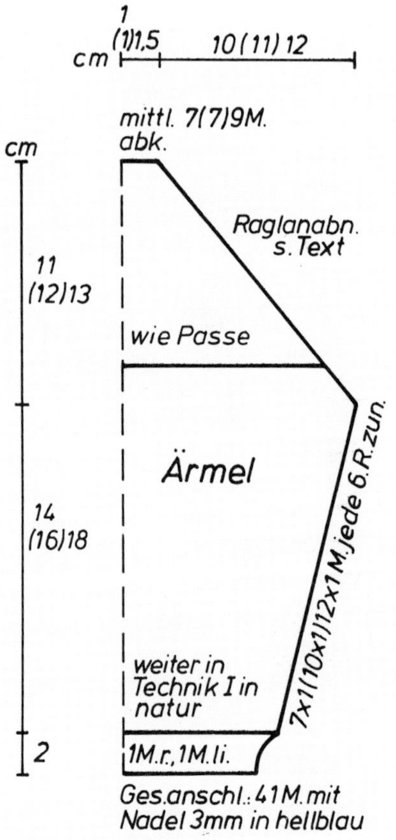

Vom Wollknäuel zum fertigen Modell

Hinweise, Tips und Tricks

Stricken und Häkeln ist nicht nur ein beliebtes, sondern auch ein schönes und interessantes Hobby. Wie sicher jede Handarbeitsfreundin bestätigen wird, kostet es aber neben Geld auch Zeit, Energie und hin und wieder auch etwas Mühe – je nachdem, für welches Material man sich entscheidet, wieviel Übung und Erfahrung man hat und wie lange man sich der Arbeit widmen kann. Verständlicherweise ist deshalb jede Nadelfreundin bemüht, ihre jeweilige Handarbeit so rasch und problemlos wie möglich fertigzustellen – nicht zuletzt wohl auch, um schon bald in den Genuß des »Lohnes der Mühe«, die Freude über ein gelungenes Modell, zu kommen.
Im folgenden haben wir eine Reihe nützlicher Hinweise, Tips und Tricks zusammengestellt, die sicherstellen, daß man den Weg vom Wollknäuel zum fertigen Stück sicher und problemlos bewältigt und sich dann an einer gelungenen Handarbeit freuen kann.

1. Die Planung

Am Anfang jeder Handarbeit steht die *Anleitung*, die aus einer Abbildung und einer genauen Arbeitsbeschreibung vom Material bis zur Fertigstellung besteht. Nach welchen optischen und praktischen Gesichtspunkten man ein Modell wählt, bleibt natürlich dem persönlichen Geschmack überlassen. In jedem Fall aber sollte man sich die Anleitung genau durchlesen und so sicherstellen, daß man mit dem vorgeschlagenen Material, dem Werkzeug (Nadeltypen und ihre Stärken), vor allem aber mit dem Muster und der Arbeitsbeschreibung zurechtkommt. Es erscheint nämlich wenig sinnvoll, daß jemand, der wenig Zeit hat und die Arbeit bald beenden möchte, ein Material wählt, das mit dünnen Nadeln verarbeitet wird und deshalb länger dauert. Und jemand, der nur wenig Übung besitzt, wird an einem schwierigen Zählmuster, für das obendrein vielleicht noch Hilfsnadeln vonnöten sind, und einem komplizierten Schnitt wohl auch herzlich wenig Spaß haben. Beginnen Sie als Anfänger also mit einem Modell, das möglichst glatt und gerade geschnitten ist und vom Muster her wenig Probleme aufwirft. Es macht nämlich viel mehr Freude, ein oder zwei einfache Stücke fertig zu haben und sich allmählich zu schwierigeren Taten zu steigern, als ewig an einem schweren Stück zu nagen, das kaum oder nie fertig wird und die Lust an der Nadelarbeit schon erstickt, bevor man überhaupt richtig auf den Geschmack kommen konnte.

2. Die Materialbeschaffung

Wolle und Garne kauft man am besten im Fachhandel. Dort hat man nicht nur die größte Auswahl, sondern wird auch fachkundig beraten, bis die Arbeit vollkommen beendet ist. Außerdem kann man sicher sein, daß das Material von guter Qualität ist.
Nehmen Sie in jedem Fall die Anleitung mit und erkundigen Sie sich zunächst nach dem dort angegebenen Material. Denn nur damit wurde das Modell genau in der Form probegestrickt, in der es Ihnen vom Foto her so sympathisch erscheint.
Haben Sie das Material gefunden, das Ihnen von Farbe und Optik her zusagt und passend erscheint, sehen Sie sich zunächst einmal genau die *Banderole* (das Umband) an. Hier sind neben der Herstellerfirma und dem Namen des Garns folgende wichtige Angaben vermerkt:

Materialzusammensetzung
Angabe, wieviel Prozent von welcher Faser (Tier-, Pflanzen-, Chemie-) und welcher Art das Garn enthält (z. B. 70 % Wolle, 30 % Seide, 100 % Viskose etc.). Bei reiner Schurwolle ist stets das Wollsiegel abgebildet.
Anhand dieser Angaben können Sie nicht nur feststellen ob das Garn für Ihre Zwecke tauglich ist, sondern auch, ob Sie es tragen können. Denn es gibt heute leider viele Leute, die gegen bestimmte Chemiefasern, aber auch gegen Wolle, gegen Mohair oder Angora allergisch sind.

Farbnummer
Jede Farbe eines bestimmten Garns erhält vom Hersteller eine bestimmte Nummer (z. B. die Farbe Schwarz des Garns Carina hat die Nummer 20, die Farbe Rot die Nummer 22 usw.).

Partienummer
Selbst bei einem Garn gleichen Namens, also z. B. Carina Rot Nr. 22, ist Rot nicht gleich Rot. Denn nur eine bestimmte Menge Garn kann in ein und demselben Farbbad optimal eingefärbt werden. Alle aus dieser Menge gewickelten Knäuel oder Stränge erhalten neben der gleichen Farbnummer (hier 22) auch die gleiche Partienummer, z. B. 2255, da sie genau identisch eingefärbt sind. Ein neu gemischtes Farbbad derselben Farbe Rot, in das die nächste Ladung Garn getaucht wird, ist niemals absolut identisch mit dem vorhergehenden. Die hier eingefärbten roten Knäuel behalten ihre Farbnummer 22, erhalten aber eine andere Partienummer, z. B. 2257. Nur Knäuel oder Stränge einer Farbe mit identischer Farb- und Partienummer sind also absolut gleich. Ist die Partienummer anders, so kann die Nuance so gering sein, daß sie nicht am Knäuel, wohl aber an der fertigen Arbeit in Form eines unschönen Streifens auffällt. Deshalb gilt:

Für ein zu handarbeitendes Stück nur Garn einer Farbe mit gleicher Farb- und Partienummer kaufen.

Falls Sie nicht sicher sind, ob Sie mit der angegebenen oder angepeilten Garnmenge auch wirklich auskommen: Lassen Sie sich einfach ein oder zwei Knäuel in Ihrem Fachgeschäft zurücklegen. Oder nehmen Sie mehr Material mit. Jeder Wollhändler nimmt überflüssiges Material gegen Gutschrift oder Geldrückerstattung nach Beendigung eines Modells jederzeit zurück, sofern die Knäuel nicht angerissen oder beschädigt sind.

Tip

Falls bei einem einfarbigen Stück doch einmal das identische Material nicht reichen sollte, *niemals* zwei »verschiedene« Knäuel unmittelbar aneinander angrenzend verarbeiten. Folgende Tricks helfen aus der Klemme:

- Das ganze Vorderteil und den ganzen Rücken in jeweils einer Nuance arbeiten.
- Ärmel beide in einer, Vorder- und Rückenteil in der anderen Nuance arbeiten.
- Ganzes Modell in einer Nuance, Bündchen und Kragen in der anderen absetzen.
- Falls Muster und Schnitt es zulassen, zwischen den Übergängen eine Schmuckfarbe einarbeiten. Der Streifen sollte mindestens 2 cm breit sein.
- Falls Muster und Schnitt es zulassen, mit jeweils reihengleichen Nuancestreifen beim Vorder- oder Rückenteil (besser ersteres) oder beiden Ärmeln arbeiten. Kann, geschickt angewandt, eine besonders aparte Lösung sein.

Schattierungsnuancen, die es bei Effektgarnen auch bei identischer Farb- und Partienummer geben kann, sind allerdings vom Hersteller beabsichtigt und verleihen dem fertigen Stück in der Regel das »gewisse Etwas«.

Garnmenge
Angabe, wieviel das Knäuel oder der Strang wiegen. In der Regel 50 oder 100 g. Entscheidet, wieviel Stränge oder Knäuel Sie brauchen.

Lauflänge
Sie wird in Metern jeweils für 50 oder 100 g des Garns angegeben und ist eine Richtlinie zur Bestimmung des Materialverbrauchs. Grundsätzlich gilt: Je dünner und fester gedehnt ein Garn ist, desto weiter läuft es. Je dicker, flauschiger und lockerer gedreht es ist, desto kürzer ist die Lauflänge. Effektgarne mit Noppen und Schlingen laufen in der Regel nie besonders weit. Die Lauflänge entscheidet also darüber, ob das fertige Stück viel oder weniger Material schluckt und ob es entsprechend schwer oder leicht wird.

Nadelstärke
Angabe über die Strick- oder Häkelnadelstärken, mit denen das Garn vom Hersteller überwiegend erprobt wurde. Kann von Ihnen selbst jedoch variiert werden – je nachdem, wie fest oder lokker Sie arbeiten und welches Muster Sie wählen.

Pflegeanleitung
Angaben, ob das Garn mit der Hand gewaschen werden muß oder in die Waschmaschine darf, welcher Höchsttemperatur man es beim Waschen aussetzen darf, ob es gereinigt werden kann, gebügelt bzw. gedämpft werden kann und darf, vielleicht sogar auch sollte.
In der Regel ist das alles durch die allgemein gültigen Pflegesymbole ausgedrückt. Manchmal werden auch bestimmte Spezialwaschmittel auf der Banderole empfohlen.

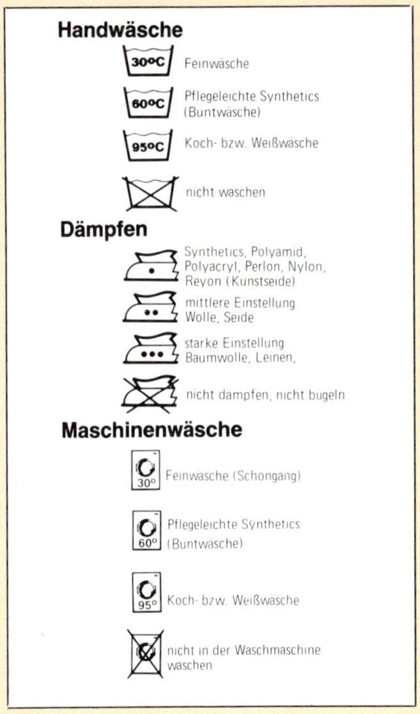

Weitere mögliche Banderolenangaben:

- Richtwerte für eine Maschenprobe, glatt rechts mit den angegebenen Nadeln gearbeitet.
- Richtwerte für Materialverbrauch für Damen-, Herren- oder Kinderpullover oder -jacken einer bestimmten Größe. Sie gelten allerdings in der Regel nur für einen normalen, gängigen Schnitt mit eingesetztem Arm und ein Modell ohne besonderes Muster und sind großzügig bemessen.

Empfehlenswert ist es auch, sonstiges Material und alles Werkzeug (Nadeln verschiedener Stärken und Typen, Nadel zum Zusammennähen etc.) vor Beginn der Arbeit zusammenzutragen.
Knöpfe dagegen paßt man am besten dem fertigen Stück an, bevor die Blenden (Jacken, Westen) gemacht werden: Man nimmt ein halbes Vorderteil mit in den Laden und sieht so nicht nur wie viele, sondern auch welche Knöpfe am besten zu Material und Muster passen. Reißverschlüsse mißt man nach Fertigstellung der Blenden an, wenn die endgültige Länge des Modells feststeht.

Tip

Bestimmte Effektgarne wie Ombrés und Flammengarne neigen, da sich die Effekte am laufenden Faden in bestimmten Abständen wiederholen, beim Verstricken zur Bildung von oft unerwünschten »Flächen«. Das vermeidet man durch die *Zwei-Knäuel-Technik*, also das Arbeiten mit zwei Knäueln desselben Materials. Gewünschte Maschenzahl anschlagen und 1 Hin- und 1 Rückreihe (also 2 Reihen) stricken. Zweites Knäuel einstricken und 2 Reihen damit arbeiten. Im folgenden immer je zwei Reihen (1 Hin- und 1 Rückreihe) mit dem gleichen Knäuel arbeiten.

Tip

Sie sollten bei der Maschenprobe stets so fest oder locker arbeiten, wie Sie es gewohnt sind und nicht versuchen, durch die Änderung Ihrer Arbeitsweise auf die gewünschten Werte zu kommen. Denn erfahrungsgemäß kehrt man beim zügigen Arbeiten immer wieder zu den alten »Gewohnheiten« zurück, was zu bösen Überraschungen bei der Paßform des Modells führen kann.
Die Maschenprobe nicht auftrennen, sondern aufheben: Sie kann als Testobjekt verwendet werden, wenn man entscheidet, ob das Modell gespannt oder gedämpft werden soll und auch »probegewaschen« werden, was Aufschluß über Pflegemöglichkeiten des Modells gibt. Und viele wohlgelungene Maschenproben ergeben vielleicht eines Tages eine hübsche Patchworkdecke...

Verläuft Ihr Materialeinkauf nicht ganz nach »Anleitungsvorschrift«? Besitzen Sie keine konkrete Anleitung und sind nur mit dem Wunsch nach Garn für einen Winter- oder Sommerpullover, eine Weste, eine leichte oder warme Jacke oder etwas für die Junioren ins Geschäft gegangen? Oder haben Sie sich ganz einfach in ein Garn verliebt und überlegen sich nun, was Sie damit anstellen könnten?
Aktuelle Modehefte und Musterblätter hält Ihr Wollhändler in so reicher Auswahl bereit, daß sicher auch für Sie das geeignete Modell und das passende Muster zu finden ist.
Die nachfolgend aufgeführten Tips helfen Ihnen, Ihre Entscheidung etwas zu erleichtern.

Welches Garn für welches Modell?
Warme und wärmende Kleidung: Reine Wolle, (Kid)Mohair, Angora, Alpaka oder Mischgarne mit hohem Anteil an diesen und anderen wärmenden Fasern.
Übergangskleidung: Mischgarne aller Art. Empfehlenswert ein hoher Anteil an Wolle oder anderen wärmenden Fasern, falls man etwas gegen leichte Kälte will.
Sommerkleidung: Reine Baumwolle, Leinen, waschfreundliche und pflegeleichte Mischgarne. Besonders vorteilhaft ist ein hoher Anteil an Naturfasern die luftdurchlässig und saugfähig sind.
Kinderkleidung, sportliche Modelle: Gut waschbare, robuste und pflegeleichte Naturgarne (z. B. Sportwolle, Superwash-Wolle) und Mischgarne aus Natur- und Chemiefasern.
Trachtenkleidung: Schafwolle, Landwolle.
Elegante Kleidung: Effektgarne, Glanzgarne, Seide, Viskose, edle Mischgarne.

Welches Garn für welches Muster?

● Zum Häkeln für Kleidung nur ziemlich dünnes (höchstens Nadelstärke 3), fest gedrehtes Garn von guter Lauflänge verwenden, da das Modell sonst sehr schwer wird. Flauschgarne in luftigen Mustern mit dicken Nadeln verhäkeln.

● Für plastische Strickmuster (vor allem Zöpfe) und Patentmuster Bändchen und Garne ab Nadelstärke 3 nehmen. Zu bedenken ist dabei, daß diese Muster meist ziemlich viel Material schlucken. Soll das fertige Stück nicht zu schwer werden, unbedingt auf gute Lauflänge achten.

● Locker gedrehte Garne aus reiner Wolle neigen zur Flusen- und Noppenbildung. Deshalb mit ihnen niemals zu locker stricken oder häkeln. Keine linksseitig tragbaren Muster arbeiten, da diese an sich schon »unebene« Seite leichter aufrauht als die glatte rechte. Außerdem eignen sie sich besser für Kleidungsstücke, die man »drüber« trägt, bei denen also die Musterseite nirgendwo scheuern kann.

● Loch- und Durchbruchmuster kommen mit glatten, fest gedrehten Garnen plastisch und gröber heraus, während sie aus flauschigen Garnen voluminösluftig wirken. Und: Je dicker das Garn, desto größer auch das durch einen Umschlag gebildete »Loch«.

● Noppen-, Flammen-, Schlingen- und Bouclégarne eignen sich am besten für kraus oder glatt rechts Gestricktes. Für Bündchen und elastische Muster sind sie zu »schlabbrig«.

● Anfänger und weniger Geübte erzielen reizvolle Effekte durch einfache Quer- oder Längsstreifen aus verschiedenen Materialien *(Materialmix)*. Zu beachten ist, daß die Garne in ihrer Stärke nicht zu sehr voneinander abweichen.

● Interessant ist auch die Mischung verschiedener Muster an einem Modell oder Stück (z. B. Decke), genannt *Mustermix*. Das ist sowohl etwas für Anfänger, die entweder mehrere einfache Muster kombinieren, oder aber ein schwereres für ein kurzes Stückchen einfließen lassen können und natürlich für Fortgeschrittene und Geübte, die damit wahre Kunstwerke zaubern können.

● Ein weiterer Schritt zum »Besonderen« ist die Kombination von Material- und Mustermix an einem Modell.

● Neben der fachkundigen Beratung hilft auch eine *Musterprobe* bei der Entscheidung, ob das gewählte Muster sich für das betreffende Garn eignet: Einfach ein Stück (ca. 10 × 10 cm) oder einen Mustersatz arbeiten und gucken.

3. Die Vorbereitung

Ob Sie sich dabei einzig auf die Anleitung und Ihre eigenen Fähigkeiten verlassen wollen, hängt davon ab, wieviel Handarbeitsübung Sie besitzen. Sicher ist, daß man Ihnen im Wollgeschäft gerne mit Rat und Tat zur Seite steht.

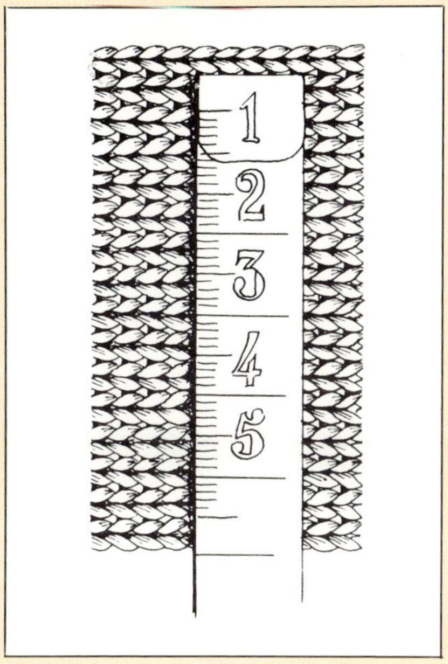

Die Maschenprobe

Sie ist eine der Grundvoraussetzungen für ein gelungenes, gut sitzendes Strick- oder Häkelmodell.

Als Maßeinheit gelten dabei 10 cm^2. Dafür arbeitet man aus dem gewünschten Material mit den dafür vorgesehenen Nadeln ein Probestück, das mindestens um je 5 cm größer ist, also mindestens 15 cm^2 mißt. Gestrickt oder gehäkelt wird dabei jeweils im Grundmuster, d. h. in dem Muster, in dem das Modell zum größten Teil gearbeitet wird. Von der ungefähren (bei Mustersätzen der genauen) Mitte (gestrickte Ränder rollen gerne und zum Rand zu kann sich das Maschenbild leicht verändern) des glatt und unverzogen oder -zerzogen aufgelegten Stückes ausgehend ein 10 × 10 cm großes Stück nach Maschen- (waagerecht) und Reihenzahl (senkrecht) auszählen. Die Maschenzahl ist dabei von Bedeutung für die Breite bzw. Weite des Modells, die Reihenzahl für seine Länge. Bei allen Modellanleitungen finden sich in cm angegebene Richtwerte. Stimmen diese mit Ihrer Maschenprobe überein, so ist alles in Ordnung. Sind sie zu niedrig, versuchen Sie es mit stärkeren Nadeln, sind sie zu hoch, nehmen Sie dünnere. Kommt es dann zu einer Übereinstimmung, mit dieser Nadelstärke arbeiten. Ist dies auch nicht der Fall, sind alle Anleitungswerte hinfällig und müssen neu errechnet werden. Dies können Geübte so oder mit Hilfe eines Strickrechners tun, während Ungeübte sich im Fachhandel beraten lassen sollten. Auch die auf einigen Banderolen angegebenen Maßwerte können als Hilfe vor allem für Leute gelten, die vielleicht nicht mit einer Anleitung arbeiten.

Der Schnitt

Nicht nur in der Schneiderwerkstatt gilt: Ein guter Schnitt ist schon das halbe Modell. Jeder Strick- oder Häkelanleitung für »Tragbares« sind verkleinerte Schnittzeichnungen beigegeben. Sie umfassen in der Regel ½ Rücken bzw. ½ Vorderteil, die meist identisch, d. h. maßgleich gearbeitet werden, und ½ Ärmel. Als Maße werden in den Modeateliers der Hersteller für die jeweilige Modellgröße allgemein gültige Richtwerte verwendet. Wer also z. B. Konfektionsgröße 38 trägt, aber sehr lange Ar-

Tip

Um sich unnötige Zähl-, Meß- und Rechenarbeit zu sparen, markiert man vom Schnitt vorgesehene, vom Gesamtbild her aber nicht ohne weiteres ersichtliche Veränderungen (verteilte Zu- und Abnahmen, Taillenpunkte, bestimmte Maschen usw.) am besten durch einen dickeren eingeknoteten Faden anderer Farbe. Bei komplizierten Arbeiten können auch Fäden in mehreren Farben verwendet werden, von denen jede Farbe einen bestimmten Schritt (z. B. Zunahme) markiert. Falls Sie nicht viel Übung haben oder die Arbeit aus Zeitgründen oft länger unterbrechen müssen, notieren Sie sich, welcher Faden welchen Arbeitsgang fixiert.

me hat, muß seine eigene Ärmellänge messen und die entsprechenden Werte in den sonst »maßgeschneiderten« Schnitt einbringen. Bei Frauen gibt es diesbezüglich die meisten Abweichungen bei Ober-, Taillen- und Hüftweite. Deshalb bei Stücken, wo es besonders auf die Paßform ankommt, vorsichtshalber nochmal nachmessen.
Für Oberteile werden gemessen: Vordere und hintere Schulterbreite, Schulterlänge, Oberweite, Taillenweite, Hüftweite, vordere und rückwärtige Taillenlänge, Ärmellänge, Ärmelweite, Handgelenkweite.
Für Röcke und Hosen kommen hinzu:

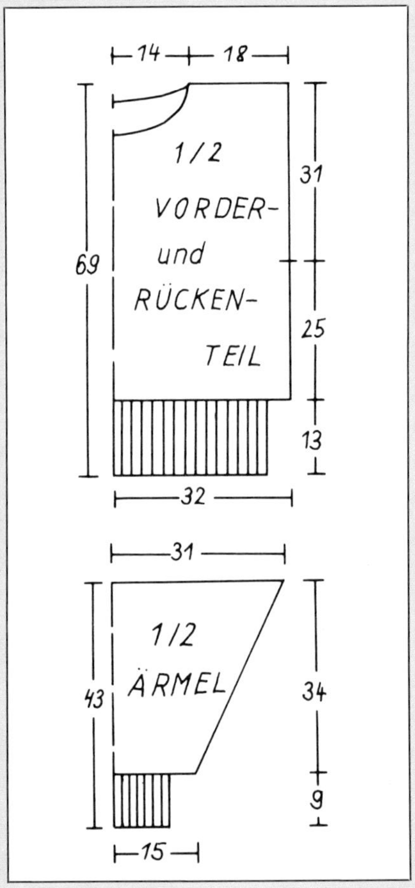

Vordere und rückwärtige Rocklänge, Oberschenkelweite, Schrittlänge, seitliche Hosenlänge. Nach diesen Werten zeichnet man auf Papier den Schnitt, der sich in seiner Form nach der geplanten Modellform richtet, und trägt an den jeweiligen Stellen die Maßwerte ein. Auf diese Maßwerte wird dann anhand der Maschenprobe die entsprechende Maschenzahl für die Weite und die entsprechende Reihenzahl (oft auch nur in cm ausgedrückt) für die Länge errechnet und festgestellt, wo und in welchem Umfang die jeweiligen Ab- und Zunahmen oder sonstige Veränderungen nötig sind.
Geübte Nadelfreunde können sich mit Hilfe des Maßbandes an den im Anleitungsschnitt angegebenen Maßwerten orientieren. Ungeübte und solche, die nicht sicher sind, ob sie auf diese Weise zurechtkommen, fertigen selbst anhand der Anleitungswerte oder ihrer eigenen Meßergebnisse einen maßstabgerechten Schnitt an. Gerne erledigt diese manchmal doch etwas mühsame Arbeit die Wollhändlerin, bei der Sie ihr Material gekauft haben. Sie übernimmt auch die Rechenarbeit anhand der Maschenprobe, so daß Sie selbst nur noch stricken oder häkeln müssen. Und auf Wunsch fertigt Ihnen die Wollhändlerin selbstverständlich auch einen neuen Schnitt für ein Modell Ihrer ganz persönlichen Wahl an.

Tip

In der Regel werden die Bündchen (Taillenbund) von Vorder- und Rückenteil, Ärmelbündchen) mit dünneren Nadeln zuerst gestrickt und der Musterteil mit dickeren Nadeln und verteilten Zunahmen angeschlossen. Falls Sie nicht sicher sind, ob Sie mit den angegebenen Werten und Nadeln das »richtige« Bündchen, das schön elastisch sein muß und längenmäßig paßt, hinkriegen: Beginnen Sie mit den Hauptteilen und vollenden Sie diese nach Anleitung. Nach ihrer Beendigung und Paßformkontrolle die Anschlagmaschen des jeweiligen Teils aufnehmen und die Bündchen von oben nach unten anstricken. So sind Längen- und Weitenkorrekturen problemlos möglich. Bei Vorder- und Rückenteil kann man dieses auch nach dem Zusammennähen mit einer Rundnadel machen, was etwa störende Seitennähte erspart. Ärmelbündchen strickt man wegen der geringen Maschenzahl entweder mit normalen Nadeln oder, in der Runde, mit einem Nadelspiel.

Da der maßgerechte Schnitt Hauptgarant für ein gelungenes Modell ist, ihn stets bis zu dessen völliger Fertigstellung aufheben. Während der Arbeit die Einzelteile wiederholt auf den Schnitt auflegen und so kontrollieren, ob alles richtig »läuft«, oder »Rettungsmaßnahmen« vonnöten sind, die man am besten sofort einleitet und nicht erst, wenn man das außer Form geratene fertige Teil vor sich hat.

Damit die fertigen Einzelteile beim Spannen nicht allzu sehr außer Form geraten, empfiehlt es sich, den Schnitt als richtungweisende Unterlage zu benutzen.

4. Die Ausarbeitung

Die Anleitung

Als Garant für das Gelingen jeder Handarbeit ist sie unumgänglich. Und es ist wichtig, daß man sie Schritt für Schritt genauestens befolgt. In der Regel ist sie folgendermaßen gegliedert: Material – Grundmuster, Technik bzw. Muster- und Farbfolge – Maschenprobe – Ausarbeitung (Arbeitsgang) mit Anleitung für Rücken, Vorderteil und Ärmel – Fertigstellung (Ausarbeitung, Konfektionieren), Anleitung, wie man mit den fertigen Einzelteilen verfährt, sie zu einem harmonischen Ganzen verbindet und durch Kragen, Blenden, Knöpfe usw. abschließt. Je nach Hersteller variiert dabei die Bezeichnung der einzelnen Schritte und die Form der Anleitung, von der es zwei Grundformen gibt:

Die Textanleitung
Für jedes Einzelteil (Rücken, Vorderteil, Ärmel) wird der genaue Arbeitsgang vom Anschlag über notwendige Zunahmen, Armloch- und -kugelabnahmen, Halsausschnitt und Schultern in jeweils einem kurzen Textabschnitt beschrieben.

Die Schnittanleitung
Die einzelnen Arbeitsabschnitte und -vorgänge sind in die jeweiligen Schnittvorlagen jedes Teils eingetragen. Die geschriebene Anleitung sagt dann nur: Rücken usw. siehe Schnitt.
Die Fertigstellung wird für beide Arten in einem Kurztext beschrieben.
Beispiele für beide Anleitungsformen finden sie bei den Modellanleitungen des Buchs.

Das Muster

Bevor Sie an die Einzelteile gehen, müssen Sie sich erst einmal mit dem Muster vertraut machen, in dem sie gearbeitet werden. Auch für sie gibt es zwei Beschreibungsformen.

Die Textbeschreibung
Einfache Muster oder Musterteile (meist Zöpfe) werden durch einen kurzen Text Reihe für Reihe genau erläutert.

Tip

Wenn Sie mit dem Muster noch nicht vertraut sind und Unregelmäßigkeiten und Fehler beim Arbeiten an den Einzelteilen vermeiden wollen: Sicher haben Sie Wollreste zur Hand. Üben Sie einfach das Muster mit einem dem Arbeitsmaterial ähnlichen Garn, bis Sie es gut können. Die Produkte solcher Übungen sind keineswegs »verlorene Mühe«: Sie können mehrere von ihnen zu einer Decke oder einem hübschen Kissenbezug zusammenfügen.
Nach Musterzeichnungen arbeitet man am besten, indem man sie auf eine feste Unterlage neben den Arbeitsplatz legt und ein weißes Stück Papier von unten nach oben Reihe für Reihe mitschiebt. So sieht man immer genau, wo man ist. Wird man unterbrochen, so notiert man am besten die Musterreihe, an der man gerade arbeitet oder die man gerade beendet hat.

Tip

Probieren Sie vor dem Vernähen an einem neutralen Stückchen, ob das Arbeitsmaterial problemlos teilbar ist. Wenn ja, zu vernähende Fäden teilen und die dünnen Einzelstücke in jeweils verschiedene Richtungen durch die Maschenglieder der Rückseite ziehen. Das hinterläßt bestimmt keine »Spuren«, macht aber Probleme, falls das fertige Stück einmal aufgetrennt werden sollte.

Die Musterzeichnung
Komplizierte Muster werden in der Regel durch eine Schema- oder Musterzeichnung erläutert. Dort hat jede Masche und jeder Vorgang (z. B. Zusammenstricken oder Verzopfen von Maschen) sein eigenes Symbol. Diese werden in der Zeichenerklärung einzeln aufgeführt und in ihrer Durchführung erläutert.
Bei Norweger- und Jacquardmustern gibt es ein Symbol für jede Farbe.

☒ = 1 M grau
○ = 1 M h'blau
■ = 1 M rot
● = 1 M gelb
◪ = 1 M grün

 =
4 M auf einer Hilfsnadel vor die Arbeit legen, folgende 4 M re str., die M der Hilfsnadel re str.

 =
4 M auf einer Hilfsnadel hinter die Arbeit legen, folgende 4 M re str., die M der Hilfsnadel re str.

Vielen Strick- und Häkelfreundinnen jagt die Musterzeichnung immer noch so viel Angst ein, daß sie nur wegen ihr auf ein Modell verzichten, weil sie glauben, sie nicht »lesen« zu können. Dabei ist, meiner Meinung nach, eine Musterzeichnung viel einfacher und bequemer nachzuarbeiten als ein ausführlicher Text, in dem man sich immer wieder die Zeilen suchen muß. Voraussetzung ist, daß man sich mit den einzelnen Symbolen, die bei verschiedenen Herstellern oft sogar gleich oder ähnlich sind, vertraut gemacht hat.
Also: Keine Angst vor schlimmem »Fachchinesisch«, sondern nur etwas Geduld zum Einfühlen.

5. Die Fertigstellung

Die Paßformkontrolle
Hat man Vorder- und Rückenteil fertig, so kann man eine erste Paßformkontrolle vornehmen: Einfach die Teile auf der linken Seite zusammenheften und probieren. Eine zweite Paßformkontrolle erfolgt nach Fertigstellung des ersten Ärmels, eine letzte nach Vollendung aller Einzelteile.

Das Vernähen von Fäden
Am idealsten wäre es natürlich, wenn alle Anfangs- und Endfäden stets am Beginn oder Ende einer Reihe wären: Man müßte sie nur durch die Randmaschen ziehen, und zwar mit Vor- und Rückstichen, damit sie nicht durchrutschen können. Fäden innerhalb einer Reihe jeweils in verschiedenen Richtungen mit Vor- und Rückstichen auf der Rückseite so durch halbe Maschenglieder ziehen, daß sie auf der Vorderseite unsichtbar sind.

Tip

Wenn Sie nicht sicher sind, ob Sie spannen oder dämpfen sollen: Versuchen Sie Ihr Glück an der Maschenprobe. Wird sie nach dem Dämpfen zu lappig: Lieber spannen.

Spannen oder dämpfen?
Da besonders bei Gestricken mit dünnerem Garn die Ränder gerne »rollen«, was Probleme beim Zusammennähen machen kann, muß man das Teil vor der Prozedur »plätten«. Außerdem werden durch diesen Vorgang etwaige Arbeitsunebenheiten ausgeglichen und das Musterbild sieht schön regelmäßig aus.

Achtung: Plastische Muster wie z. B. Zöpfe, Rauten, Noppen und Patent dürfen wegen der Struktur weder gespannt noch gedämpft werden!

Spannen
Die fertigen Einzelteile auf eine ebene Fläche entlang des Schnittes feststekken, mit einem feuchten (niemals klatschnassen) Tuch bedecken und trocknen lassen.

Dämpfen
Die fertigen Einzelteile wie vorher beschrieben aufstecken, mit einem feuchten Tuch bedecken und mit dem nicht zu heißen Bügeleisen sanft darübergehen. Keinen zu starken Druck ausüben und das Eisen nicht zu lange an einer Stelle lassen.

Waschen
Einzelteile nach Banderolenvorschrift waschen und locker liegend trocknen. Ist besonders zu empfehlen, wenn das Material lange gelegen oder man beim Arbeiten stark an den Händen geschwitzt hat. Und natürlich auch bei sehr hellen Farben, wenn die Handarbeit lange Liege- oder Reisezeiten hinter sich hat.

Besticken von Strick- oder Häkelsachen
Diesen Arbeitsgang müssen sie jetzt erledigen. Gearbeitet wird dabei entweder im Maschenstich für flächige Stickereien oder aber nach Anleitung in den jeweiligen Stickstichen. Als Material empfiehlt sich für flächige Muster eine spezielle Stickwolle, für Trachten und andere plastische Muster dünnes glattes Stickgarn.

Zusammennähen
Strick- und Häkelteile werden entweder im Steppstich (Vor- und Rückstiche) oder im Matratzenstich auf der linken Seite entlang der Randmaschen miteinander verbunden. Das Zusammenhäkeln empfiehlt sich weniger, da es eine dicke, unschöne Naht ergibt.

Tip

Benutzen Sie beim Zusammennähen glattes dünnes Garn (keine Nähseide, die ist zu dünn), das farblich etwas absticht – das erleichtert nämlich Nähkorrekturen.

Vor dem Zusammennähen die Teile entweder zusammenheften oder zusammenstecken, damit nichts verrutscht, und Heftfaden oder Stecknadeln etappenweise vor der zu nähenden Naht herausziehen.
Jetzt müssen Sie nur noch nach Anleitung Kragen oder Blenden anstricken oder -häkeln, etwaige Knöpfe und Reißverschlüsse anbringen – und fertig ist das Modell, an dem Sie hoffentlich viel Freude haben werden.

Die fröhlichen Löwen

Erinnern Sie sich noch an Clarence, den schielenden Fernsehlöwen? Mit einem fröhlichen Augenzwinkern empfehlen sich diese beiden lustigen Abbilder des erhabenen »Königs der Tiere« als Kissen für Wohn- oder Kinderzimmer, als Wand- oder Balkonschmuck und natürlich als originelle Geschenkidee.

Gelbes Löwenkissen

Durchmesser ca. 36 cm

Material: Schoeller Wolle **»terra«** je 150 g gelb (Fb. 07) u. d'braun (Fb. 06) u. ein Rest in schwarz (Fb. 02). 1 Wollhäkelnadel 5 mm, 1 Kissen ca. 35 cm Durchmesser.
Technik: Stäbchen
Arbeitsgang: 2 gleiche Kissenplatten in gelb wie folgt häkeln: 3 Lftm anschl., zum Ring schließen u. in den Ring 12 Stb. häkeln. **2. Rd.:** 24 Stb., **3. Rd.:** ohne Zunahmen, **4.–9. Rd.:** In jeder Rd. verteilt 12 M zun. **10. Rd.:** ohne Zunahmen. Für die **Ohren** je 2 Teile in braun u. 2 Teile in schwarz wie folgt arb.: 11 Lftm anschl., 3 R f. M gerade, in der 4.–8. R beids. jeweils 1 M freilassen u. zuletzt noch mit 1 R f. M umhäkeln. Für die **Augen** je 2 Kreise in d'braun von ca. 6 cm Durchmesser u. 2 gelbe Kreise von ca. 4 cm Durchmesser in f. M häkeln. Für die **Nase** in d'braun ein Dreieck wie folgt anfertigen: An der Nasenwurzel mit 3 M beginnen. **2. R:** 3 M, **3. u. 4. R:** 5 M, **5. u. 6. R:** 9 M, **7. R:** 7 M, **8. R:** 5 M. Für die Nasenlöcher in gelb 3 Lftm anschl., zum Ring schließen u. in den Ring 8 f. M häkeln.
Fertigstellung: 1 Kissenplatte wie folgt als Gesicht fertigstellen: Für die Ohren je 1 braunes u. 1 schwarzes Teil in braun mit Krebsmaschen zus. häkeln u. auf der Kissenplatte über der 7. Rd. ab Mitte im Abstand von 12 Stb. annähen. Für die Augen je 1 braunen u. 1 gelben Kreis aufeinanderheften, in die Mitte einen Knopf nähen u. unterhalb der Ohren nach Abb. anbringen. Nasenlöcher auf Nase heften u. Nase annähen, Schnurrhaare u. Mund nach Abb. aufsticken. Auf die 6. Rd. wie folgt die Mähne häkeln. * 1 f. M auf 1 Stb., 15 Lftm *, von *–* wdh. (in jedes Stb. einstechen). Nun beide Kissenplatten in braun mit f. M zus. häkeln, dabei in jede Einstichstelle 2 f. M arb. Bevor die Kissenplatten ganz zus. gehäkelt sind, Kissen einschieben. Einen ca. 50 cm langen Zopf aus den restl. Fäden in gelb u. braun flechten. Beide Enden mit einem Faden fest abbinden, Enden als Fransen hängenlassen. Zopf nach Abb. an der Rückseite befestigen.

Grünes Löwenkissen

Durchmesser 32 cm

Material: Schoeller Wolle **»hit«** 100 g grün (Fb. 26) u. je 50 g d'braun (Fb. 17), kamel (Fb. 12), zimt (Fb. 16), h'beige (Fb. 25) u. messing (Fb. 7). 1 Wollhäkelnadel 4 mm. 1 Kissen ca. 30 cm Durchmesser.
Technik: Stäbchen
Arbeitsgang: 2 gleiche Kissenplatten in grün wie folgt häkeln: 3 Lftm anschl., zum Ring schließen u. in diesen Ring 6 Stb. häkeln, **2. Rd.:** 12 Stb., **3.–13 Rd.:** jeweils verteilt 12 Stb. zun. (= 144 Stb.). Für die **Ohren** je 2 Teile in d'braun u. zimt in f. M wie folgt häkeln: 17 Lftm anschl. u. 5 R gerade arb., **6.–13. R:** In jeder R beids.. 1 M freilassen, zuletzt noch mit 1 Rd. f. M umhäkeln. Für die **Augen** 2 Kreise in messing von ca. 3 cm Durchmesser in f. M u. 2 Kreise in d'braun von ca. 4,5 cm Durchmesser in f. M anfertigen.
Fertigstellung: 1 Kissenplatte als Gesicht wie folgt fertigstellen: Für die Ohren je 1 braunes u. 1 zimtfarbenes Häkelteil in braun zusammenhäkeln, helle Seite = Vorderseite u. auf der Kissenplatte auf die 7. Rd. von der Mitte aus im Abstand von 7 Stb. anbringen. Für die Augen je einen braunen u. einen messingfarbenen Kreis aufeinanderheften u. in die Mitte einen Knopf nähen. Augen nach Abb. unterhalb der Ohren befestigen. Nase, Mund u. Schnurrhaare aufsticken. Für die Fransen Fäden von ca. 15 cm Länge in d'braun, kamel, zimt, h'beige u. messing zuschneiden u. oberhalb der 8. Rd. (ab Mitte) einknüpfen. Am oberen Kopfteil die Fransen unterhalb der Ohren einknüpfen. Für die Fransen immer je einen Faden von allen Farben zus. fassen. Nun beide Kissenplatten mit Krebsmaschen (= f. M rückwärts häkeln) in zimt verbinden. Das Kissen einschieben, bevor das Teil fertig geschlossen wird. Aus den gleichen Farben wie die Fransen einen ca. 120 cm langen Zopf flechten (jedes Zopfteil hat ca. 40 Fäden). Beide Enden mit einem Faden fest abbinden, Enden als Fransen hängenlassen. Das eine Zopfende in der Mitte der Kissenrückseite annähen u. zusätzlich unterhalb des linken Ohres anheften.

Schildkröten – einmal anders

Steinalt können sie werden und weise wie die Freundin der kleinen Momo sollen sie sein, diese behäbigen urweltlichen Panzertiere. Aber bunt? Diese beiden »kostümierten« Gesellen bieten sich jedenfalls an als originelle Sitzkissen oder Spielkameraden fürs Kinderzimmer. Möchten Sie sie nicht »einladen«?

Große Schildkröte

Durchmesser Körper ca. 60 cm
Material: Schoeller Wolle **»woll-spass«** oder **»Jubilate«** 450 g d'braun, je 100 g rost und natur, je 50 g kamel, messing und m'braun. 1 Wollhäkelnadel 4 mm, 1 Schaumstoffplatte 100 × 125 cm, 2 cm dick und Schaumstoffflocken zum Ausstopfen.

Für den Schaumstoffkörper Teile wie folgt zuschneiden:
Bauchteil, ein Kreis von 56 cm Durchmesser, **Rückenteil:** ein Kreis von 65 cm Durchmesser, **Kopf u. Schwanz:** nach Schnitt 2 ×, **Beinteil:** 8 × zuschneiden. Nun am Rückenteil nach Schema Abnäher

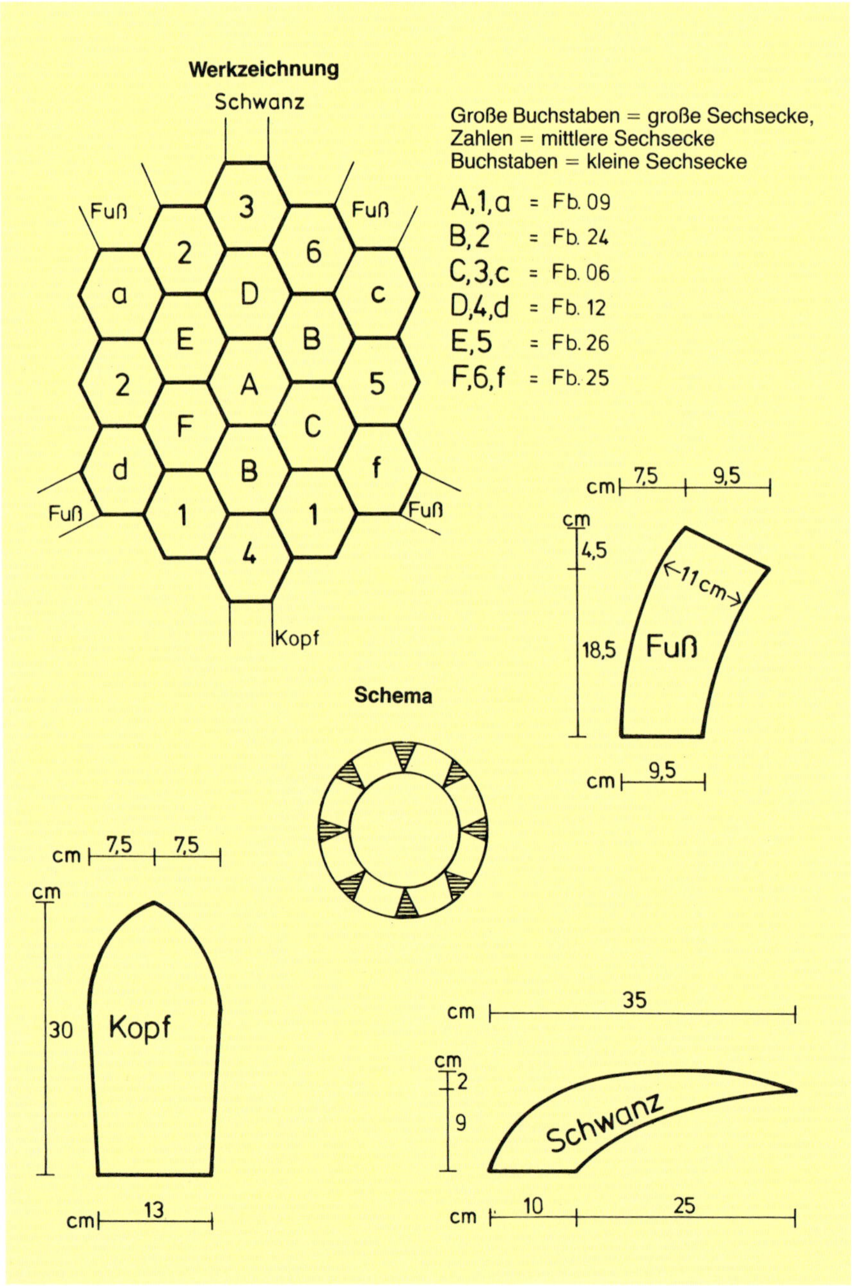

ausschneiden u. abnähen. Kante von Bauch- u. Rückenteil abschrägen, zus. nähen u. prall ausstopfen. Nun alle übrigen Schaumstoffteile abschrägen, dabei beachten, daß immer 2 ggl. Teile entstehen, zus. nähen u. ebenfalls gut ausstopfen.

Technik: Großes Sechseck: 4 Lftm anschl., zum Ring schließen u. in den Ring 12 Stb. häkeln, **2. Rd.:** * 1 Stb., 3 Stb. in eine Einstichstelle *, von *–* noch 5 × wdh. In der **3.–5. Rd.** immer auf das mittl. der 3 Stb. in 1 Einstichstelle wieder 3 Stb., auf alle übrigen Stb. 1 Stb. häkeln. **6. Rd.:** (ohne Zunahme) f. M von hinten um den Kopf der Stb. der Vorrd. arb. (Reliefm.). **7. Rd.:** * 2 Stb., 1 Büschelm. (= 3 × mit 1 Umschlag Faden holen u. alle Schlingen gleichzeitig abmaschen) *, von *–* wdh., in die Ecken je 3 Stb. häkeln, **8. Rd.:** f. M, in die Ecken 3 f. M auf die Büschelm. je 1 f. M, **9. Rd.:** wie 6. Rd. (ohne Zunahme!) **Mittelgroße Sechsecke: 1.–4. Rd.:** wie großes Sechseck, **5.–8. Rd.:** wie 6.–9. Rd. großes Sechseck. **Kleine Sechsecke: 1.– 3. Rd.:** wie großes Sechseck, **4.–7. Rd.:** wie 6.–9. Rd. gr. Sechseck.

Arbeitsgang: Häkelteile: Für das Bauchteil einen Kreis von 56 cm Durchmesser in braun häkeln: 4 Lftm anschl., zum Ring schließen u. in den Ring 12 Stb. häkeln. **2. Rd.:** * 1 Reliefstb., 2 Stb. in 1 Einstichstelle *, von *–* wdh. **3. Rd.:** * 1 Reliefstb., in die folgenden 2 Stb. je 2 Stb. arb. *, von *–* wdh. **4. Rd.:** 1 Reliefstb. u. dazwischen immer 6 Stb., **5. u. 6. Rd.:** 1 Reliefstb. u. 8 M dazwischen, **7.–12. Rd.:** 3 Reliefstb. (= 1 auf das Stb. vor dem Reliefstb., 1 auf das Stb. danach) u. dazwischen 8, 8, 10, 12, 12, 13 Stb., **13.–26. Rd.:** 5 Reliefstb. (wie in der 8. Rd. verbreitern) u. dazwischen 12, 12, 14, 16, 18, 20, 22, 24, 26, 28, 28, 30, 30, 30 Stb. Die Zunahmen immer etwas versetzen, sonst wird das Teil nicht rund. Für den **Rücken** 7 große Sechsecke, 2 in rost u. je 1 in natur, kamel, m'braun, d'braun u. messing, 8 mittelgroße Sechsecke, je 2 in rost u. natur u. je 1 in kamel, d'braun, m'braun u. messing u. 4 kleine Sechsecke, je 1 in kamel, natur, d'braun u. messing häkeln. Für die **Beine** 35 Lftm in d'braun anschl., zur Rd. schließen, in jede Lftm 1 Stb. häkeln u. 21 Rd. gerade hoch häkeln. Für den **Schwanz** 2 gleiche Teile, wie folgt arb.: 18 Lftm u. 3 Wendelftm. in braun anschl. u. 18 R häkeln, dabei beids. in jeder 2. R 1 M abn. Um die abgerundete Form zu erreichen, immer je 1 Drittel der M in Stb., halben Stb. u. f. M häkeln (1. R: 7 Stb., 6 halbe Stb., 6 f. M). *Die Stb. immer an der gleichen Stelle arb.* Für den **Kopf** ebenfalls 2 gleiche Teile häkeln, 24 Lftm u. 3 Wendelftm. in d'braun anschl. u. in Stb. 16 R gerade, in der 17. u. 18. R beids. je 1 M zun., dann beids. 10 ×1 M in jeder R abn. Rest 9 M. Für die Augen 2 Ovale in natur häkeln: 3 Lftm anschl., zur Rd. schließen u. in den Ring 6 f. M häkeln. **2. Rd.:** 2 f. M, auf die folgende f. M 3 f. M, 2 f. M u. nochmals auf die folgende f. M 3 f. M (= 10 f. M). **3. Rd.:** auf die mittl. der 3 f. M in 1 Einstichstelle 3 f. M, auf alle übrigen M 1 f. M. Für die schwarze Halbkugel 3 Lftm zum Ring schließen u. in den Ring 6 f. M. häkeln. **2.–5. Rd.:** 12 f. M, **6. Rd.:** 9 f. M.

Fertigstellung: Die Sechsecke von links mit f. M in braun nach Werkzeichnung zus. häkeln. In 2 Beinteile einen runden Boden häkeln, dabei in der **1. Rd.:** * 3 Stb., 2 Stb. zus. abm. *, von *–* wdh., **2. Rd.:** * 1 Stb., 2 Stb., zus. häkeln *, von *–* wdh., **3. Rd:** immer 2 Stb. zus. häkeln. Restl. M mit dem Fadenende zus. ziehen u. vernähen (= Hinterbeine). Für die Vorderbeine Kante flach zus. häkeln. **1. R:** f. M, **2. R:** (Krallen) * 1 Stb., 3 Lftm, 1 f. M in die 1. Lftm, 1 Stb. in die gleiche Einstichstelle wie 1. Stb., 1 f. M *, von *–* wdh. Kopf- u. Schwanzteile mit f. M zus. häkeln, schwarzes Augenteil leicht ausstopfen, auf das naturfarbene Oval heften u. nach Abb. aufnähen, Mund sticken. Nun alle Teile über die vorbereiteten Schaumstoffteile ziehen u. am Schaumstoffkörper fest annähen. Bauchteil annähen, Rückenteil nach Werkzeichnung darüber legen u. annähen.

Kleine Schildkröte

Durchmesser ca. 45 cm

Material: Schoeller Wolle **»woll-spass«** oder »Jubilate« 300 g d'blau, je 100 g lila, blau, pink u. rot, je 50 g grün u. gelb u. 1 Rest in m'blau. 1 Wollhäkelnadel 4 mm, 1 Schaumstoffplatte ca. 50 × 90 cm, 2 cm dick u. Schaumstoffflocken zum Ausstopfen

Für den Schaumstoffkörper 1 Bauchteil von ca. 42 cm u. 1 Rückenteil von ca. 48 cm Durchmesser ausschneiden. Am Rückenteil Abnäher nach Schema Modell 1556 ausschneiden u. abnähen. Beide Körperteile verbinden u. prall ausstopfen.

Technik: Große Sechsecke: 4 Lftm anschl., zum Ring schließen u. in den Ring 6 f. M häkeln, **2. Rd.:** 12 f. M, **3. Rd.:** * 1 f. M, 3 f. M in 1 Einstichstelle *, von *–* noch 5 × wdh., **4.–8. Rd.:** Auf die Mittl. der 3 f. M immer 3 f. M, auf alle übrigen M 1 f. M häkeln, **9. Rd.:** (ohne Zunahme) * 1 Stb., 1 Büschelmasche *, von *–* wdh. **10. u. 11. Rd.:** f. M, in die Ecken wieder je 3 f. M. **Mittl. Sechsecke:** 1.–6. Rd.: wie große Sechsecke, **7.–9. Rd.:** wie 9.–11. Rd. **Kleine Sechsecke: 1.–4. Rd.:** wie große Sechsecke, **5.–7. Rd.:** wie 9.–11. Rd.

Arbeitsgang: Häkelteil: Für das **Bauchteil** einen Kreis von 44 cm Durchmesser in d'blau häkeln: 3 Lftm anschl., zum Ring schließen u. in den Ring 6 f. M häkeln. **2. Rd.:** 12 f. M, **3. Rd.:** 12 f. M **4.–42 Rd.:** Beginnend in der 4. R in jeder Rd. verteilt 12 M zun. (Zunahmen immer an den gleichen Stellen). Für den Rücken 7 große Sechsecke, je 2 in blau, pink u. rot u. 1 in lila, 6 mittlere Sechsecke, 3 in gelb, 2 in grün u. 1 in lila. u. 6 kleine Sechsecke, je 1 in lila, grün, rot, blau, m'blau u. pink. Für die **Füße** 4 gleiche Teile häkeln. 3 Lftm in blau anschl., zum Ring schließen u. in den Ring 6 f. M häkeln, **2.–8. Rd.:** Verteilt jeweils 6 M zun. (= 48 M), 5 Rd gerade, **14.–17. Rd.:** verteilt je 6 M abn. (= 24 M), dann noch 4 Rd. gerade arb. Für den **Schwanz** 3 Lftm in d'blau anschl., zum Ring schließen u. in den Ring 6 f. M häkeln, **2. Rd.:** 12 f. M, **3. Rd.:** 18 f. M, **4.–17 Rd.:** 24 f. M. Für den Kopf 3 Lftm in d'blau anschl., zum Ring schließen u. in den Ring 6 f. M häkeln, **2. Rd.:** 12 f. M, **3.–7. Rd.:** Jeweils verteilt 6 M zun. (= 42 M), 7 Rd. gerade, **14.–16. Rd.:** verteilt je 6 M abn., dann 12 Rd. gerade arb. Für das **Maul** 15 Lftm u. 3 Wendelftm in pink anschl. u. in die Lftm 22 Doppelstb.* häkeln (2 Doppelstb., * 2 Doppelstb. in 1 Einstichstelle, 1 Doppelstb. *, von *–* wdh., 2 Doppelstb). Für die Augen 3 Lftm in gelb anschl., zum Ring schließen u. in den Ring 14 Stb. häkeln, dann in blau ebenfalls 3 Lftm anschl., zum Ring schließen u. nur den halben Ring mit 7 Stb. behäkeln.

Fertigstellung: Die Sechsecke in d'blau mit Krebsm. nach Schema zus. häkeln. Nun die freigebliebenen Ecken rundum in d'blau mit f. M, Stb. u. halben Stb. abrunden u. dann mit 1 Rd. f. M umhäkeln. Bauch- u. Rückenteil um den Schaumstoffkörper legen u. mit f. M in d'blau zus. häkeln. Füße, Schwanz u. Kopf gut ausstopfen u. nach Werkzeichnung am Bauchteil annähen. Maul u. Augen nach Abb. aufnähen.

Werkzeichnung

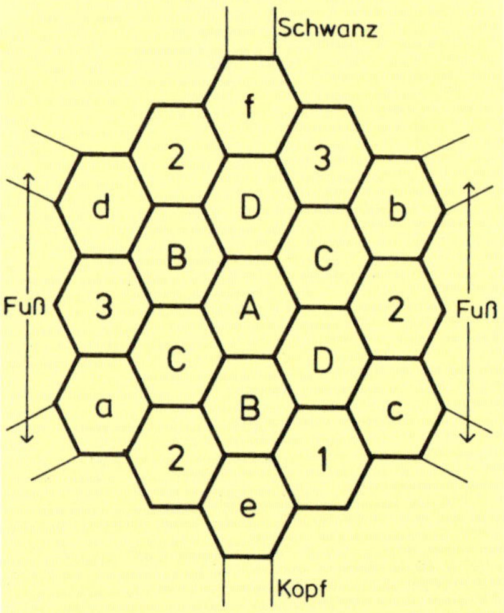

Große Buchstaben = große Sechsecke, Zahlen = mittlere Sechsecke, kleine Buchstaben = kleine Sechsecke

A, 1, a	= Fb. 30	2	= Fb. 07
B, b	= Fb. 31	3, e	= Fb. 05
C, c	= Fb. 03	f	= Fb. 14
D, d	= Fb. 29		

Tischdecke, Bettdecke, sechseckiges Kissen und viereckiges Kissen

Sieht dieses Schlafzimmer nicht urgemütlich und einladend aus? Eine Menge Zeit, Geduld und Können müssen Sie schon investieren, wenn Sie selbst auch so ein Stübchen ausstaffieren wollen. Aber keine Angst: Auch jedes Teil ist für sich allein ein kleines Schmuckstück. Suchen Sie sich also ganz einfach Ihren Favoriten aus, und los geht der Häkelspaß.

Tischdecke

Material: Esslinger Wolle **»summertime«** 100 g natur (Fb. 13). 1 Wollhäkelnadel 2,5 mm.
Technik: s. Häkelschrift
Arbeitsgang: Nach Häkelschrift arbeiten. Die ersten 2 Runden sind ganz gezeichnet. Ab 3. Runde ist nur ⅙ des Motives gezeichnet. Als Abschluß in der letzten Runde in jeden Luftmaschenbogen 1 Picot häkeln.

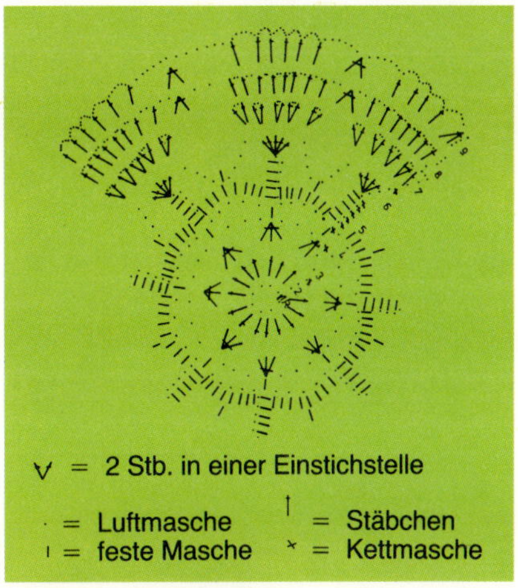

Bettdecke

Größe 200 × 140 cm

Material: Esslinger Wolle **»geisha«** 1000 g rosé (Fb. 29), 100 g altrosa (Fb. 13), 50 g weiß (Fb. 01). 1 Wollhäkelnadel 4 mm.
Technik I: große Motive s. Häkelschrift
Kleine Blüte: In weiß 8 Lftm zum Ring schließen. **1. Rd.:** 16 f. M in den Lftm-Ring häkeln. **2. Rd.:** 8 × wechselnd 1 halbes Stb., 2 Lftm ausführen. **3. Rd.:** in rosé um die 2 Lftm je 1 Blatt aus 1 f. M, 1 Lftm, 2 Stb., 1 Lftm, 1 f. M arbeiten. **4. Rd.:** wenden, um die Anfangs Lftm der 2. Rd. anschlingen, 1 Stb., 3 Lftm häkeln (die Stb. um die halben Stb. häkeln). **5. Rd.:** wieder wenden, um jeden Lftm-Bogen der 4. Rd. Blätter wie in der 2. Rd. statt 2 jedoch 4 Stb. häkeln. **6. Rd.:** wie die 4. Rd. jedoch mit 4 Lftm **8. Rd.:** ebenso jedoch mit 6 Lftm zwischen den Stb. häkeln. **7. Rd.:** Blätter mit 5 Stb. häkeln. **9. Rd.:** in altrosa Blätter aus 1 f. M, 1 halbes Stb. 1 Stb., 3 Doppelstb., 1 Stb., 1 halbes Stb., 1 f. M häkeln. Dabei in den letzten Rd. die Blüten beim mittleren Doppelstb. mit den großen Motiven verbinden.

Arbeitsgang: 35 große Motive nach Häkelschrift in Rosé anfertigen. Die ersten 5 Rd. sind ganz gezeichnet, 6.–9. Rd. werden mustergemäß weitergeführt. Die Zahlen der Häkelschrift geben die Rd. an. Die Rd. werden durch Kettmaschen geschlossen. Die 10. Rd. wird wie folgt gehäkelt, in jeden Lftm-Bogen werden 6 Stb. gehäkelt u. auf jedes Stb kommt ein Stb. Die 35 Motive werden an 4 Stellen mit je 14 Stb. im Matratzenstich miteinander verbunden. Nun die 24 Blüten anfertigen, dabei jede Blüte in der letzten Rd. zwischen die großen Motive einhäkeln.

Sechseckiges Kissen

Material: Esslinger Wolle **»geisha«** je 50 g rosé (Fb. 29), altrosa (Fb. 13), dunkelrot (Fb. 53), grün (Fb. 62). 1 Loom-Gerät rund, 1 Wollhäkelnadel 4 mm.
Technik I: s. Häkelschrift **Technik II:** Auf dem Loom-Gerät 12 Blüten anfertigen.
Arbeitsgang: 7 Motive nach Häkelschrift in dunkelrot anfertigen. Je 6 rosé mit altrosa und altrosa mit rosé anfertigen.

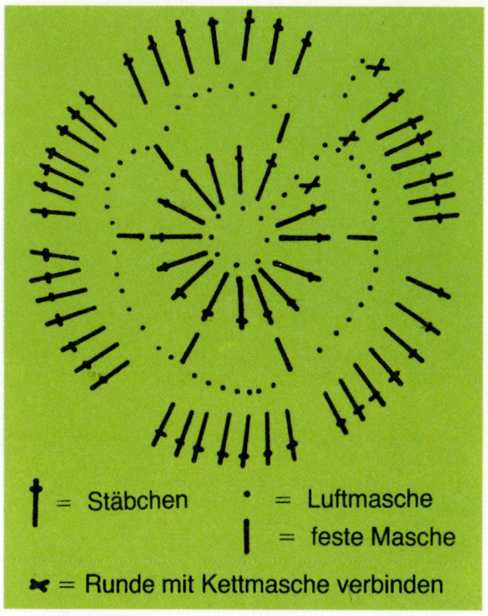

Fertigstellung: Die Häkelmotive in grün umhäkeln, dabei auf jedes Stb. 1 f. M häkeln. Die Blüte in grün wie folgt umhäkeln. * 1 f. M in 1 Blatt, 5 Lftm, * (12 ×). Die Runde mit 1 Kettm. in die f. M beenden. Die 2. Blüte wie die 1. umhäkeln, dabei mit der 1. Blüte wie folgt verbinden, nach der 1. f. M der Rd. 3 Lftm, 1 f. M in die mittl. M eines Luftm-Bogen der 1. Blüte häkeln, 3 Lftm, 1 f. M in die mittl. M des folg. Bogens der 2. Blüte, 3 Lftm, 1 f. M in die mittl. M des folg. Luftm-Bogen der 1. Blüte, 3 Lftm, 1 f. M in die mittl. M des folg. Bogen der 2.Blüte u. die Rd. beenden. 3. Blüte 2 Bogen an 2 Lftm-Bogen der 1. Blüte u. an 2 Lftm-Bogen der 2. Blüte häkeln, dabei in die Lftm-Bogen einstechen, die vor dem 1. Befestigungsstich (oder Kettm.) zwischen den Lftm-Bogen der 1. u. 2. Blüte liegen. Das mittlere Häkelmotiv 6 × an 2 Stellen anhäkeln, die äußeren Motive 3 × an 2 Stellen anhäkeln. Das ganze Kissen mit einer Rd. f. M umhäkeln, dabei in den Zwischenraum der Motive 5 Lftm, 1 Stb., 1 Doppelstb., 1 Dreifachstb., 1 Doppelstb., 1Stb., 5 Lftm häkeln. Dann noch 1 Rd. Stb. häkeln.

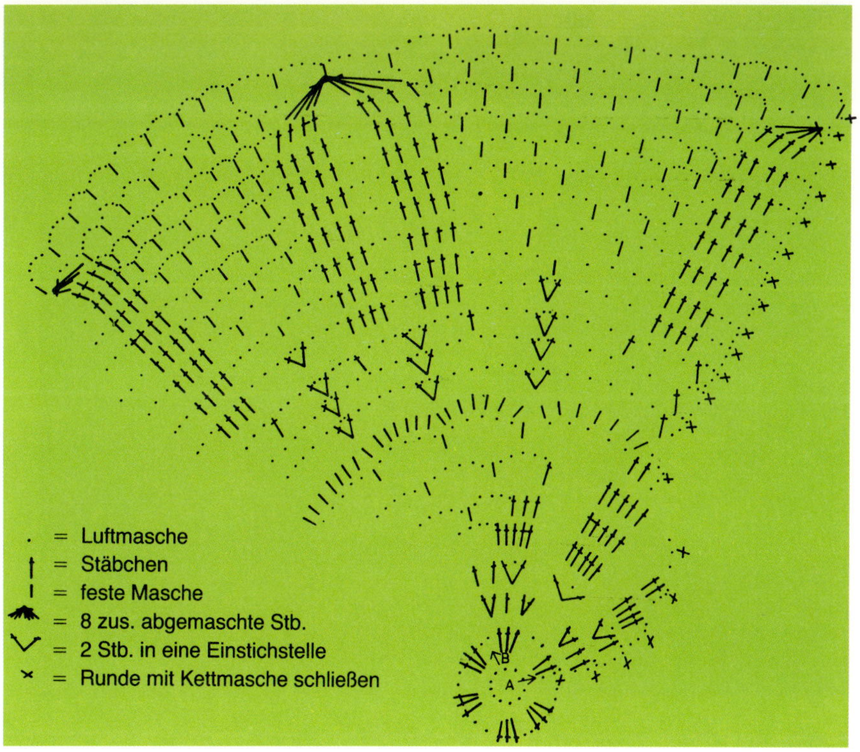

Viereckiges Kissen

Größe: ca. 40 × 40 cm

Material: Esslinger Wolle **»geisha«** je 50 g weiß (Fb. 01), dunkelrot (Fb. 53). 1 Inox-Loom-Gerät, 1 Wollhäkelnadel 4 mm.
Technik I u. II: s. Häkelschriften I u. II
Technik III: Auf dem Loom-Gerät 8 Motive anfertigen.
Arbeitsgang: Nach Häkelschrift I in Weiß ein Quadrat von 11 × 11 cm anfertigen. Mit dem Loom-Gerät in Weiß 8 Blüten anfertigen.
Fertigstellung: Die Blüten in Weiß wie folgt umhäkeln. * 1 f. M in 1 Blatt, 5 Lftm, * (12 ×). Die Runde mit 1 Kettm. in die 1.